The Habits of RACISM

A Phenomenology of Racism and Racialized Embodiment

Helen Ngo

ヘレン・ンゴ　小手川正二郎／酒井麻依子／野々村伊純 訳

人種差別の習慣

人種化された身体の現象学

青土社

人種差別の習慣　人種化された身体の現象学　目次

凡例

一、本書はHelen Ngo, *The Habits of Racism: A Phenomenology of Racism and Racialized Embodiment*, Lexington Books, 2017の全訳である。

各章の初出は次の通りである。

第一章 *Philosophy & Social Criticism*, Volume 42, Issue 9, November 2016, Sage Publications.

第四章 S. West Gurley and Geoff Pfeifer (eds.), *Phenomenology and the Political*, Rowman and Littlefield International, 2016.

二、訳文中の（　）［　］は原文で使用されているもので、主として前者は引用文中の原語表示のために、後者は著者による補足のために用いられている。

三、〔　〕は訳者による補足を示す。注意すべき語の原語表示のためにも用いた。

四、〈　〉は原文で単語がハイフン（-）でつながっている表現を一まとまりの用語として表示するために用いた。

五、原文中のイタリック体による強調は、訳文では傍点で表した。エピソードを示すためのイタリック体については、傍点を付けずに一段下げて表示した。

六、原文中で書籍名を表すためにイタリック体が用いられている場合は、『　』を用いた。

七、「　」は、原文の引用符（" "、' '）に対応する。

八、——は文中に挿入される句や文を示す。訳者の判断で用いた場合もある。

九、引用文の翻訳については、既訳があるものは参照し、頁づけについては読者の参照しやすさを優先して、原書や英訳の頁数ではなく、邦訳頁数を記載した。ただし、原書での引用文の解釈を尊重するため、また語調や表記を統一するために、訳文や訳語は一部変更した。

十、海外の文献の参照方法については、原書の表記を尊重し、文献情報の後に「p.」を入れずに頁数を表記した。

十一、原注は章末に、訳注は短いものは本文中に〔　〕に入れて挿入し、長いものは傍注で表記した。

十二、人種差別について扱う本書では、現代では差別表現とみなされている語彙や蔑称も使用されているが、原書に即して訳出した。

十三、原書のなかに見られた誤植は、著者に確認のうえ訂正して翻訳した。

人種差別の習慣　人種化された身体の現象学

日本語版への序文

学術的な文章を書くことの大きな喜びの一つは、自分の言葉がどのようにして、どこに着地し、どんな読者を見出しうるか、逆にそうした言葉のうちに読者たちは何を見出しうるかが決してわからないということだ。この本の日本語訳が出版されることは本当に喜ばしいことであり、また光栄なことであって、この本を書いている時には予想だにしなかったことである。

本書は二〇一七年に出版されたが、それはアメリカのストーニーブルック大学での私の博士論文の計画という形で、およそ一〇年前に始まった。私はその当時まだ現象学を学び始めたばかりであったが、生きられた経験の質感に対する現象学の方法論的な注意深さと、その生きられた経験の中に、つまり私たちの日常生活を形作る些細な瞬間とその背景をなす習慣の中に意味が存在するという確信に心を打たれた。現象学のこうした傾向は、人種差別を定義づけているにもかかわらず、まだ主題化されていない特徴だと私が感じていたものと共鳴するとともに、人種差別がある人の世界内存在のほとんどあらゆる側面に染み込むその仕方とも共鳴するものだった。本書は、現象学の手がかりにしたがって、人種化された人が人種的に組織された社会を生き抜くというのはどのようなことなのかについての一つの論述を試みており、さらに人種差別の身体化された経験を導きの糸として、人種化されているというこの立場性《ポジショナリティ》から、そしてこの立場性を通して理論化することを試みている。私は、オーストラリアにおいて人種的マイノリティ（中国系ベトナム人）として育った私自身の生きられた経験から、私が頻繁に遭遇したり自分の周囲で目撃したりした人種差別をよりよく映し出す人種差別についての分析を探し求めるようになった。生きられた身体に対する現象学の関心は、有望な入り口を与えてくれるように思われた。人種差別の、時に激しく時に平凡な持続性に直面して、私は次のように問いたかったのだ。人種差別を個人的な好みや行為以上のものとして、また単に受け継がれた歴史以上に活発なものとして理論化するとしたらどうなるのか。人種差別が個人化された人格間の慣習であるか、あるいは一般化された制度的な慣習であるかのどちらかであるというような、見せかけの袋小路を突破する道はあるのか。もし人種差別を習慣の一種として——私たちが自ら慣れ親しむようになる身体的方向づけでありながら、同時に私たちの人種差別的なシステムと構造の数々を維持し、活性化させることに資するような身体的な方向づけの一つとして理論化するとすればどうなるのか。このことは何を含意しているのか。本書は、人種差別がどのようにして習慣的でありうるか、人種化された身体がどのようにして人種化されていることに慣れるのか、そして人種化がいかに根底的な不気味さ、あるいは自らの身体と世界に住まっていないことを伴うのかといったことについて考えるための概念として、習慣の様々な形について探る。そして、私の本書での中心的な関心は、私たちが習慣の概念を通じてどれほど人種差別の働きをよりよく理解できるかということであったが、本書のアプローチが、ジェンダー、ジェンダーアイデンティティ、障害、セクシュアリティ、階級などに基づく抑圧のような、交差し合う抑圧の他の諸形態について思考するいくつかの新たな道筋を提供しうるものであれば良いと願っている。

本書は私がアメリカ合衆国、フランス、ドイツ、そしてオーストラリアに住んでいた時に書かれたものであり、それゆえにこれらの国における人種差別と植民地主義の力学によって形作られ、それらに応答している。こうした国々における力学はもちろんそれぞれに異なっているが、類似した政治史と文化史を共有している。二〇一八年、私は小手川正二郎氏によって東京に招かれ、本書についてのワークショップを含む一連の講演会とイベントに参加した。このことは、本書に発する分析の数々が日本の文脈にどのように関わるかを理解する素晴らしい機会となったし、私はワークショップでもらった洞察に富んだ質問や注釈からだけでなく、参加者たちとの非公式な会話からも、そして日本や東南アジアの文脈における人種的偏見、障害、ジェンダー、イスラーム嫌悪の問題について考え抜かれた他の研究者たちの発表を聴いたことからも学びを得た。確かに日本の人種差別の力学と歴史は、私が本書を書いた文脈とは明らかに異なっている。しかし、白人による支配がより広範な世界規模のシステムであり、そこから人種差別の特定のパターンが文脈を超えて共有されていることがわかるいくつかの重要な経路も存在する。このことが反人種差別的な研究とアクティヴィズムにおいて進行中の対話を促進するよう願っている。こうした形で共に思考し、連携を構築することは、とりわけ、近年――トランプ政権、イギリスのEU離脱《ブレグジット》、新型コロナウイルス感染症の世界的流行などを通して――ますますあけっぴろげで大胆に人種差別を披露することが世界規模で見られるようになっているがゆえに、かつてないほど重要となっているように思われる。

本書の刊行以来、人種差別、反人種差別、脱／植民地性といった問題に依然として大いに関心をもって、私は思考し執筆し続けてきたが、同時に今は、哲学的で現象学的な分析がアカデミアの世界以外のコミュニティにどうしたら利用可能となり、役立ちうるかにますます関心を寄せつつある。こうした関心から私は、反人種差別アクティヴィズム、白人至上主義、継承語(訳注1)の維持といった主題について、願わくはより広い読者とつながるような仕方で書くようになった。現象学それ自体は、「批判的現象学」と呼ばれているものを軸として勢いを増しつつ、いまや重要な発展をとげつつある。この運動において、周縁化と社会不正義の様々な形態について考えるために、ますます多くの研究者が現象学的伝統の源泉に、その伝統自体が持っていた視野を超える仕方で、取りかかっているのが見られる。同時に、こうした学問が責任ある仕方で、周縁化された集団から搾取するのではない仕方で、担われる必要性をめぐっても批判的な反省がなされつつある。酒井麻依子氏とその同僚たちによってまとめられた、国際メルロ＝ポンティ・サークルの『知覚の現象学』刊行七五周年記念のためのビデオプロジェクト(訳注2)から私が窺い知ったところでは、日本でもこの重要な仕事のいくつかが行われている。こうしたことは有望な展開の仕方であり、それはマルクスの有名な言葉を引き合いに出すならば、私たち哲学者が、世界を解釈することだけでなく、世界を変えることもまた自分たちの任務であると理解するとき、不正義に直面して哲学が計り知れない寄与をなしうることを物語っているのである。

（訳注1）移民の子などが家庭内で親から学ぶ、居住国で主要に用いられている言語とは異なる言語。
（訳注2）Maiko Sakai, Tadashi Kawasaki, Tetsuo Sawada, Yasuyuki Sano, Yu Miyahara "Phenomenology of Perception in Japan: Current Trends and the Future", May 2021, https:/vimeo.com/phparw（二〇二三年八月二七日閲覧）.

最後に、日本語版の翻訳者各位に対し、並々ならぬ翻訳の労を取ってくれ、この著作を日本にいる新たな読者たちに届けてくれることに感謝を表したい。翻訳には、テキストの深い読解だけでなく、複数の言語世界を横断しつつテキストを創造的に想像し直すことも伴っている。私の著作への訳者らの惜しみない取り組みに心の底から感謝している。

二〇二三年八月　メルボルン／ナーム（ウルンジェリ族の国）、オーストラリアにて

ヘレン・ンゴ

謝辞

最初に感謝の言葉を述べたいのは、叢書の編者であるジョージ・ヤンシーである。彼の先見の明と他人をその気にさせる熱意のおかげで本書は、実を結ぶことができた。私はまた、博士論文の指導教員であるアン・オバーンとエド〔ワード〕・ケイシーに対して、この計画の初期段階から貴重な指導と丁寧な読解をして下さったことについて特別な恩義を負っている。そして、アリア・アル゠サジ、エドゥアルド・メンディエタ、ジョージ・ヤンシーには、その後の草稿に対して洞察に満ちたご意見を頂戴したことに、特別な謝意を表したい。かくも素晴らしく刺激的な思想家たちの専門知識や惜しみない配慮の恩恵を受けられた自分は幸運である。

長く続く友情で本書のもととなった考えに長く関わってくれたブライアン・アーウィンとアミール・ジャーマにも感謝したい。二人は卓越した哲学の対話者でい続けてくれた。執筆の様々な段階を通じて、後押し、励まし、友愛、導きを与えてくれた、Eunah Lee, Tim Johnston, Daniel Susser, Lori Gallegos de Castillo, Eva Kittay, Mary Rawlinson, Amma Asare, Ramesh Fernandez, Nathalie Batraville, Robert Ramos, Gustavo Gómez Perez, Hugues Dusausoit, Laura Roberts, Bryan Mukandi, Ryan Gustafsson, Rebecca Hill, Catherine Mills, Michelle Boulous Walker に感謝する。また、この計画の最初の種を育む協力的な環境をつくってくれたストーニーブルックの哲学科の大学院生コミュニティ、二〇一三年の現象学協会

〔Collegium Phaenomenologicum〕および二〇一三年のインクルーシヴな哲学夏期研究会〔PIKSI〕の参加者、私が本書の先駆けとなった研究を発表した諸学会の聴衆たちにも感謝する。

私の両親、ンゴ・タン・チー（呉成志）とフイン・トゥック・チン（黄淑貞）に深い感謝の念を捧げる。二人のしなやかさは、二人が思っている以上に私を鼓舞し、支えてくれている。キャシーとスティーブンには、私が求めうる限り最も協力的（かつ愉快）なきょうだいでいてくれることに感謝したい。

最後に、パトリックには、この計画の立ち上げから完成まで、私と共に見守ってくれたこと、その数多くの浮き沈みを生き抜いてくれた（沈んでいるときは私を励ましてくれた）こと、そしてこの本が生まれて来るための時間と場所を作ってくれたことに感謝する。そしてマヤ、あなたが最近この世に誕生したおかげで、執筆の最終段階が最高に幸せなものになった。

序論

まだ幼い頃、八歳か九歳くらいのとき、とても尊敬していた姉と交わした会話を覚えている。話題となっていたのは、姉の手首にはめられた翡翠の腕輪のことだった。見た目も充分素敵な赤い中国翡翠の腕輪で、母や母と同世代の友人たちがつけていたのと似たものだった。私はこうした腕輪が特に好きでも嫌いでもなかったのだが、それらの腕輪はその当時から私の頭のなかで、取り外す際の面倒でしばしば痛みを伴う経験と結びついていた。手首の細さに合うように造形された、シンプルに丸く、硬い石の腕輪は、取り外す際に通常、石鹸水を使って手をすぼめて、かなりの力で引き抜かなければならない。そのため腕輪をはめるとしたら、半永久的につけ続けるか、取り外すときに手が痛かったり赤くなったりするのを我慢することになる。重量があることに加えて、うっかりと硬いところにぶつけるとガチャガチャとした耳障りな音もするため、なぜ姉がわざわざそんなものをつけるのか不思議に思っていた。「腕輪をつけてるのは、私がアジア人だってことを忘れないようにするためだよ」と当時一二、三歳だった姉は言った。「手首に目を落として翡翠の腕輪を見ると、私は白人じゃないということを思い出せるんだ」。「なんておかしなことを言うんだろう」と心の中で思ったことを覚えている。「もちろん、あなたはアジア人なんだから、なんでそんなことを思い出す必要があるの？」。けれども、そう思うと同時に、彼女の返答にはすぐ直観的に理解できたこともあった。時として私も自分がアジア人であることを「忘れる」ことがあった。たとえ私たちが移民の多く住む郊外で、他の中国系ベトナム人難民の家族たちに囲まれて育ったとしても。ちょっぴり罪悪感を覚えながらも「忘れる」方が良い時もあるんだ」と思った。いま改めてこの会話のことを考えてみると、人種、異他性、身体性、アイデンティティに関連する複雑な世界を生き抜いていた二人の幼い少女が抱いた深く痛切な洞察に心打たれる。白人性の静かな覇権、自分自身が「内側」からは見えないものとして経験されるのに、「外側」からは目に見える形で「人種化」[訳注1]されたものとして経験されるという緊張、この二重性に伴う（ちょうど翡翠の腕輪自体の面倒さのような）「負担」感、こうしたことはすべて、私と姉とのやり取りの中には当然なかったものだが、その一つひとつが無言のまま呼び起こされていた。

　このエピソードでも他の「人種化された身体」についての証言でも示されているような人種差別の現象と経験は、数々の複雑な問いを提起しているが、本書はそうした問題のうちのいくつかに哲学的に取り組もうとするものだ。私がとりわけ関心を抱いているのは、人種差別と人種化の生きられた経験的な次元であり、現象学、より具体的には現象学的な身体性の哲学的伝統に依拠するのはそのためである。私の探究の指針となるのは、次の二つの主要な問いである。第一に、現象学の諸分析はどのようにして人種差別的慣習の新たな領域や様態を見分けるのに役立つのか。ここで私が依拠するのは、フランスの現象学者モーリス・メルロ＝ポンティが残した方策であり、習慣的な身体についての彼の考え方は、人種差別のより繊細で基本的な働きのいくつかに向かう道を切り拓くものだということを論じる。第二の問いは、人種差別と人種化の身体的経験とはどのようなものであるか、そしてそれは、身体的な存在である――それに伴って社会的に状況づけられた存在である――という私たちの本性について何を教えてくれるのか、というものだ。言いかえれば、人種化された身体性は、より一般的な身体化された経験についての既存の議論をどのようにして問題化したり、拡張したりするのか。ここではフランツ・ファノンのような批判的に人種を思考した人々の分析に依拠して、自己についての哲学的な考え方や現象学的な考え方に見られるいくつかの支配的なパラダイムを問い直す。これら二つの方向性で研究を遂行するなかで、現象学と批判的人種哲学が互いに役立つ形で連携し、それぞれが互いの限界を問いながらも豊かにし合う方途を示したい。

第一章は建設的な精神でもって始まる。『知覚の現象学』におけるメルロ＝ポンティによる習慣や習慣的身体といった概念の改訂を取り上げ、彼の議論に沿うと、人種差別が身体的で習慣的な領域に埋め込まれた一連の慣習を伴うのはどのようにしてなのかが見えるようになると論じる。方向づけと運動という観点から鋳直されることで、メルロ＝ポンティの習慣概念は、人種差別の自覚されない仕草的な表現――例えば黒人男性が近づいてきた際に自分のハンドバッグを引き寄せるといったもの――を把握することを可能にしてくれる。ジョージ・ヤンシーの「エレベーター効果」のような例に基づいて、これらの例のような身体反応や身体的仕草が習慣的とみなされうるのは、それらが人種化された「他者」に対する根底的な身体的慣れ親しみ〔habituation〕を明確化しているからだと私は論じる。この議論は、人種化された知覚にも関連するものであり、人種化された知覚を探求する際に本書は、リンダ・マーティン・アルコフが人種の可視性について行った研究や、この研究をヴェールを纏うムスリム女性の知覚へと拡張したアリア・アル＝サジの研究を経由する。こうした分析の後で、人

（訳注1）　ある人を科学的には存在しないとされる「人種」に属する者とみなすこと。筆者自身によるこの用語の使い方については、序論後半部を参照。

種差別を習慣的なものという枠組みで論じることがどのようにして責任に関する問いを提起するかを検討し、習慣を新たに概念化する限りにおいてのみ、この重要な倫理的関心を持ち続けることができると論じる。ここで、私は習慣をたんに沈殿としてではなく、能動的で継起的なもの——習慣はたんに獲得されるのではなく、保持される——として解釈し直すが、この再解釈は人種差別的な習慣に責任という問いの余地を新たに生みだすのに役立つ。

第二章で、私は人種差別的な慣習の身体的な様態から、その身体的な経験へと目を移す。私が問うのは、人種差別と人種化の生きられた経験とは、その「受け手」側の人々にとってはどのようなものなのかということだ。ここで私はなかでもファノンの研究に依拠して、人種差別に対処して生きることに伴うストレスや「作業」を、自分自身の「前」ないし「先」にあるという経験によって引き起こされる身体図式の断片化の感覚とともに検討する。同時に、これらの分析によって、人種化された身体が流動的なもの、調和がとれたもの、透明なものといった形では経験されていないということを、言いかえれば、人種化された身体が生きられた身体の通常の現象学的記述とは合致しないということを見てとることができるようになる。このことは、今度は（とりわけより実存主義的な傾向を帯びた）現象学の側のいくつかの限界を考察することを促す。現象学の限界とは、現象学が身体を同時的に経験されるもの、それ自体に対しては主題化されないものとして論じる傾向があるという点、つまり白人の（シスジェンダー男性で健常な）身体を、自らの主題とみなす傾向があるという点に現れる。白人の身体性の問いへと目を向けつつ、シャノン・サリヴァンによる「存在論的な膨張性」の議論に依拠して、私は、空間的な権限の感覚がどうして人種化された身体性と際立った対照をなすのかに光をあてる。

人種差別の慣習と経験双方を現象学的に読解した後に、本書の後半部では、より個別主題的な領域に移行する。第三章ではメルロ＝ポンティによる習慣的身体の議論のうちに聴き取られる住み込み〔inhabiting〕という概念を取り上げ、人種化された身体性に関する住まう感覚、居心地が良いという感覚を検討する。第二章で考察された身体図式の断片化の議論にしたがって、第三章は人種化された身体が不気味なものとして経験されているという前提から出発する。そこでは、不気味な〔unheimlich〕ものが通常は異質なものや異邦のものを意味するが、家にいない〔un-heim-lich〕という文字通りの意味ももつことを喚起するマルティン・ハイデガーに目を向ける。異質なもの、すなわち「他者」として人種化された身体はまた、退去させられた身体、「家にいない＝居心地が悪い〔not-at-home〕」身体である。この主張の意義を引き出すために、私は住まうことや、「家にいる＝居心地が良い〔at-home〕」状態にあることが何を意味するのかを論じる。対照的に、マリア・ルゴネスによる有色女性の場合の「「世界」を巡る旅」についての議論は、人種化された身体性が永続的な退去や「わが家にいないこと〔unhomeliness〕」を伴うのはどのようにしてかを際立たせる。とはいえ、「世界」を巡る旅の称賛しうる側面とそれが明るみに出す家と旅の間の緊張について彼女が残した手がかりをもとに、人種化された身体性の不気味さについてのより繊細な議論——具体的には、苦しみや方向づけの喪失という深刻な感覚を手放すことなく、退去がもつ豊かな次元に声を与えるような議論——を始めるためには、家という概念をその多孔性のもとで（そして身体という概念をその間身体性のもとで）概念化し直すことが必要となる。

最後に第四章では、人種化するまなざしとその基礎をなす主体－対象の存在論の問いに目を向ける。そうすることで私は、現象学に残存する実存主義と、現象学がより関係的な存在論に向かう試みとの間で生じる持続的な緊張——私見では、人種化された不気味さの分析のなかで明瞭に現れてくる緊張

――を論じる。本書は全体を通して、批判的人種研究に依拠しているが、この文献群は、人種化された「他者」が人種差別的なまなざしを通じて外部から過剰に規定されるようになるのはどのようにしてかを記述する際に、「対象化〔objectification〕」という概念にしばしば訴えている。しかしながら、私が論じていくように、こうした言説は主体－対象関係を概念化する際により一層の複雑さを考慮に入れる必要がある。人種化された身体は結局のところ見られるわけだが、しかしそれは自分が見られるのを見てもいる。人種化された身体性の経験には、主体であることと対象であることが同時に生じているのだ。それゆえ私は、ジャン＝ポール・サルトルの姿を通して、主体－対象関係の特色を検討することから始めるが、それは彼が『存在と無』でのまなざし〔le regard〕の研究によって人種化するまなざしの批判的な分析を支えるいくつかの存在論的な前提をはっきり示しているからだ。サルトルの議論は多くの点で有益ではあるが、にもかかわらず対自存在と対他存在の議論のなかでサルトルは、最終的にはあまりにも還元的なパラダイムを提供していると私は主張する。その結果として私が目を向けるのは、『見えるものと見えないもの』においてメルロ＝ポンティが残した方策、とりわけキアスムや絡み合いといった概念を通して主体－対象の区別を解消しようとする彼の努力である。この努力は、権力や社会的・歴史的な状況づけられ方に関して、人種を批判的に考察する研究者たちが進めてきた必要な分析への余地を残す限りで、人種化された身体性の複雑さを把握するためのよりよい枠組みを提供するということを私は論じる。第四章末尾で論じるように、この枠組みによって、人種差別の存在論的な暴力、すなわちある人の主体性に対する暴力ではなく、間主体性に対するより差し迫ったより深刻な暴力に新たな光を投げかける機会が与えられるのだ。

いくつかの用語について

本書を通じて繰り返し出てくるいくつかの用語に関して、以下で少々述べておきたい。

＊「人種〔race〕」

この中心的な用語は、もちろん多層的で複雑なものだ。「人種差別」と「人種化」という用語が「人種」から派生したものである以上、本書の大部分は表向き「人種」の定義や意味に依存していることになるが、本研究の関心が人種差別の身体的領域や人種化の生きられた経験にあるという理由から、「人種」についての私の定義をあえてはっきりさせないようにしておきたい。それゆえ「人種」という言葉自体の意味が本研究に関連するのは、人種差別と人種化という現象が、それが経験され実践される際に、人種や人種的な差異という概念（ないしいくつかの概念）を通して作動する限りにおいてのみである。つまり、人種差別と人種化のからくりは、ある文化的・歴史的・政治的環境において人種についてのどんな考え方が支持を集めるにせよ、それが生物学的に定義されるにせよ社会的に定義されるにせよ、それらに即して展開していく。さらに、そうした考え方が首尾一貫したものとなる、あるいは内的に整合したものとなるという保証もないし、実際にそうであるのはまれである。そうは言っても、私自身の考えは、様々な異質の要素からなる人種の定義を用いる人々に追随しており、そうした定義においては、人種はたんなる生物学的な事実として見られる（そして「自然」によって決定される）わけでも、たんに社会的な構築物として見られる（そのため「実在」とはみなされない）わけでもない。アルコフのような思想家にしたがって、「生物学的な人種」という自然主義的誤謬〔人種に相当する生物学的な特徴が自然界に存在するという誤り〕を拒絶したとしても（それと相関して、人種が社会的かつ歴史的な形で偶然生じてきたものであることを認めたとしても）、人種が私たちの生活、人間関係、企図、可能性を構造化してきたし、構造化し続けているという事実を減じることにはならないという見解を私はもつ。実際、本書は人種がもつ、実在的で、生きられ身体化された次元のいくつかを追跡することでこれらの立場同士の折り合いをつけようとする努力にほかならない。

＊「人種差別〔racism〕」と「人種化〔racialization〕」

この二つの用語を互換的に用いることもあるが、区別すべき重要な相違も存在する。人種差別に関しては、本書はかなり標準的な定義をとっているように思われよう。すなわち、人種差別とは、特定の「人種」（とそのメンバー）が当の「人種」に付随する特徴や特性のせいで劣っているとみなされる信念体系を指す、というものだ。これは、例えば『オックスフォード英語辞典』の定義を思わせる。[1]ただし、本書の定義が異なるところは、別の人種を劣ったものとみなすことが何を意味するかについてその範囲を定めている点にある。例えば、人種差別は最も一般的には差別行為や暴力という形をとるが、見下しや哀れみが、特定の人種を劣ったもの（そのため哀れみに値するもの）とみなす限りで、人種差別を構成しているというのもまた事実である。このことはほとんど議論の余地がない。しかし、これに加えて、人種差別の暴力は認識的な暴力でもありうる、つまり特定の仕方での認識や知覚に固執し、他者たちにそうした仕方を押しつけることでもあると私は考える。まさにここで「人種化」が肝要となる。先に注目した「人種」概念の曖昧さを考慮に入れると、「人種化」（そして人種化すること／人種化されること）という用語は一層役立つものになる。本書を通じて、「人種化」とは、人が「人種」をもつとみなされる過程を指す。西洋の文脈では、人種化は常に、有色の人々が人種的なアイデンティティを割り当てられる一方で、コーカソイドの人々〔ヨーロッパに住む人々が自らに割り当てた人種分類〕の記述は人種的アイデンティティを割り当てられないという過程を意味する。人種化が関わるのは、人種化された「他者」を産み出すことであり、それと同時発生的に生じる、白人の「私」を匿名化し、標準化し、中心化することなのだ。このことが人種差別についての本書の定義と再び合流するのは、人種化の過程が優劣コンプレックスに触れる点においてである。白人の認識的な観点の押しつけと、それに伴う他者たちへの権力の行使〔名づけや可視化〕は、異なる仕方で知ったり知覚したりすることは重要ではないという前提から生まれてくるものだ。そのとき、人種化はほとんど常に人種差別の一形態であるということになる。にもかかわらず、「人種差別」という用語が一般に喚起するのは極めて限られた範囲の事柄でしかないし、また人種化が指すのは非常に特殊な〔そしてやや抽象的な〕種類の人種差別にすぎないため、私はこの二つを区別して使うよう気をつけている。さらに、私がこの二つの用語を区別して用いるのは、人種化が狭い意味で理解された人種差別の土台を形づくる仕方――人種的アイデンティティを、それと結びつけられるあらゆる意味や装飾とともに、有色の人間に割り当てる仕方――に注意を向けるためでもある。例えば、ある人に対して人種差別的な蔑称を用いること〔議論の余地のない形での人種差別〕は、まずもって、その人の存在の目立った特徴として人種的アイデンティティを相手に割り当てることに基づいている。その人たちはこの人種的アイデンティティをもっており、このアイデンティティであるとみなされ、このことのためにこのアイデンティティのせいでその人たちが侮辱されるということが起こるのだ。人種化のこうした定義を考慮に入れれば、この概念が第四章での人種差別的まなざしの分析にとってとりわけ重要となる事情がわかるはずである。

＊「身体〔body〕」

本書は、メルロ゠ポンティ（とその解釈者たち）によって提唱された現象学的な身体論を確固とした拠り所にしており、それゆえ「身体」という用語を、西洋哲学の古典の大部分に見られる一般的な意味とは一致しない形で用いている。要するに、本書を通じて私は「身体」や「生きられた身体」という用語を、伝統的には人間を指すために用いられてきた「人格〔person〕」や「自己〔self〕」や他の（非身体的な）用語を広く意味するために用いる。私が人格を表す基本的な用語に「身体」を選択するのは、生きられた身体を、哲学的探究がなされる重要な場として甦らせようとしたメルロ゠ポンティ自身の努力に呼応してのことだ。心と体のデカルト的二元論に抗してメルロ゠ポンティは、私たちが世界（私たち自身と他者たち）と関わる際の媒体としてのみならず、私たちが一つの世界をもつための条件として、身体がもつ哲学的重要性を強調している。伝統的に「心」に位置づけられてきた存在は、メルロ゠ポンティが示しているように、徹頭徹尾、身体化されるし、逆に言うなら、より最近の研究者たちが論じているように、(2)（人間の）身体は徹頭徹尾、心的なものなのだ。本書を通じて私が「人種化された身体」に言及する際、それは「人種化された人格」に置換可能な形で言及していることになるが、本書が企図する狙いに即すと、そのような人種化された存在の身体化された次元を強調することによってそうしているのだ。

用語に関する注記は以上で終えたので、ようやく本書の分析に進むことができる。

原注

（1）『オックスフォード英語辞典』には、「とりわけある人種を別の人種や他の諸人種よりも劣っているもの、あるいは優れているものとして区別するために、それぞれの人種に属するメンバーすべてが当の人種に特有な数々の特徴、能力、性質をもつという信念」と記されている。

（2）例えば以下を参照。Evan Thompson, "The Mindful Body: Embodiment and Cognitive Science," in Michael O'Donovan-Anderson (ed.), *The Incorporated Self: Interdisciplinary Perspectives on Embodiment* (Rowman & Littlefield, 1996), 127-144; Shaun Gallagher, *How the Body Shapes the Mind* (New York: Oxford University Press, 2005); ショーン・ギャラガー、ダン・ザハヴィ『現象学的な心――心の哲学と認知科学入門』石原孝二・宮原克典・池田喬・朴嵩哲訳、勁草書房、二〇一一年。

第一章

人種差別の習慣

——身体的な仕草、知覚、方向づけ

なぜ習慣という観点から人種差別の問題を取り上げるのか。人種にまつわる差別、憎悪、暴力は、その装いを絶えず変えながら存続し、昨今過激なものとなっている。それにもかかわらず、その政治的影響力を弱めるようにも思える習慣という概念を通じて、人種差別にまつわる実践や現象を取り上げることに意味はあるのだろうか。本章では、このような取り上げ方が擁護できるということだけでなく、必要でもあるということを論じる。多種多様な仕方で表れる人種差別は、習慣的な身体的方向づけに支えられているが、この方向づけはしばしば気づかれないままであるため、十分に検討されていない。本章では、人種差別を身体的習慣として分析することの第一歩を踏み出す。それは、様々な新しい分析の領野を切り拓くために、とりわけ、より曖昧で気づかれない領域で進行している人種差別を分析できるようになることを目的とする。私が論じる人種差別は、たんにある人が意識的な言動を通じて行う実践の一つでもなければ、ただ思考のうちで抱かれる一連の態度でもない。そうではなくて、私たちの運動や仕草、知覚や方向づけの身体的習慣に深く埋め込まれているものである。しかしながら、人種差別は習慣的であると主張することは、それが思考を欠いているということを意味しているわけではない。それというのも、私が進めている身体的習慣の解釈は、メルロ＝ポンティの『知覚の現象学』における議論に基づいているからである。この現象学的伝統では、習慣は身体的方向づけや身体的慣れ親しみにより類似したものであり、これから論じるように、こうした理解は、習慣を「沈殿」や「硬化」であるとみなすお決まりの特徴づけを乗り越えていくことを促す。ひるがえってこのことは、習慣的な人種差別のなかに能動的な契機を見てとるとともに、責任の問いを見てとる可能性を切り拓くことになる。以上のことが、人種差別に反対する運動に寄与しうる倫理的かつ政治的な洞察を新たにもたらしてくれることを私は論じていく。

本章は四つの節に分かれている。最初に、概念的道具立ての準備を行う。そのために、メルロ＝ポンティが編み直した習慣と習慣的身体について説明する。メルロ＝ポンティがこれらの概念を作り直した際に重要となる点を示すことで本章の端緒とする。これに続いて第二節では、ブルデューとヤングを経由して、習慣の社会性という問題について短い議論を行い、身体的習慣の水準で人種差別を分析するための準備をする。この課題を遂行するために第三節では、実践されている人種差別を身体的な仕草と知覚双方の水準で習慣の観点から生産的に取り上げることができるとしたらどのようにしてかをさらに分析する。ここでは、ヤンシー、アルコフ、アル＝サジといった、人種について批判的に思考する人々の成果に依拠して、人種差別が習慣的身体に現れる多種多彩なあり様を探究する。最後に、本章の第四節では、習慣の概念へと立ちかえって、その能動的な契機を突き止めるために習慣と沈殿についての再解釈を行う。それによって、自らの人種差別的習慣に対する責任を問うことが可能となる。

第一節　習慣と習慣的身体

身体図式における習慣

人種差別を習慣的実践として改めて浮かび上がらせるという課題に取りかかるために、「習慣」という語によって私が言わんとすることを明確にすることから始めよう。習慣という概念は、西洋哲学の伝統のなかで（ほんの少し名前を挙げれば、アリストテレスからヒューム、ジェームズ、デューイ、フッサール、そしてライルに至るまで）、長く豊かな歴史を辿ってきたが、本章で私が主に依拠するのは、メルロ＝ポンティの『知覚の現象学』において提示された議論である。その著作では、習慣は生きられた身体と結びついている。メルロ＝ポンティによると、習慣は、世界のうちで存在し、世界のなかを動き回る私たちの身体的あり方を描き出している。私たちが日常的な言葉遣いにおいて習慣と結びつけるのは、繰り返し、無心ですること、コントロールや意識的な意図なしにすること——例えば爪を噛む習慣やペンをカチカチ鳴らす習慣——であったりするが、メルロ＝ポンティは習慣を異なる形で引き合いに出している。彼にとって習慣とは、人が培ったり、慣れ親しむようになったりするものだ。例えば、彼は次のように述べる。「車を運転する習慣が身についていると、車で道に入っていく場合、別に道路幅と車幅とを比較してみなくとも、「これなら通れる」ということがわかるもので、それはちょうど、別にドアの幅と自分の身体の幅とを比較してみなくともドアを通りぬけられるのと同じである」[1]。このとき習慣は、世界のうちで存在する特定の身体化されたあり方を描き出している。とりわけ習慣が描き出しているのは、容易さ、慣れ親しみ、確信といった特徴を持つ世界のなかの移動様式や世界への応答様式である。ドアを通るときの動きはスムーズであり、立ち止まったり、思いをめぐらしたり、計算したりするために動きが阻害されることがない点で、容易に行われる。たいていの場合、ドアを通るときには、自分が何をしているのか、私にはそれができるかといったことは全く考えられてさえいない。このように習慣は、爪を噛んだりペンをカチカチ鳴らしたりする日常的な例と、無心でするという感覚を共有している。しかし、メルロ＝ポンティの習慣論はこれだけにとどまるものでもない。なぜなら彼の場合、私たちが習慣を持つことは、自らの身体のうちで身体を通じて習慣を蓄積することに限られないからだ。メルロ＝ポンティにとって習慣は、身体化された存在の基礎的で原初的な特徴を表し、生きられた身体として世界の内で実存するという意味の、不可欠な部分を形成しているのである。「この自己の身体はと言えば、これは原初的な習慣であって、他の一切の習慣を条件づけ、それらを理解できるものとする習慣である」[2]。

しかし、メルロ＝ポンティのように解釈すると、習慣には何が伴うことになるのか。第一に、確かに習慣的運動は、意識的な活動よりも下位の水準で生じるとはいえ、だからといって自動性や反射という水準に位置づけられるわけでもない。習慣は、意識的なあり方と無意識的なあり方の間の曖昧な位置を占めている。彼が挙げるのは、帽子から飛び出た羽飾りを傷つけかねない物に、はっきりとした注意を向けることなく世界のなかをよどみなく動き回る女性の例だ。その女性は、羽飾りのその都度の正確な位置の知識を持っているというより、むしろ羽飾りの位置の「感覚」を持っている。彼女の習慣的運動は、メルロ＝ポンティが「手のなかにある知」[3]と呼ぶものに相当する。この知は、必ずしも反省的なものでもなければ、正確なものでもないが、にもかかわらず実践的で有意味なものである。実際、私たちが自分の手をしばしばどのように用いているのかを考えてみれば、不正確ではあるが意味のある仕方で、大きさ、距離、方向、形について伝えているはずだ。メルロ＝ポンティの分析では、習慣は身体図式の水準で働いている。この身体図式はしばしば批判の集まる不確かな語ではあるが[4]、メルロ＝ポンティによれば、「相互感覚的世界における私の姿勢についての包括的な意識」[5]のようなものを示している。新しい習慣の獲得は、ある特定の仕方で働くようになったり、世界に対してある特定の構えや方向づけをもつようになったりするといった「身体図式の組み替えであり更新である」[6]と記述される。ここで私たちが始められるようになるのは、メルロ＝ポンティの習慣についての考え方と、すでに論じた「何かに慣れ親しむようになること」を接続し直すことである。ただし、新しいものに慣れ親しむようになるのは、新しい状況や行動に自らの身体を適応させて適合することを伴うものだと解されねばならない。さらに、このように身体図式の適合ないし組み替えとして習慣を理解することには意義がある。なぜなら、こうした理解のおかげで、時間的かつ空間的な領域のなかで習慣が未来および前方へと方向づけられることが明らかになっていくからだ。

習慣の時間的で空間的な構造

習慣を描写するやり方の一つとして、しばしば沈殿というモチーフが使われる。言いかえれば、習慣は私たちの身体のうちに沈殿し、「凝固」した運動や性向として描かれるのだ。この比喩を利用することの是非については、本章後半で批判的に検討することになるが、この比喩が普及したのは、それが身体運動を基礎づけ、繋ぎ止めるという歴史の役割を捉えているというのが理由の一つである。習慣は沈殿物のように、現在の生きられた身体のなかにある過去の重みを証し立てているのだ。すでに持っていていつでも利用可能な身体運動のレパートリーに依拠することで、私たちは新しい習慣を獲得する。つまり、これまでに獲得した技能を取り上げて、新しい動きや習慣を把握し、翻訳し、取り込むことを試みるための媒体として習慣を用いているのである。メルロ＝ポンティが述べるように、「ダンスの習慣を身につけることは、分析によって運動方式を見出し、この理念的な見取り図を辿りつつ、歩いたり走ったりの既得の運動の助けをかりてダンスの運動を再構成することだ、と考えるべきなのだろうか(7)」。ダンスのような数々の習慣――そして私たちはこれを多くの活動に一般化できる――は、これまでの生活のなかで獲得された身体的運動性の蓄積に拠っている。そうした習慣は、身体に取り入れられた既得の動き、今度はそれ自体が基礎や土台となる運動能力に基づいている。私たちの身体が新しい習慣の獲得に至るための手段を担っているのだとしたら、身体が様々な歴史を備えていることには意義がある。そしてこうした歴史の範囲は、文化的慣習、社会的組織、権力関係といったものの複雑で一般的な歴史から、ある人が自分の腕を動かすといった直接的で個別的な歴史にまで及びうるだろう(8)。この意味で、沈殿のアナロジーは、過去が地面へと降り、それが現在のうちに内在したままでいることを物語れるようにするという点で役に立つのである。

しかし同時に、習慣は先を見据えたものであり、未来の行動とあり様への可能性を内に組み込んでいる。私の考えでは、まさにこうした場面では、沈殿の比喩の効力が限界に達してしまう。なぜなら、それは身体的習慣が「定着する」ということを可視化するのには役立つものの、沈殿〔という表現〕に含まれうるある程度の惰性と受動性のせいで、習慣が先を見据えたものであることが分かりにくくなってしまうからである。習慣は私たちを先へと進ませるものだ。メルロ＝ポンティのダンスの例を引き続き用いれば、これまでに私の身体図式に定着した身体的習慣と運動能力は、たんに私が獲得したダンスの習慣を基礎づけているだけでなく、どのようなダンス習慣を新たに獲得できるのかにも影響を与えている。このことは、これまでの〔沈殿とみなす〕見方からするとあまりにも野心的なことである。さらに、身体的習慣と運動能力は、新しい習慣が私の身体図式へと変換される手法にも影響を与えている。例えば、熟練したバレエダンサーは、ストリートダンサーとは異なる形でブレイクダンスを踊るようになるはずである。なぜなら、バレエダンサーもストリートダンサーも音楽に合わせて動くが、異なる仕方で自分自身の身体に住み込んでいるからだ。したがって、習慣は本質的に未来的である。習慣は長い時間をかけて自身の身体に蓄積してきた沈殿を記述した歴史にはとどまらない。習慣は先を見据えたものであり、何をどのように自身の身体図式に組み込むのかにあたっての媒体と入口という二つの役割を一度に担ってもいるのである。

しかし、まずはそれが生じる地点を際立たせることにしよう。メルロ＝ポンティが捉える習慣の内には、時間的地平の先にまで私たちの目を向けさせる分析がある。習慣は、現在において具体化される一方で、過去と未来を一度に見ている。つまり、習慣は過去－現在－未来の連鎖を通じてまとめられる時間の直線的図式の外で機能しているのだ。むしろ、習慣が持つ共時的な歴史的基礎づけと未来への方向づけが一体となって意味しているのは、どの瞬間にも過去と未来の両方が現在のうちに包摂されているということである。とすれば、習慣のことを、一つの現在がもつ深さとして自らを捧げる過去と未来という形で考えられるかもしれない。『知覚の現象学』の始まりの方で、メルロ＝ポンティは次のように述べている。

> 各現在は、一切の他の現在の認知を要求する時間の一点を決定的に確立する。［…］現在はその直接的過去を、対象として措定することはしないまでも、やはりその手中に把持しているのであり、その直接的過去の方も同じようにして、それに先立つ直接的過去を把持しているのだから、流れ去った時間は現在のなかに、全的にとり込まれ、把持されているわけである。ことは近接した未来についても同じであり、この未来もまたその近接さの地平を持っているのであろう。けれども、私は自分の直接的過去とともに、それをとりまいていた未来の地平をもまた持っているのであり、したがって私は、現に見られている私の現在を、その過去の未来として持つわけである。また、私は近接した未来とともに、それをとりまくであろうその過去の地平をもまた持っているのであり、した

がって私は、現に働いている私の現在を、その未来の過去として持つわけである。[9]（引用者による強調）

ここでは、フッサールの言う時間的把持と予持の運動が理解の役に立つ。習慣は蓄積された過去を反映しているが、もう一つの時間的地平から見ればそれぞれ新しい（現在の）個々の状態には、過去の一時点から見た未来にせよ、現在の一時点から見た未来にせよ、投企された未来が同時に保持されている。したがってエドワード・S・ケイシーが「メルロ＝ポンティにおける習慣的身体と記憶」という論考において述べているように、習慣は「膨張した現在に過去」を供給すること以上のものである。[10] 習慣は、現在を通じて過去を活性化することで、何が生じるべきかを、能動的に調整してもいるのだ。それぞれの瞬間に停泊している時間という考え方、つまり〈常にすでに〉ここで、〈生じようとしている〉、さらには〈生じようとしていない〉（実現することがない未来）といった場合と同様に、身体的習慣はどの瞬間にも習慣に先立つ歴史を背負っている。ただし同時にその習慣は、後続する新たな習慣の可能性を視野に入れながらも特定の可能性を排除してもいる。どのような未来が生じやすく、どのような未来がそうではないかを、数々の習慣が左右しているのだ。

習慣の時間的分析を空間領域に移すことによって、習慣の時間的構造についての分析を空間領域にも同様に適用することができる。「いま」の場合と同様に、「ここ」とは、「そこから」と「そこまで」（まさしくドイツ語の woher と wohin）という広がりをひとまとめにしたもので、それらすべてを捉えている。しかし、習慣を空間的に取り上げることは、そうした取り上げ方によって習慣のなかに宿る前向きな行為の可能性が照らし出されるようになるという点で、とりわけ役に立つ。習慣の通常の理解と、メルロ゠ポンティによる習慣という語の使い方の間に認められた最初の区別を思い出そう。そこで私たちが注目したのは、反復的な仕草としての習慣（ペンをカチカチ鳴らすことや爪を噛むこと）と、私が慣れ親しんだ身体的活動としての習慣（ダンスや運転の習慣）との間にある相違である。どちらの場合でも私たちは空間的な姿勢をとる、つまり身体を保持する――それとともに、行為する態勢にある――ような身体的な配置をとる。しかし、一つ目の場合の身体は、特定の親しんだ仕草を儀式のように繰り返すために空間的に配置されており、そうした仕草は、身体の内への「沈殿」を一層忠実に反映している（もちろんその仕草も変化しうるが、習慣を変えようとしてもゆっくりだろう）。それに対して、ダンスや運転の場合、私たちが持つのは異なる種類の習慣であり、そうした習慣も同程度の身体的な親しみを伴うが、それだけでなく、身体能力や可能性に関するより強い感覚も伴っているのである。

習慣的vs習慣化――方向づけとしての身体的習慣と可能性の表現

方向づけという観点に移行して習慣を取り上げようとすることは、おそらく次のような用語の明確な解析を行うことで、よりよく説明されることになるだろう。ケイシーは、自身の論考において習慣的〔habitual〕と慣れている〔habituated〕の間に有益な区別を設け、そのうえでその中間をとっている。

まず第一に、習慣記憶は反復的なものである。それはただ、何かを習得するためのステップであるということだけではなく、〔…〕同じ行動のより迅速な遂行を正確に再現するということでもある。例えば、私にはホンダ・シビックを運転するという習慣的行動があるが、その行動は初めて習得して以来、日課となっている。それに対して、「慣れている」が具体的に意味しているのは、個々の仕組みに精通するようになることで、ある一般的状況のうちに方向づけられている状況のことである[11]。

新たな身体的意味作用の獲得という形で習慣についてメルロ＝ポンティが論じる際、彼が関心を向けていたのは習慣的なもの（反復的で、日課的な仕草）だけでなく、慣れているものでもある。だからこそメルロ＝ポンティは、ダンスや運転の習慣を話題にすることができた――生活を送るなかでそうした活動に特定の頻度で従事しているということではなく、それらに慣れていること、慣れ親しんでいることがわかるのに十分なほど、当該活動に従事してきたということだ。以上の二点が関連していることは言うまでもない。私たちが何かに慣れるのは一定量の実践、経験、反復を積んだ後、言いかえれば、相当量の習慣的活動を積んだ後だけである。しかし、メルロ＝ポンティのいう習慣に慣れ親しみという意味がもたらされると、私たちはより明確に、彼の議論に組み込まれている二つの重要な次元、すなわち方向づけと可能性という次元を見通すことができるようになる。

例えばメルロ＝ポンティはある重要な一節で、熟達したオルガン奏者の身体的慣れ親しみについて考察している。このオルガン奏者は、鍵盤の数が多かったり少なかったり、ストップ〔オルガンの音色選択機構〕の配置が異なっているような、初めて見る馴染みのない楽器を比較的短い時間の確認で巧みに演奏することができる。ここで論述されているのが、オルガン奏者が尋常でない速さでいつもの楽器との対応関係を思い描く能力であるはずがない（変換や転置の印もなければ、そうするための時間もないのだから）。また、新しい楽器には異なる位置関係があるため、反射記憶や筋肉記憶が問題となっているわけでもない。手がかりはメルロ＝ポンティの次の記述のうちにある。「彼は腰掛けに座り、ペダルを操作し、音管を引き、楽器を自分の体に合うようにし、楽器の方位や大きさを自分の身体に合体させ、あたかも家のなかに定着するようにオルガンのなかに定着する」[12]（引用者による強調）。家のイメージは間違いなく意図的なものであり、私たちの身体が習慣に住み込むこと、そして習慣が私たちの身体に住み込むことを喚起している。慣れ親しむこととしての習慣は、オルガンの空間性のうちに能動的に居を定めることを伴い、また開かれた可能性の領野としてオルガンと関係するよう振る舞い、身体的に方向づけられることを伴う。この種の身体的方向づけは、習慣的（反復的・日課的）活動に表れる馴染みを生み出すだけでなく、力と可能性という重複概念も、うまく利用している。メルロ＝ポンティが挙げるオルガン奏者は、異なった配列のオルガンの前に座るときに再生されたり再形成されたりする、一連の静的な「ここ」と「あそこ」としての楽器と関係するわけではない。むしろ彼は（権力〔puissance〕ではなく能力〔pouvoir〕という意味での）力の領域となっているオルガンの空間性に定着している。このことは、より一般的な身体的空間性の論述と整合的である。そのことを論じているところでメルロ＝ポンティは、「意識とは、原初的には「私は考える」ではなくて「私はできる」である」[13]と述べている。したがって習慣は、身体の空間的組織化およびその〈共働〉として、自発的な運動の可能性の領域へと開かれているのだ。そしてまさにこの意味においてメルロ＝ポンティは、「視覚障害者の白杖の事例」という例について言及する際に、習慣のことを「私たちの世界内存在を膨張させること、ないしは実存のあり方を変えることの能力の表現である」[14]と記述するのである。

とはいえ、慣れ親しみとしての習慣という解釈は、習慣的なものとしての習慣という解釈と常に生産的な緊張を維持していなければならない。この緊張の維持は、先に指摘した両者の密接な絡まり合いだけに起因しているわけではなく、習慣的なもののルーティン化した性質によって習慣の時間性、とりわけ時間的過去の基礎づけを強調することが可能となるからだ。オルガン奏者が、オルガンの空間性に定着してそれに慣れるようになるのは、オルガンへの習慣的な従事（つまり練習）の期間を経た後だけに限られる。このことは、どんな楽器やどんなスポーツに従事する場合にも当てはまる。パルクールの選手を例として挙げることができるが、パルクールはこの種の身体的慣れ親しみの好例である[15]。パルクールの選手は、たとえ彼らのトレーニングが今後も間違いなく反復運動から成るはずだとしても、たんにこの一連の反復運動のためにトレーニングしているわけではない。パルクールでは、即興を伴う芸術形式（ジャズ、演技、コンタクト・インプロヴィゼーション）の場合と同様に、二つの面からメルロ＝ポンティのいう習慣と出会っている。それは、（そのトレーニングにおける）反復と馴染みという第一の意味で習慣的であるが、それだけでなく、未来志向的で、前向きな身体的方向づけを培うという点で、つまりメルロ＝ポンティ的慣れ親しみという第二の意味で、そういったトレーニングがどのようにして何かを可能にするのかの実例となっているのである。このような習慣的なものと慣れ親しみとの相互作用がメルロ＝ポンティによる議論の真髄を捉える。またこの相互作用は、習慣が十分に理解されるとき、メルロ＝ポンティが述べたように、ある人の空間的世界の「膨張」を含めることがどのようにして習慣において可能であるのか、さらには、空間的世界との関係を質的に変化させることがどのようにして習慣において可能であるのかを私たちに示しているのである。

住み込みとしての習慣

これまでの習慣と空間性の議論においてすでに示唆されているのは、習慣〔habit〕と住み込むこと〔inhabiting〕との間の重要な語源学的つながり——これはフランス語（l'habitude と habiter）にもドイツ語

(die Gewohnheit と wohnen) にも表れている――を活性化するようにして、習慣概念を改訂するということである。このことは、メルロ＝ポンティ自身が習慣についての探求のなかで利用しているつながりでもある。「帽子や自動車の大きさ、杖の長さに慣れることとは、それらのものの内に居を定めること、あるいは逆に言って、それらを自分の身体の嵩ばりに与《あずか》らせることである」[16]（引用者による強調）。つまり、私たちは習慣を蓄積し、こうした習慣を通じて私たちは世界で生活し、世界に住み込んでおり、また同時に、こうした習慣の方も私たちに住み込むようになる。そのため、先の自動車の例では自動車に慣れる過程が二重になっていると言えるかもしれない。一方で、私たちは自分たちがすでにもっている運動技能（ハンドルを操作する、ブレーキを踏む、ブレーキを緩める、曲がる）に依拠して、自動車を操作する際に必要な動作を習得する。しかし、私たちは、それら新しい動作が自分自身のうちに据えられ、すでに持っている運動のレパートリーに加わることになるまで運転に十分慣れることなどない。習慣が空間的方向づけと身体の可能性を反映する限りで（タイピングするためにキーボードの前に座ったとき、「私の手の下に一つの運動空間が拡がり、その空間のなかで私は自分の読んだことをタイピングしてゆく」[17]）、この空間的図式の方も身体に定着しているのだ（「文字どおり、タイピングを学ぶ人はキーボードの空間を自分の身体空間に組み込む」[18]）。さらに、身体空間に組み込まれることで当の空間も変容する。習慣が身体と世界との動的なやり取りを可能にしており、習慣は両者の間の媒体を担っていると言えよう。同じことが逆側からも言える。すなわち、習慣が私たちのうちに住みつくようになり「居心地良く《アット・ホーム》」感じるのと同様に、私たちは習慣を通じて住みつき、習慣を培うことを通じて「居心地良く」なるのだ。私たちが新しい街に住み込むようになるのは、さしあたり、自分が向かう先を定め（公共交通機関や役所などに行くといった）基本的な必要事項を済ませることによってである。しかし同時に、毎朝同じパン屋を訪れる、地下鉄までの道順がわかる、よく立ち寄る地元の行きつけを見つける、といった習慣を積み重ねるまでは、私たちがその街を本当に「居心地良く」感じることはない。この意味で、習慣には特定の活動や身近な運動に向かう態勢以上のものが含まれ、習慣を通じた住み込みが意味しているのは、人がくつろぎや居心地の良さを感じるようになるといった仕方で、自身の総体的環境に向かう個々の態勢や構えをとるということでもあるのだろう。この意味での住み込むことの意義、および家づくり《ホーム・メイキング》や家となる空間《ホーム・スペース》をめぐる問題には、第三章でより詳細に取り組むつもりである。

こうして、本書の最初の分析において習慣のいくつか重要な側面に光が当てられた。第一に、習慣は繰り返しや日課のようになされる仕草と結びつけられるのが通例となっているが、メルロ＝ポンティの議論における習慣はそれを越え出ている。むしろ、身体的方向づけにより近いものを示している。このように捉えると、習慣には身体とより一般的かつより基礎的な関連があり、このことによって私たちが自らの身体と世界に住み込むあり様が描き出されるのである。このように概念化されると、習慣がどのように身体の可能性の感覚、つまり「私はできる」という感覚と連携することになるかが見てとれるようにもなる。この連携については、第二章における人種化された身体性の議論との関連で重要となるだろう。最終的には、本章の末尾で改めて考察するように、習慣のこうした考え方に埋め込まれている時間的かつ空間的な双方向性の感覚は、責任というより複雑な問題に私たちを引き込んでいくことになる。

第二節　習慣は社会的でありうるのか

人種差別に関する習慣についての直接的な考察へと移る前に、まずはこのような身体的習慣の考え方が社会的水準でも通用するのかという問題に簡単に触れておきたい。すなわち、習慣が人々の間の社会的に有意味な相互交流に対応していると述べることは、理にかなっていることなのか。別の言い方をすれば、『知覚の現象学』を通してメルロ＝ポンティが挙げる習慣的な行動や運動の例は、個人の身体運動における運動性や機動性を強調する傾向があるのではないか、ということだ。彼は、戸口を通る、自動車を運転する、オルガンを演奏する、「視覚障害者の白杖」を使って前に進むといった事例を挙げている——要するに、慣れ親しむことで個人の身体図式に組み込まれた活動が挙げられており、それは空間を移動して道具や物と関わることではあるが、人々と関わることではない。「事物」との相互作用に関する例の数々には社会的次元が一切欠けていると言いたいわけではない。道具を使用している場合でも共存在〔Mitsein〕と等根源的であることを示す、ハイデガーの分析によって、そうした懸念はただちに払拭されうる。とはいえ、事物とのこの種の相互作用で明らかなことは、そこで問題となっているのが比較的安定し閉じた区域の内部で働く習慣にすぎないということだ。戸口は出入りすることを促し、特定の空間的方向づけや意図的行動を惹起し、建て物の私たちの知覚のなかにある種の美的な区切りや焦点を導き入れる。しかし、たとえ私たちが戸口は戸口以上のものでありうることを認めたとしても——つまり物体が多面性を持つがゆえに、常に新たな意味が組み合わさって出現してくる可能性に開かれていることを認めたとしても――、一つの戸口と相互作用する可能性の深さや多様性は、他の生き物との相互作用と比較すれば相対的に限定的なままである。したがって、戸口を通ることの身体習慣は、比較的安定した環境の内部で獲得される習慣である。身体的な習慣と傾向性を主体同士の出会いという文脈において論じようとすると、実質的な差異が存在する。なぜなら、主体同士の出会いの比較的無制限で予測不可能なあり方は、ある種の身体的な準備と対応能力を要求したり、生じさせたりするからだ。[19] 人は言い返すが、戸口は言い返さないのである。ただしこのことは、物体が私たちの生きられた経験のうちで互いに作用し合う事物として現れるあり方を軽視するということではない。とはいえそうだとしても、間主体的な相互作用にはさらに重要な次元が存在しており、メルロ＝ポンティの分析を個人的身体の領域から、間身体の領域、つまり間主体的なものと社会的なものの領域へと移し入れる場合には、そのことについて言及する必要がある。

ピエール・ブルデューのハビトゥス

このような注意深さは、メルロ＝ポンティが挙げる身体習慣の典型例が運動に向かう個人のものである点と、間主体的で集合的な領域における習慣に向けられる私たちの関心との間にある差異に向けられている。それは、社会的に獲得された習慣について語ることは可能なのか、というさらなる問いを開く。ここで私たちは、フランスの社会学者ピエール・ブルデューを参照することにしよう。習慣と似てはいるが同じではないハビトゥスという概念に関する彼の研究は、社会的で文化的な環境が私たちの振る舞いや行動や態度を奥底から形成するのはどのようにしてかを考察している。彼の分析を根拠づけているのは、習慣が集合的ないし集団的環境のなかで獲得され作動するという命題だ。ブルデューにとって私たちが社会化するということには、集合的で理解可能なハビトゥスを通して獲得することや行為することが伴っており、実際、私たちがそのようにするのは、社会的な生活がそもそも可能であるための条件にほかならない。ハビトゥスは、常に存在している構造——つまり構造化しつつある構造——となり、そうした構造を通じて、振る舞いと相互作用が形成される。ハビトゥスは振る舞いや相互作用をあまねく形成するため、その影響の外に立つことができないほどだ。それゆえ、「純粋な」相互作用という考えやハビトゥスからの影響がまだ及んでいない相互作用という考えは思考不可能となる。『実践理論の素描』においてブルデューは次のように述べる。

> したがって、私たちが階級ハビトゥスについて述べるときに強調しているのは次のことである。すなわち、あらゆる形式の機会原因論的幻想は、その状況に組み込まれた特性に対して直接的に関連する実践で構成されるのに対して、「対人的《インターパーソナル》」関係は、見かけ以外の点では個人対個人の関係ではまったくなく、また、相互作用の真理は決して相互作用のうちに完全に含まれているわけではない、ということである。［…］実際、生物学的な個々人がいついかなる場所においても、傾向性という形で備えているのは、社会的構造のなかでの現在と過去の位置づけにほかならない。[20]

他のところでブルデューは、ハビトゥスは存在の仕方や行動の仕方だけに影響を及ぼすだけではなく、それらを実際に生み出してもいることをより強調している。[21] 彼によれば、ハビトゥスが私たちを前進させるとしたら、それは主として、ハビトゥスに本質的な再生産力を通じてである。それゆえ、ブルデューは、この著作でアルジェリアのカビル族における婚姻実践のフィールド調査について多くのことを報告し、儀式、交渉、自己利益の理解などがハビトゥスによって前もって規定され、続いてハビトゥスによって再生産されることになるといった、その多様なあり方をつきとめているのである[22]。このことは、所与のハビトゥスにおいて生み出された実践や振る舞いから逸脱したり、それらのうちで進展したりする余地が全くないということを意味しているわけではない。ブルデューが（再生産の確実性ではなく）再生産の傾向性を強調するところに、こうした逸脱や進展の可能性を彼が排除していないことがはっきりと示されている。そして、以上の意味で前もって規定されてしまっていることはブルデューに対して極めてよく投げかけられる批判であるが、社会学者のニック・クロスリーも論じているように、ブルデューが私たちの相互作用の環境をもたらす組織化する構造や実践に光を当てていることがより適切に読解されるなら、こうした批判は見当違いのものである。とはいえクロスリーは、ブルデューが創造的な可能性という側面を過小評価して彼自身の不利益になっていることを、躊躇なく認めてもいる。「私の見立てでは、彼が決定論者だという非難を受けやすいのは、ブルデューが行為者のこのような産出的な役割を無視しているからにほかならない[23]」。

私たちの習慣に関する考察のなかに明示的に社会的な次元を導入するときには、ブルデューの研究は重要であるものの、本書の目下の探究においては、ブルデューによる社会学（および彼が受け継いだデュルケームからモースに至るまでの伝統[24]）の枠組み以上に、メルロ゠ポンティの現象学的な枠組みの内部にとどまる重要な理由がある。確かにブルデューの議論は、明確に社会的で歴史的な次元を習慣に与えることで、私たちが検討している習慣概念を広げていくために有益である。しかしそれは、生きられた身体の役割[25]、およびこの生きられた身体がハビトゥスと結ぶ関係を縮減してしまうため、習慣が生きて変化していく仕方だけでなく、習慣が住み込まれている仕方――つまり習慣が引き受けられ、作動させられ、保持されている仕方——について、十分に捉えることができない。そのため、ブルデューのハビトゥスは、沈殿のように習慣が受動的に作り上げられているという見方に多かれ少なかれ屈伏しており（この点については本章の末尾の方でさらに考察する）、それゆえ、すでに指摘したように、あまりにも決定論的な描像を提示したことを頻繁に批判されるのである。[26] またクロスリーは、こうした批判からブルデューを救い出そうとしている（興味深いことに、彼はメルロ＝ポンティとブルデューとの間にあるいくつかの連続性を辿ることでそれを行っている）にもかかわらず、論考「習慣とハビトゥス」において彼は、まさしく身体の問題こそ、メルロ＝ポンティとブルデューそれぞれの習慣の見方を区別するうえで鍵となる特徴をなすことを認めている。

モースやブルデューとは対照的にメルロ＝ポンティがもたらしているのは、時間が経つにつれて習慣が作られ、作り直され、ある場合には消失するといった過程に関するダイナミックな議論である。［…］メルロ＝ポンティにとって習慣とは、身体化された行為者とその人の世界とを結合させる行動の構造である。それが形作られ、再形成される（またときには消失する）のは、行為者と世界との相互作用がダイナミックかつ不断に進行する過程においてである。[27]

以上の理由で、メルロ＝ポンティによって開始された、習慣の身体化された次元を明確に強調する現象学的枠組みは、身体的な仕草、姿勢、傾向性の水準での人種差別、つまり、身体によって引き受けられているような社会的かつ歴史的に位置づけられる人種差別の実践を考察することを可能にしてくれる点で、私たちの探求に最も沿うものなのだ。さらに、現象学的伝統のうちに本書の研究を位置づけることで、ある人による自己の経験や自己との関係にとってより広い含意を伴う人種差別と人種化の経験的次元——社会学的なハビトゥスにおいては私たちが容易に扱うことができないもの——を明確にすることも可能になる。とはいえ、ブルデューのハビトゥスは、方法論的には限界があるとしても、現象学（とメルロ＝ポンティの議論）が習慣と経験を厳密に個人の身体的領域とみなすことを特徴とするのに対して、そこから、習慣ないしハビトゥスが蓄積するときの社会的かつ歴史的な権力関係についてより広く考察することへと移る一つの方途をもたらしているのである。

アイリス・マリオン・ヤングと女性的な身体の振る舞いについて

実際にそのような試みの一例を、アイリス・マリオン・ヤングの記念碑的論考「女の子みたいな投げ方——女性らしい身体的振る舞い、運動性、空間性の現象学」のうちに見出すことができる。この論考においてヤングは、ジェンダーの明らかに歴史的で社会的な文脈のなかで、身体的な動き、運動性、振る舞いに関するメルロ＝ポンティ的考察を取り上げている。彼女が論じるに、様々な研究において女の子に観察される比較的貧弱な運動能力は、生物学的女性性、生理学的女性性、あるいは初期の現象学者で心理学者のエルヴィン・シュトラウスが結論づけたような「女性らしさの本質」といったものによるものではなく、むしろ女性や女の子が家父長的社会のなかで社会化される仕方によるものである。男の子の方がより堂々と大股で歩いているのに対し、女の子の方が不釣り合いなほど小さい歩幅で、縮こまって歩くことが多く、男の子に見られるような体をだらっと揺らすということはあまり見られない(28)。ボールを投げるときでさえも、膝から下の部位や背中の筋肉を用いたり、大きく身体を使って空間を有効活用したりすることが女の子の場合少なくなる。ヤングによれば、これら女性らしい運動性や動きの特徴は、現象的身体の「私はできる」が、女の子の社会的状況によってもたらされる「私はできない」と齟齬をきたすという生きられた矛盾を物語っている。[29] このような主体かつ対象であるという生きられた矛盾の結果、女性らしい身体運動は三つの様態によって特徴づけられる。彼女いわく、両義的な超越、抑制された志向性、不連続な統一がそれである。[30] その関係を彼女は次のように説明する。

これらの様態の根底にあるのは、〔…〕女性が自身の身体を主体と同様に対象としても生きているという事実にほかならない。このことの源泉は、家父長的社会が女性を対象として〔…〕規定するということであり、性差別的社会のなかで女性が他者から頻繁に対象やたんなる体として実際に視線を向けられるということである。女性であるという状況に本質的なことは、自分がたんなる体としてまなざされる可能性、つまり行動や意図の生きた現れというよりは、むしろ他の主体の意図や操作の対象となりうる体系や肉体としてまなざされる可能性が常にあるなかで生きるということである。[31]

ヤングによる女性的な身体運動の分析は、性差別の習慣や習慣的表現というはっきりとした枠組みから明確になされているものではない。とはいえそれは、実際のところ、女性的な身体が（ボールを投げたり、歩いたりするといったときに）どのような動きを習慣的にするのかについての分析であり、さらには、彼女たちが家父長的社会の文脈のなかで彼女たち自身の身体にどのように住み込むことになるのかについての分析にほかならない。そのようなものとして、以上の分析は、メルロ＝ポンティによる生きられた身体についての議論を社会的・文化的に状況づけられた文脈に応用した明瞭な例を提供しており、またそうすることで、メルロ＝ポンティ自身が人種差別の問題を何も語っていなかったにもかかわらず、私たちが人種差別についての現象学的探究を進めていく方途を切り拓いてくれる。興味深いことに、「女性」というカテゴリーを理解する方法をめぐる「セックスvsジェンダー」の論争に介入した別の論考において、ヤングもまた、ブルデューとメルロ＝ポンティを簡単に比較しており、次のように結論づけている。

ピエール・ブルデューのハビトゥスという概念は、一般化された社会構造が数々の身体による動きや相互作用のなかでどのように生産され、再生産されるのかについて、一つの解釈を提供している。しかし、行為者と経験に対して数々の社会的構造がもつ関係についてのブルデューの理解は、とりわけジェンダー構造に関する彼の理解において、そうした諸構造をあまりにも硬直的に概念化してしまっている。モーリス・メルロ＝ポンティの理論のような生きられた身体に依拠しつつ、彼が行った以上にはっきりとした形で、身体が社会的構造の内での自らの立場を生きる仕方とこの理論を結びつけた方が、より実り豊かであるだろう。(32)

つまりヤングは、ブルデューの研究によって習慣がはっきりと社会的・歴史的次元へと拡大された点で彼の研究が果たした寄与を認めるものの、生きられた身体に基づいていないような習慣のあらゆる分析の限界も指摘しているのである。習慣的人種差別の現象学的探究が、ジェンダーや性差別の現象学的分析の軌跡を多くの点でなぞるという点に鑑みるなら、ヤングがブルデューによって導入された社会的次元を保持しながらもメルロ＝ポンティに立ち返ることは、示唆に富むように思われる。

第三節　習慣的で身体的な仕草や知覚のなかの人種差別

さて、人種差別と直接的に関係する問題に目を向けてみると、これまでに展開してきた習慣についての現象学的論述は、新しい洞察や批判的な分析をどのように切り拓くのだろう。このような習慣論は、身体化された経験的次元に特に注目しながら人種差別の現象を考える上で、どのように役立つのだろう。私が提起したいのは次の二点である。第一に、人種差別的実践が実際に習慣的水準で作動するあり様を分析する文献が増えつつある点だ。ここには、人種差別が公共の言説や人種に関する暴力、憎悪、差別を伴うあからさまな行為のなかだけに存在するのでなく、微妙な身体的な仕草、反応、行動様式のなかにもおそらくより強力に見出されるという考えがある。そうした反応は常に、明白な意図をもって行われているとは限らず、人種化された「他者」と遭遇したら決まって生起するものなのだ。それと関連して第二に、このような「習慣的人種差別」[33]は、仕草や動きを通じた身体表現だけに限定されるものではなく、習慣的な知覚を通じて生じているものでもある――つまり「人種化された他者」の知覚は、身体的で習慣的な水準ですでに作動していると私は主張する。

身体的な人種差別――（微小な《マイクロ》）仕草と身体的な反応

身体的な仕草の水準で人種差別を考察するには、仕草の多様なカテゴリーを記述することがまずは重要である。例えば、人種化された標的を明確に蔑み、嘲笑い、脅迫する人種差別的な仕草の長い歴史を辿ることができるだろう。こうしたものに含まれるのは、ナチス式の敬礼をすることでホロコーストにおけるユダヤ人虐殺を連想させることや、目尻を横に引っ張って「つり目」をつくりアジア人を嘲笑すること、あるいは猿のような動きをしてアフリカ人、カリブ人、アボリジニ系オーストラリア人と類人猿を結びつけることなどだ。人種差別にまつわる文脈のなかで比較的異論の余地のないこういった例は、その仕草によって言われている当人たちにしてみれば、その意味がすぐさまはっきりする仕草である。[34] 差別的な仕草がそのようにはっきりする理由の一つは、公共の言説のなかで一線を越えてきたからである。つまり、それらは明確に意図され、あからさまに行われた人種差別的メッセージを告げる非常に際立ってわかりやすい仕草なのだ。しかし、以上の理由に加えて、それらは行為遂行的な仕草であるため認識するための基準も越え出ている。例えば、ナチス式敬礼をするために手を挙げることは、ヒトラー親衛隊の性格が宿る（もう一方の手で口ひげをつくって敬礼する場合にはヒトラーが宿る）ということ、さらにユダヤ人が「劣った人種」とされた人種差別の世界、ナチス・ドイツという第三帝国の世界観を喚起、ないし再現するということを意味しているのだ。あるいは「つり目」の場合、その目をつくる仕草には、加害者ではなくアジア人のペルソナを直接宿し、それを具現化し、醜く、愚かで、陰険な人物という戯画《カリカチュア》を映し出すことになる。それは本人たちに対してアジア人がどのように見られているのか、どのように嘲られているのかを実演する。この種の仕草は、実演《パフォーマンス》として非常に目立つものである。それらは意図された観衆だけでなく、世界全体からも見られるために上演されているのだ。意図されたメッセージを告げるタイプの言動はこうしたものによって構成されており、実際にそれを行う際には、冗談や嘲笑、比喩や誇張的表現といった修飾的で芝居じみた手法が用いられる。私たちは、これらの人種差別的な仕草の形態を実演に基づくより広い実践になぞらえることができる。例えば、ミンストレル・ショー〔顔を黒く塗るなどして黒人に扮した白人が歌ったり踊ったりする大衆芸能〕で「ブラックフェイス」をすることや、しゃべり方を（特に、大袈裟に、酷く訛りながら）真似ることなどが挙げられる。この種の人種差別的な仕草は、それがその仕草によって貶められる人々に人種差別的なメッセージを伝えようとするとともに、周囲から同意を求めようとする点で、より広範囲の人種差別的な言動のうちに位置づけられる。これらの仕草には、明示的な実演として見られることが意図されている。それゆえある程度のわかりやすさが備わっているのだ。

しかし、ここで最も関心があるのは、この種の身体化された仕草による人種差別ではない。日常生活や公共の言説においてはびこっているこの種の人種差別が存続し、実際に多様な仕方で新たな形を取っていること――白人のラッパーによる「ブラックフェイス」の新しい具体例をめぐる議論はこれの最たるものだ[35]――に注意を向けることが肝心であるというのは言を俟たない。しかし本項での関心は、通常の理解では一見したところパフォーマンスや言動を構成するようには思われないであろう種類の身体的な仕草や動きである。だが、身体的方向づけとしての習慣という私たちが先に行った概念の捉え直しからすれば、メルロ＝ポンティの著作が切り拓いているのは、視線を向けることやたじろぐことといった、何気ない身体的な反応や動きが人種差別や人種差別的な仕草についての私たちの議論のなかに加えられるということにほかならない。このことが重要であるのは、パフォーマンスや言動という明示的な領域での人種差別の形態に関する議論がそれなりに発展してきたのに対して、人種差別としての身体的な仕草や反応についての分析の方は、はるかに根拠づけるのが難しいからである。したがって、集団的な怒りや非難を招くものの例がブラックフェイスとなるのに対して、近づいてくる黒人の姿に反応してハンドバッグを引き寄せることには、その仕草に対しての擁護や否定といったものから「過剰な反応だ」という非難まで、あらゆることが起きている。二つの事例のどちらも、黒人の、とりわけ黒人男性の生きられた経験を構造化するやり方であるにもかかわらず、そうした違いが生じるのだ。したがって以下で私は、一見すると人種別的なメッセージをそれほど「実演」していないが、他方で、それらをむしろ「表現する」身体化された仕草の問題を取り上げる。とはいえ、それらはどちらも身体的言動の形態をなしているという点で、両者の差異は微妙なものであることに注意されたい。

＊「エレベーター効果」

ジョージ・ヤンシーは、著書『黒い身体・白いまなざし』において、人種差別のこのような身体的な仕草の様態を精緻に跡づけている。フランツ・ファノンの重要な著作『黒い皮膚・白い仮面』の歩みを辿りながら（ヤンシーのタイトルには、この先行する著作が直接的に暗示されている）、ヤンシーは、アメリカ合衆国で黒人男性として生きてきた自らの経験を、（微小《マイクロ》な）仕草や身体表現を通じて人種差別が実演される手法に特段の注意を払って、描き出している。例えばヤンシーが「エレベーター効果」と呼ぶ現象を取り上げてみよう。

きちんとした服装でエレベーターに乗ると、そこには目的の階に向かう途中の白人女性が乗っていた。その女性は私の黒い体を「見る」が、それは、私が何度も見てきた、鏡に映し出された私の体と同じものではない。服装はそれを着ている人の何かしらを表すという通説を真に受けるなら、私の服装の指標（スーツとネクタイ）が彼女の緊張を和らげるはずだと思う人もいるかもしれない。[36]

それに続いて、

私がエレベーターのなかに入っていくと、その女性は心配に感じる。彼女はびくっと体を動かし、心拍が早くなり、自分のハンドバッグをぐいっと自分に引き寄せる。彼女は不安を感じて胃がチクチクする。エレベーターの中の時間はまるで永遠であるかのように感じられる。エレベーター内の空間は、あらゆる方向から私の黒い存在で取り囲まれている。あたかも私がこの空間内のいたるところに存在するようになって、あらゆる方角から攻撃できるかのようだ。黒い煙が立ち籠めるように、私の黒さがエレベーターという閉ざされた空間内に充満している。彼女の手のひらは汗ばんでいく。彼女は崖っぷちに立たされているように感じ、逃げようとするが逃げ出せないことに絶望する。パニックになって、唾を飲み込むこともできず、彼女の白い胴体が細かく震え、口は乾き、吐き気をもよおす。[37]

この例は物議を醸すものだ。後で検討するいくつかの理由から、おそらくそうならざるをえない。ヤンシー自身、以上の記述が状況の解釈として妥当かどうか、批判的な疑問（あるいは女性を擁護する再解釈）がしばしば提起される例であるとしている。これらの批判は、現象学的方法における非常に現実的で複雑な認識論的かつ解釈学的問題を引き起こすため、いったん脇におき、後で戻ることにしよう。以上の批判とは別に、上記の例は人種差別の特殊な表現の一例にすぎないのだから、人種にまつわる暴力の程度を考慮すれば、それほど酷い例というわけではないと主張する人もいるかもしれない。しかし、私の見解ではこの例は、一見すると熟慮なくなされた表面的な人種差別のように見えるがゆえに、人種差別の事例であり、この点で、最近頻繁に報道されるようなアメリカ合衆国で多発する人種差別的殺人事件から、より構造的形態をとる人種にまつわる差別や暴力までを含む他の形の人種差別を支え、一つにまとめるような、身体的方向づけに注意を向けさせるものである。言葉をかえれば、このような人種差別の身体様式には、大きな問題があるということだ。

それでは、ヤンシーによって素描された上記の場面を取り上げると、この女性の身体的反応はどのような意味で習慣性のある人種差別と分析できるのだろうか。この問いに行き着くためには、他の二つの問いにまず取り組む必要がある。すなわち、この女性の反応における身体領域は、どのような意義をもっているのか。そして、その女性の反応は人種差別的と呼べるのか。これらの問いに取り組んだ後、本章の主要な問いに目を向けることにする。すなわち、この種の身体的反応は習慣の観点から理解することができるのだろうか。もしできるとすれば、このような身体的な人種差別と習慣を結びつけて取り上げることは、人種差別のより広範な分析に何をもたらすのか。

＊身体領域における人種差別

一つ目の問いから始めると、次のような主張があるだろう。緊張し、息が苦しくなり、ぎこちなく身体を移動させる――こういった白人女性の反応が引き起こされたのは、どれもヤンシーが持つ黒人男性の身体に対峙したためだ。より正確には、彼の身体に刻み込まれ、投影されたものに対峙したことによる。それというのも、その反応を呼び起こすのはヤンシーの特殊な身体ではないからだ。その女性が反応しているものはむしろ、彼の特殊な黒人男性の身体のうちに具体化している、黒人性〔Blackness〕という一般化され人種差別的に投影されたものである。人種差別が存在する世界では、人種化された身体はコード化された意味によって事前に規定されることになる。つまり、ジャン＝ポール・サルトルの言葉を借りれば（もっとも彼自身はフロイトから借りているのだが）[38]、「過剰規定」されている。ヤンシーは冒頭で次のように述べている。

> 私の黒さは、私の実存が現れるのに先立つ人種差別的な社会的・歴史的基盤の内部に根ざした否定的価値を意味するものである。私の黒人性の意味は、自然色素に内在するものではなく価値を帯びた「所与」となったのだ。つまり、様々な偶然的な言説的慣習、歴史、時代、文脈が関与も媒介もしていないと想定されているものである。私の黒人性は、「黒人性は邪悪で、信頼に足らず、それ自体で罪深い」という結論を導出するような定められた公理として機能しているのだ[39]。

このような構築物が女性の身体的反応の地平を形成している限りで、件の仕草が身体領域における人種差別を構成していると主張できる。というのも、そうした仕草は、黒人男性の身体に関する人種差別的表象に依拠しながらそれに反応することで、その白人女性自身の身体的振る舞いのうちに取り入れられるからである。

それにもかかわらず、このような議論では、件の仕草自体が人種差別的であるとするのには不十分であり、私たちが直面している仕草は、むしろ人種差別的な考え方をたんに表現しているにすぎない、と主張したくなるかもしれない。つまり、人種差別的であるのは、正確には考えであって身体によるその表明ではない、というわけだ。しかし、このような議論の問題点は考えとその表現との区別を強調しようとする点にある。メルロ＝ポンティが指摘するように、これは誤解を招く分離を強いることになる。「言葉と表現としての身体」と題された節でメルロ＝ポンティは、「言葉はすでに出来上がっている思考を翻訳しているわけではない。むしろ思考を完成させる」[40]と述べている。仕草が一種の身体的発話〔bodily speech〕である限り、仕草とその表現の内容を切り離すことは困難である。身体化された発話として仕草が身体の思考を完成させるのだ。メルロ＝ポンティは次のように指摘する。「仕草は私に怒りを考えさせるのではなくて、怒りそのものなのだ」[41]。それゆえ、黒人性にまつわるお決まりの人種差別的表現は件の女性が身体を緊張させたことで呼び起こされるだけでなく、むしろそれによって完成したのだといえよう。そして、目下のところ関心を向けているのは反応的仕草という形の人種差別、すなわち先に言及した明らかに意図された仕草による人種差別（「つり目」やナチス式敬礼）の形とは異なる人種差別であることを踏まえれば、考えと表現を区別することで、考えのなかだけに人種差別を位置づけるのは根拠薄弱なことになる。ヤンシーの例における女性の反応が、黒人男性の身体を危険で、貪欲で、制御不能といった形で構築する人種差別的言説に依拠していることは疑いようもないが、他方で、彼女の反応がこの言説に加わり、そこに息を吹き込んで、その投影に生きた現実性を与えることで、それを〔ヤンシーの〕身体に刻み直していることもまた確かである。

このような刻み直しは、さらなる言説を寄せることによって生じるのではなく、むしろ直接的で身体的な動きや仕草を通して生じる。ヤンシー自身は次のように述べている。「注目すべきは、その女性は私の黒い身体を「囚われの身」にするのに言葉を発する必要がない（発話行為は必要ではない）ということだ。彼女が「レイプ！」と叫ぶ必要などない。彼女が面と向かって「ニガー！」〔黒人を指す侮蔑的な言葉〕と呼ぶ必要もない。〔…〕彼女の非言語的な動きが私を構築し、私の身体に対するそうした動き自身の社会的・存在論的影響を作り出しているのである」(42)。換言すれば、たんに言説的表象が女性（とりわけ白人女性）に、黒人男性を恐れるべきだと伝えているだけでなく、こういった身体的反応が恐怖を具現化し、そして黒人男性が実際に恐れられることになるのだ。もちろんこのことによって、抱かれた恐怖が偽られたものだということになるわけではない——あたかもそれが正直な感情であれば、人種差別である可能性がなくなったり、あるいは実際には、人種差別であるならその人が正直である可能性がなくなったりするかのように。むしろポイントは、言説的表象はそれらの具現化〔enactment〕や身体化を通じて成立するようになるという点である。実際、「考えvs具現化」の問題自体が、人種差別を取り上げる際に言説や考えだけでなく身体にも目を向けることの重要性をまさしく際立たせている。なぜなら、ヤンシーが指摘するように、ある人が支配的な人種差別的慣行や言説に対して批判的立場を取りながらも、身体的反応や身体的仕草の水準ではなお〔その立場との〕乖離が見られることがあるからだ。

このように、エレベーターに乗っている女性は私のことを本当は「見て」いない〔…〕。しかし、その女性が、自らの人種差別に実効的に立ち向かう見方で私を見始めるには、彼女の見方に認知的変容以上のことが必要となるはずだ。このことには、彼女の身体と世界との人種化された相互作用をこれまでとは違った形で実行するための不断の努力が必要となるだろう。このさらなる変容は肉体的水準にもあるのだ。結局のところ、彼女は黒人の身体に関する自身の知覚を認識論的に誤っていると判断するようになるかもしれないが、その場合でも、彼女の人種差別が彼女の生きられた身体をなお支配し続けることはありうるのだ。[43]

認知と身体性との間の不一致を指摘することで、この分析は人種差別における身体的習慣の役割をより真剣に考えるための方途を切り拓くものなのである。

＊「しかし、それは人種差別なのか」――社会認識論と解釈学について

「しかし、それは人種差別なのか」と反論する人もいるかもしれない。事実、これはヤンシーが自身の研究を発表する際に、最も頻繁かつしつこく投げかけられてきた疑問であり、実のところ人種差別に関してより「物議を醸す」主張が提起されるたびに（とりわけ、有色人種の人々によって提起されるたびに、というのはそれ自体示唆的なことである）しばしば投げかけられる疑問でもある。そして、私たちの二つ目の問いは、このような懸念に直接関わるものである。この女性の仕草を「人種差別」とすることは妥当なのか。ヤンシーがこの女性の習慣的な身体運動や身体図式を示すことができないとすれば、彼があの状況を誤解した可能性があるのではないか。あるいは、仮に黒人男性と遭遇したときに先のような仕方で反応することが彼女の身体図式のうちに含まれているとしても、それによって必然的にこの個別の事例が人種差別の反論の余地のない表現となるのか。ヤンシーが間違っている可能性はないのか。もちろん答えは「その可能性もある」とならなければならない――しかしこの答えは、ただ先のような解釈を要する出来事には常に誤解する余地があると言っているだけにすぎない。非言語的コミュニケーションにおいて（もちろん言語的コミュニケーションであっても）意味は、必然的に不確かで、言い尽くすことができず、そのため、定義に抗うものである。それでもなお反論が続けられるかもし

れない。ヤンシーはもしかしたらその女性の身体運動を誤解していたのかもしれない、これは「すべて彼の頭のなかのこと」なのかもしれない。あるいは、彼はたんに「過敏」なのであって、こうした反応をすべて彼女に投影しているだけなのかもしれない、と。このように、ヤンシーの現象学的読解の信頼性に異議が唱えられ、またこれら反論自体が人種差別の本性を露わにしていることを踏まえれば、以上の疑問には順序だった形で対処する必要がある。

＊認識上の特権

ヤンシーはそもそも次のように述べることで議論を開始している。

この時点で提起されるであろう重要な反論の一つは、私がその白人女性の意図を単純に誤解していたということである。もとより人種差別が存在していない状況に私がそれを読み込んでいた、というわけだ。この反論は、白人による仕草やまなざし、それ以外の形でなされる、一見すると人種に関する悪意のない行動といったものの解釈を、黒人がどのようにして学ぶのかという問題を提起している。私が避けたいと思っている主張は、件の白人女性の私に対する反応はたんに「直接」観察された事例だ、というものだ。つまり、あたかもそれは他の誰であっても（他のどんな黒人であっても白人であっても）その女性の行動を「観察する」だけで、またまさにそのことによって、彼女の振る舞いに対して私がなすことを正当なものとして信じるようになる、といったように理解されるのは避けたいのだ。すなわち、事情に通じたどんな人であってもこの事態を「見て」、「はい、彼女の仕草は人種差別的でした」と主張することはできない、ということである。[44]

ヤンシーは、件の女性の反応は誰であっても観察できる明白な証拠などではないと仮定することで、ある種の物事には知覚されうるための特定の認識論的条件があるということを主張している。このことは、私たちが何をどのように知覚するのかは生きられた身体の関心によって形作られているとする、現象学の基本的な分析と相性がいい。しかし、もしそうであるなら、件のような状況を解釈する際にいくつかの集団の方がより適した位置にいる――あるいは認識上の特権が与えられている――ということになる。なぜなら、解釈を要するそのような身体的な遭遇に関して重要となるのは、個人の来歴や経験、共有されている歴史や経験、人種差別が社会を構造化する際に果たす根本的な役割についての直接的な経験およびその認識だからである。ヤンシーはそこに、その女性の仕草がどの程度こうした経験や認識と一貫しているのかを付け加えようとしている。「エレベーター効果」の議論においてヤンシーはまさにこのような精神に基づいて、アフリカ系アメリカ人が一種の「認識論的共同体」を形成しており、それによって彼らはそれを解釈するにあたって特権的な――だからと言って独占的ではないにせよ――立場に立っているとみなすのだ[45]。例えば彼は次のように述べる。

> それでは、エレベーターのなかでの白人女性の行動が人種差別的であるとする私の主張の根拠とは、一体何であろうか。彼女の仕草は、白人による人種差別に関する私の知識と、白人が実演する人種差別的仕草に関して私が過去に積んできた経験の両方と一貫している。また、私の経験は他の黒人も共有している経験と一致している。抵抗し、生き残るという目的のためにこれら人種差別的仕草の認識に熟達することになった長い歴史が、黒人にはあるのだ[46]。

さらに次のように続ける。

> 私だけでなく、私の認識論的共同体に属する他の人たちも、自分の存在を前にして白人女性たちが自身のハンドバッグを引き寄せることを目撃してきた。私や私の認識論的共同体のなかの人たちには、バッグを引き寄せるそうした行為の多くが人種差別的偏見に基づいたものであることが後になってわかってくる。さらに言えば、「しかじかの状況において自分のバッグを引き寄せるのは人種差別的偏見の表現だ」という仮説は、例えば、メディアにおけるアフリカ系アメリカ人の人種差別的な描写といった他の多くの事実とも一貫しているのである[47]。

少し整理してみれば、ここには様々な方向へ伸びている複数の一貫性の脈略が存在しているということに気がつくだろう。一方では、黒人男性の共同体全体で共有される同じ経験の一貫性がある。他の逸話や記事、動画やポピュラーカルチャーがそのエレベーター現象に言及していることは、この一貫性の証拠の一部となる。ヤンシーの事例が「物議を醸す」事例だと先に述べたとき、本来なら、それは一部の人（主に白人）には物議を醸す事例だと私は言うべきだった。というのも、その経験がありふれたものである黒人男性からすれば、それは特段物議を醸すものではなく、ヤンシーが呼ぶように「常識的な知識の一形態」にほかならないからだ[48]。これを広がりの一貫性〔coherence of breadth〕と呼ぶことにしよう。つまり同じ現象が個々別々の状況にある、広い範囲の人々に経験されているということだ。第二に、この解釈は、黒人男性と遭遇したときに生じる類似した人種差別的な習慣的反応を反映する、様々な他の経験とも一貫している。その経験には例えば、自動車のドアを施錠されること、通りの反対側に渡られること、ショッピングモールで警備員に追跡されること（「黒人のくせにショッピングをする」として知られている現象）[49]、さらに極端な場合には、ロドニー・キングとトレイヴォン・マーティンの事件でなされたような、黒人の身体に対して直ちに脅威を知覚するといったことが含まれている。これは種類の一貫性〔coherence of kind〕である。つまりヤンシーによる「エレベーター効果」の読解は、同じ種類の現象に該当する他の個人的経験と一貫しているのだ。注目すべきは、広がりの一貫性がここでも働いている点である。よく知られているように、他の黒人男性もこうした様々な身体的反応を日常的に経験している。第三に、先にヤンシーが示したように「エレベーター効果」の読解は、社会生活、言説、イメージに埋め込まれている黒人、とりわけ黒人男性への人種差別的な慣行や表象の歴史と一貫するものだ。この最後のものを深さの一貫性〔coherence of depth〕と呼ぼう。つまり、身体的緊張やハンドバックを引き寄せるといった反応は、人種差別についての歴史的慣習や体系化の重みと一貫しているのである。論考「エレベーター、社会空間、人種差別」でヤンシーが指摘するように、「アメリカでの人種差別の歴史はその白人女性の仕草に関する私の知識を裏づけ、支持しているのである」[50]。

とはいえ、たとえヤンシーが共有された認識上の特権の一部に基づいて、自身の読解を正当化する根拠を持っているとしても、それでもやはり彼が人種差別の可能性に「過敏」であるために、あるいは彼がこの女性の身体的反応を誤って解釈したために、彼が間違っているという可能性がなおも残っているのではないか。もしかしたらその女性は神経質な体質なのかもしれないし、もしかしたら性的暴行を受けた過去があるのかもしれないし、もしかしたらただ嫌なことがあったのかもしれないではないか。こういった反論に対しては、「そうした可能性はある――だが、無条件にそう言えるわけではない」と答えられる。第一に、黒人男性としての、あるいはより一般に有色人種としての認識上の特権から、彼らは人種差別が「存在」しない状況にまで人種差別を読み込む傾向があるというのは、よくあることかもしれない。これは、有色人種の人たちが他の人たちには感知されていない場面で人種差別を訴える際に、頻繁に向けられる非難である。つまり、私たち有色人種が「過敏」であるために、「何もかもが人種に関連することになってしまう」のだ、と。しかし、私たちは知覚をゲシュタルト〔全体を、部分の寄せ集めとしてでなく、ひとまとまりとして捉えた、対象の姿〕という観点から現象学的に説明することと合致しているという論点、すなわちある人の経験、枠組み、身体化された関心が、その人の知覚を形成するうえで積極的な役割を果たしている、という点を再び指摘できる（これについては後でさらに検討する）。したがって、このことが過敏すぎるという非難を裏づけている限り、それはまた同時に認識上の特権についての主張も裏づけているのだ。このことは反対に、過敏すぎるという非難は実のところそれを疑ってかかる人々側の認識上の無知を裏づけているのではないか、と問うよう私たちを促すことになる。[51] さらにヤンシーが指摘しているように、この論点は政治的緊急性の問題によって複雑なものとなる。

白人性理論の研究者であるクリスティン・スリーターが指摘するように、「白人の学生たちにとって〔…〕しばしば理解するのが難しいのは、一般的に有色人種の人たちは、自分たちが確かに人種を過剰に解釈しているかもしれないと分かっているが、ほとんどの場合その解釈が正しいためにそうせざるをえないということである」。さらに付け加えれば、有色人種の人たちがそれぞれの状況を、一つひとつ特殊な状況であるかのように対応すると、致命的なことになりかねないのである。[52]

すなわち、人種差別の重荷を最も痛感している人たち、つまり人種差別によって不利益を被り、差別を受け、危害を加えられて、被害を受ける危険に晒されている人たちにとっては、人種差別に対して「警戒」するという知覚的傾向性には政治的な緊急性があるということなのだ。この脅威の重大さは誇張したものではまったくない。ヤンシーがロドニー・キングに言及しながら述べるように、「夜遅くであればいつであろうと、私が自分の身分証を取り出すときに白人警官が私を殺すかもしれないということを知っている」[53]のである。指摘すべきことは、白人は対照的に、比較的保護された立場にいるために、人種差別を過小評価したとしてもその結果はそれほど大事には至らないということである。せいぜいその結論が間違っていることが明らかとなり、自己反省が求められるぐらいだろう。こういった違いが意味しているのは、人種差別にまつわるすべての判断が有色人種の人たちによって常に正しく行われているということではない。そうではなく、この相違が、人種差別の矛先を向けられる人とそうでない人との間で負担が等しく分配される「認識論的に公平な場」が存在するという考えを棄てさせるということである。こういった人種差別の現実を踏まえれば、人種差別に関する知覚の「強められた感受性」を語ることができる限りにおいて、そういった感受性は、認識論的に重要であるだけでなく、政治的にも理解可能でありかつ擁護可能なものなのである。言いかえれば、解釈学的な解釈の過程は、社会的・歴史的・政治的地平によって情報を受けとるだけでなく、能動的に構成される社会的・政治的領域に参与しているのだ。したがって、その解釈の過程はこうした領域のなかでそれ自体道具ないし対処戦略として機能しうるのだ。習慣的な人種差別という主張をはっきりと正当化するほどに、私たちが各人の習慣的身体や方向づけを詳細に把握することなど（たとえそういったことが〔理論上〕可能なのだとしても）実際には決してできないことを踏まえれば、目下の目的にとっては、そのような遭遇の渦中にある人種化された身体の認識上の特権や政治的緊急性に注意を向けるだけで十分なのである。

最後に（以上のすべてを認めたとしても）、件の女性の仕草を人種差別だとするヤンシーの主張が仮に間違っている——この可能性は依然として残ったままである——としてみよう。しかし、そうであるとしても、ある特定の事例で誤っているという事実がそれ自体で判断を裏づける認識論的枠組みを直ちに無効なものにするわけではない。ヤンシーが述べるように、「人種差別的行為を誤って把握することやその例外を強調することによって、人種差別的な行動パターンや傾向に関する主張が覆ることにはならない。というのも、誤っていることや例外があるということと、そういった人種差別的な行動パターンや傾向があることとは矛盾しないからだ[54]」。ここでは概観することしかできないが、例えばジェンダーの問題は、踏まえるべき重要な問題である。先に検討したヤングの分析にしたがえば、家父長的社会の女性に特有の習慣的で身体的な振る舞いについて述べることができる。この振る舞いは、ヤンシーにおけるエレベーター内の白人女性の記述と、すべてではないにしてもいくつか一致する。例えばヤングは、女性や女の子は自分の体を内側に縮こませる傾向があると指摘する。他にも、性的暴行を過去に受けた経験、あるいはスーザン・ブライソンの著作『余波』で「（自分自身の未来のレイプの）先記憶〔prememories〕[55]」と呼ばれているものでもって、件の女性の仕草のいくつかを説明できる可能性は、実際のところ残ったままである。社会的状況が身体的な姿勢や振る舞いの水準で現れるという主張を、私たちが真剣に引き受けているのであれば、こうした点も真剣に引き受けるべきであろう。

しかし、これらを真剣に引き受けることは、ヤンシーによる解釈枠組みを軽視することにはならず、むしろ複雑なものにする。

批判的教育学の理論家オードリー・トンプソンは、人種差別の問題を消し去るために白人の男子学生がその複雑さを利用して正反対に読解しているのであれば、このように複雑さを利用することに妥当性はないと指摘する。興味深いことに、白人が気にしているのは誰かが不快に感じていないかどうか、誰かが嫌な目にあわないかどうかといったことであって、かれらがどのように扱われているかに関しては人種差別を気にかけていないのだ。トンプソンはこの点にも注目しており、私もそれについて同意見である(56)。

ここでは、二つの重要な点が取り上げられている。第一に、ジェンダーの問題はヤンシーの解釈を無効なものにはせず、むしろより繊細な分析を要求している。性的暴行を経験している（あるいはその「先記憶」を持つ）女性は、男性一般の身体的現前とともに、この黒人男性の人種化された現前の両方に対して反応するかもしれない。一方の側面によって他方の側面が打ち消されるのではなく、一方の側面によって他方の側面がより強められるかもしれないのだ。つまり、エレベーター内の女性の反応は、（たんに黒人一般ではなく）黒人男性の現前に対する（たんに白人一般ではなく）白人女性としての反応である限り、ジェンダーと人種の両方がすでに作用しており、人種とジェンダーはどちらも、特定の特徴を社会的アイデンティティの内に埋め込んでいるのだ。さらに、トンプソンの第二のポイントは、組織的な人種差別がはびこる風潮のなかで、より理に適った出発点は、まずは人種差別を想定することであるため、人種差別をしていないと性急に釈明しようとすることには疑問が投げかけられるということであり、これは講演時にヤンシーの研究がどのように受け取られるのかに関して彼自身が証言している逸話で裏づけられている。したがって、ジェンダーの問題が人種差別のこうした読解との関連で提起される場合、人種差別の診断をうやむやにし、そうすることで批判的な分析や介入の可能性を奪うためにそれが悪用される危険性があるのだ。

＊習慣的人種差別

これまでのところ取り組んできたのは、「エレベーター効果」から生じるいくつかの目立った点であった。すなわち、身体領域の重要性、人種差別的とみなすことが擁護できるという点、そういった差別的仕草を解釈する際の他と異なる認識上の立場があるという点だ。いまや私たちが立っているのは、この分析を拡張して、私たちがここで直面しているものがたんに身体化された領域内での人種差別だけではなく、習慣的なもの[57]のうちにある人種差別だということを論じる地点である。ここで私たちは最初の問いに戻ることができる。すなわち、エレベーター内での女性の反応は、先に説明したメルロ＝ポンティ的な意味でまさに習慣的であるとみなしていいのだろうか。私たちが知ることのない、あの白人女性が独自に持っている身体的習慣や歴史、世界のうちでのあり方――事実、おそらく自分以外に他の人のそういったものなど知るよしもない[58]――に基づいてではなく、知ることのできる、人種差別の歴史の深さ、特徴、範囲に基づいて進んでいけば、ヤンシーの「エレベーター効果」で記述されたものと関連する広範な種類の仕草について、一般的な水準で語ることができる。この種の仕草（自動車のドアの施錠、店内での不審者の監視、ハンドバッグを引き寄せること、急に反対側の道へと渡ることも含まれる）を、習慣的であるとみなすことは正しいのだろうか。本章第一節での習慣に関する議論で設けた重要な区別を思い出してほしい。すなわち、反復としての習慣と、より一般的な身体的方向づけとしての習慣の区別、つまり身体のうちに（狭い意味で）「沈殿」した習慣的仕草と、私たちが慣れていいる習慣の区別である。私がここで役に立つと思うのは、後者の習慣の概念である。たじろぐ、緊張する、遠ざかる、呼びかける、パニックに陥る。こういったものは、思考されないままに身近にある一種の反応を表している点で習慣の例である。これらは身体図式の内部にある反応であり、人種化された「他者」との遭遇をくぐり抜ける際に、素早く容易に呼び起こされるものだ。それらは特定の身体的慣れ親しみを表す。あの白人女性の身体には、恐怖、疑い、自己本位、自己防衛といった反応が彼女の身体的技能のうちに定着していて、黒人男性との予期せぬ交流の際にすぐさま用いることができるよう方向づけられている。つまり、彼女の身体的習慣は人種差別的なのだ。

この主張は無意識的ないし潜在的偏見に関する言説と重なっているように思えるかもしれないが、いくつかの重要な点でそれらとは異なることを示したい。私たちが、仕事、教育、公共の生活などの状況において、異なる形で人種化される「他者」に対して「無意識のうちに」特定の偏見を持ったり、特定のステレオタイプを帰属させたりしていることが、多くの研究によって明らかとなった。[52] しかしこのような言説は、私たちの心理的なあり方の内にある人種差別的態度や人種差別的知覚の根深さ、さらにはそれらをほとんど自覚できていないこと（多くの場合、これらの研究の結果は被験者自身を驚かせる）を明らかにする際に、有効なものとなっている一方で、この無意識という枠組みでの論じ方では、人種差別的方向づけに伴う取り込み〔uptake〕を説明することが困難となる。すなわち、人種差別的なステレオタイプや態度がどのように埋め込まれるのか、この過程における偏見を持っている人の役割や参与を問う余地がほとんどないのだ。無意識ないし潜在的偏見は、そうした偏見が存在することを確証しているが、私たちのあり方のうちにそれらが能動的に埋め込まれていくのはどのようにしてかについてはほとんど語っていない。習慣を慣れ親しみとして分析し、沈殿を再解釈することを通じて、こういった問題に取り組む際に習慣が持つ潜在的能力を探求することこそ、私が本章の後半で取り組みたいことだ。

加えて、「カジュアルレイシズム」や「マイクロアグレッション」といった用語も、私がここで捉えようとしているものにとって必ずしも適切な表現ではない。例えば、「カジュアルレイシズム」という用語は、オーストラリアの公共の言説でいくらか支持を集めており、本章で考察してきた種類のものとよく似ている「日常の」小さな人種差別的行為を指している。例えば二〇一四年に広い地域で放映された公共放送のキャンペーンで、オーストラリア先住民について似たような筋書きが描かれた。公園のベンチで人々に席を立たれ、店のなかでは疑い深く監視される。就職面接ではあからさまに懐疑的な態度を取られ、バスが空席であってもそれとなく拒まれ、パブでは白人の友人たちのなかでさりげない《カジュアル》人種差別的な冗談を言われるのだ[60]。しかし、それらを「カジュアルレイシズム」と呼ぶのは、実際のところ誤っていると私は考えている。なぜなら、このような形の人種差別は、人種差別的な白人の立場からすれば深く考えず気楽に行っているという意味でカジュアルなものだが、不規則で予期できず、突発的であるという意味ではカジュアルではないからだ。むしろそれらは、人種化された「他者」に対するある種の根本的で包括的な身体的方向づけによって互いに結びついている。したがって、こうした行為を「カジュアル」であるとみなすのは、同一の人物やより広範の文化的環境の内にある人種差別的表現と関連した個々の行為の体系性や結束を見逃すことになるのだ。同様の議論が「マイクロアグレッション」の言説にも当てはまる。これは一九七〇年代に精神科医のチェスター・ピアスによって創り出された用語で、その後心理学の文献に広まった（いまでは公共の言説で広く用いられている）。ピアスやその他の人たちによる定義では、この概念は「加害者によって黒人が「貶められる」ような、微細だが衝撃を与えるもので、しばしば自動的になされる非言語的なやり取り」である[61]。この概念は二つの重要な点を明らかにしている。第一に、黒人に対する人種差別的メッセージがポピュラーカルチャーのなかに微小《マイクロ》なレベルでコード化して織り込まれているということである（ピアスと彼の研究チームはテレビコマーシャルに関心を持っていた）。第二に、そのことによる黒人への精神的影響である。この概念は、人種差別の表面的な領域と、公共生活のあらゆる局面への浸透を効果的に名づけたことに加えて、「受け手」側の人々が蓄積し、経験している情動的被害を指摘している（ファノンのような思想家もこの被害を明確にしようとしてきた）。これは間違いなく重要な研究ではあるが、他方で、人種化された人の観点に注目することで私が現在持っている関心とはわずかに異なる強調点を引き出している。この問題は第二章で取り上げることになるが、目下の分析において私が探究しているのは、人種差別を「すること」や「する人」の観点から考察する方法である。すなわち、具現化されたり遂行されたりしている最中の人種差別を考える方法、人種差別を遂行する人たちの共犯関係や責任についての問いを切り拓く方法を見つけ出すことなのである。

以上の関心から、ヤンシーによって解明された種類の仕草的で反応的な人種差別は、反復という狭い意味と慣れ親しみという広い意味の両方で、習慣として取り上げることがよりふさわしいと私は提案する。メルロ＝ポンティが習慣を「一定の形態の状況に対して一定の型の解決方法でもって応答する能力」[62]という言い方で先に語っていたことを思い出そう。人種化された「他者」に反応して、こういった仕草が簡単に具現化されるということ——すなわち、それらはある人の身体図式の歴史のなかで異常なことでも例外的なことでもなく、むしろその人の身体図式と整合的で首尾一貫しているということ——は、習慣に属していることの証拠である。こういった類の反応によって反映されているのが、身体のうちに「沈殿」し、身体に取り込まれ、人種差別的実践が深く埋め込まれた言説や歴史によって支えられてきた振る舞い、ないしはそういった反応の仕方である点で、この反応は習慣であると言えるのである。さらに先に行った本書の分析に基づけば、このような人種差別的反応は、完全に意図的で熟慮されたという意味で意識的であるというわけでもなければ（実際、こういった反応はたいてい「そのようなつもりはない」ことをまさに理由にして否定されたり、擁護されたりする）、無媒介の身体的反射[63]という意味で無意識的であるわけでもない。むしろ獲得された方向づけという曖昧な領域のうちにあると言えるだろう。この場合こうした反応は、人種差別的なステレオタイプや投影によって形作られながらそれらを具現化する方向づけを反映している。このように考えると、人種差別は意識的にのみ具現化されるわけでもなく、また、常に意識的に具現化されているわけでもない。むしろ、意識的なレベルよりも下位のところでも等しく——実際には自覚されないまま——機能しているのである。しかしながらこのことは、非難や責任の問題を取り扱うことができないということを意味しない。というのも、本章の第四節で論じるように、私たちが習慣という概念を改訂することがまさに、こういった問題を開示することにほかならないからだ。現象学的習慣という枠組みで人種差別を取り上げることで、潜在的偏見という言説よりもずっと強力に次のことが示されると、この後論じるつもりである。すなわち、世界の内に存在する一定の様式があり、それはたんに獲得されているわけでもなければ素朴に獲得されているわけでもなく、むしろ主体の側の何らかの共犯関係ないしひとりよがりを伴っている、ということである。しかし、この論証へと移っていく前に、習慣的知覚の領域のうちにある人種差別の問題を取り上げることで、習慣的人種差別についての目下の分析をまずは仕上げることにしたい。

「人種化された他者」の習慣的な知覚

人種差別的な仕草や反応が、習慣や習慣化された身体的方向づけを通して、どのように身体図式の水準に刻み込まれるようになるのかを、そのような主張に伴う困難さとともに、ある程度紙幅を割いて考察してきた。そのため、次に習慣的な知覚という形の身体化された人種差別について考察していくことにしよう。ここでの問いは、人種差別的な慣習は、身体的（主に視覚的）知覚の基礎的水準においてどのように現れるのか、というものになる。このような問いは、当然のことながら身体的な反応や仕草についての先の分析と密接に関係しており、実際のところある意味で、論理的に先行しているように思われる。ある種の身体的な動きや仕草が引き起こされるのは、人種化された知覚に対して反応するときではないか。しかし、後で参照するリンダ・マーティン・アルコフとアリア・アル＝サジによって展開されたメルロ＝ポンティ的な議論からわかるように、知覚してから表現されるという論理を厳格に主張すると、私たちの知覚のプロセスがそれ自体身体化され生きられた経験を通じて展開されていることが覆い隠されてしまう。以上のことを踏まえて、私がこれから提示する人種化された知覚の分析は、これまでの人種差別的な仕草や方向づけの分析に続きながら、多様な側面を持つ身体化された人種差別のより広範な探究を補完し、補足するのに寄与するものである。

人種の（解釈学的）可視性

現象学的伝統に依拠しながら、リンダ・マーティン・アルコフが『可視的アイデンティティ』において論じているのは、人種の知覚は私たちの知覚の枠組みによってもたらされ、その枠組み自体が身体的な習慣を通じて学習され、獲得されたものであるということである。アルコフは次のように述べている。「人種は可視的な領域で機能しているため、人種という経験は何よりもまず人種の知覚に基づいており、この人種の知覚の具体的な様式は学習された能力である」[64]（引用者による強調）。したがって、彼女の主張の一つは、私たちの通常の想定とは反対に、人種とは「はっきりと現れているものではなく、［知覚的］領野である」[65]ということである。つまり、私たちは通常、人種とは私たちが知覚する特徴であるとみなしているが、アルコフはそうではなく、人種は実際のところ私たちの知覚的な枠組みや地平といった水準で作動しているものであり、私たちがそれを通じて、あるいはそれと照合することで知覚するものなのだ、と主張しているのである。『知覚の現象学』の序盤の箇所でメルロ＝ポンティは、古典心理学によるゲシュタルト的な知覚を修正する考え方を提示している。「自分の身体とは、図と地という構造によっていつも暗々裡に想定されている第三の項であって、一切の図は、外的空間と身体的空間との二重の地平の上に姿を現す」[66]。このような言明はアルコフの主張と共鳴している。すなわち、通常私たちは、形態学的なヴァリエーション一般を地にして知覚される「図」として人種をみなしているが、生きられた経験における人種的差異の重要性を考慮すれば、実際のところ人種は「現代の知覚の構造」[67]を組織するものとして機能し、（他者ではなく）特定の人種を私たちが知覚するようになるための地を構成しているのだ。言いかえれば、生きられた身体は、実際のところ人種によって区別されている世界のうちに位置し、この区別から生じる意味と意義を帯びており、このような生きられた身体によって人種というものが、他者を知覚する際に特定の人種が出現して来る地平の一つとして提供されているのである。人種を有意味なものとする生きられた経験によって、私たちの知覚的な図式のうちで人種を理解し、知覚できるようになる。これがある種の論理の循環を招いているように見える――アルコフは人種を地と図の両方として捉えているように見える――のであれば、それは彼女がここで、知覚を構成する地と図の間の相互作用自体が、有意味な文脈のうちに埋め込まれるとともに、そこから現れるということを私たちに思い起こさせているからである。メルロ＝ポンティを援用すれば、アルコフにとって、人種の知覚は、ある意味でそれ自体を前提としているのである(68)。

アルコフがこの議論で反対しているのは、人種や人種的な差異を「自明なもの」として無批判に受け入れている自然主義的な説明であり、これは現象学自身も陥りがちである(69)。すなわち、人種化の経験を取り上げる際に、経験と説明とを取り違える危険性があり、その結果、知覚可能な人種的差異が、人種的多様性のなかで生きるために自然に生じた身体的対処のメカニズムに由来するものと考えられてしまうのである。アルコフは次のように述べる。

> これとは反対に私の考えでは、人種を知覚的な差異に基づいて分類しているとしても、メルロ＝ポンティが論じるように、知覚は沈殿した文脈的知識を表している。そのため、人間の身体をタイプによって区別して分類する過程は、人種差別を引き起こした要因としてそれを「説明する」ものではなく、むしろ集団的抑圧に後続するものなのだ(70)。

このようにアルコフの現象学的アプローチは、私たちの知覚的で表現的な地平を構造化する歴史的で言説的な実践に明確な注意を払っている。したがって、留保をつけつつ批判的な仕方ではあれ、アルコフが現象学と関わることを選択した理由が明らかとなる。アルコフは、人種化された知覚それ自体が、私たちの身体的で生きられた関心によってすでに構造化されていることを論じ、またこの過程における身体化された知覚についてのメルロ＝ポンティの議論に依拠することで、彼女は現象学的な手法でなければ見逃してしまうであろう人種差別的な実践の一側面に注意を向けられるようになる。というのも、「人種化に伴う知覚的実践は、［…］暗黙的で、ほとんど視野に入らず、それゆえそれは批判的な反省をほとんど免れている[71]」からだ。人種差別の場合、以上のことは、「アフリカ系アメリカ人への怖れやラテン系アメリカ人への蔑視は、歴史的・文化的な意味図式の解釈を差しはさむ必要もなく、事の本質それ自体によって正当化される、現実の単純な知覚とみなされる[72]」ということを意味しうる。

さらにアルコフによれば、とりわけ人種差別に関する現象学的研究の妥当性は、人種が感覚的領域のなかでも特に視覚的領域のなかで示されるとともに、他の抑圧の形態（性差別や障害者差別など）と比べてもずっとそうであるという特異なあり方によって、はっきりすることになる。最初の主張に関して、エドゥアルド・メンディエタのような論者は、他の身体的な（あるいは彼が肉体論的〔Somatological〕と呼ぶ）領域[73]のなかで、人種差別的憎悪を現象学的に探求することに重要な貢献をしてきたが、私の考えでは、人種差別と視覚との間に明らかに特権的な関係があることを論じた点で、アルコフの方が正しい。（当然のことながら、これは、人種が視覚的領域だけで機能しているということを意味していない。私は第四章において、「人種的パッシング」という現象に関連してこの論点を取り上げる。）例えばアルコフは次のように論じている。「人種」という概念は常に流動的であり、その歴史を通じて定義と基準は変化していった――このことは、ラデル・マクウォーターの系譜学的調査によって裏づけられている主張だ[74]――が、それら組織化する多様な図式は、視覚的な身体的徴《しるし》を通じて常に表されてきた。「人種的アイデンティティを規定するものとされている基準は、先祖、経験、自己理解から習慣や慣習に至るまで多岐にわたっているが、しかしこうした情報源は、身体上の可視的な刻印を通じてコード化されている[75]」。人種が視覚を通じて最も顕著に表現されると考えられているのは、二〇一五年のレイチェル・ドレザルの物議と困惑を呼んだ事例によって立証された。〔白人である〕彼女は、黒人のアイデンティティを非常に論争的で問題を孕んだ仕方で要求したのだが、この要求が視覚的な見た目の変化を通じてなされたという点は意義深い[76]。

アルコフによれば、人種が身体に視覚的に刻み込まれているのは決して偶然的なことではない。「人種を可視的なものに位置づけることで、人種的アイデンティティが不変であるという経験が生み出されるのである[77]」。それはまた、西洋の哲学と文化の伝統においてこれまでずっと確立されてきた、可視的なものを特権化する王国――アルコフが視覚中心主義〔ocularcentrism〕と呼ぶもの――へと私たちを連れ戻す[78]。このことを考えれば、視覚的経験の力学に現象学が寄せる関心は、視覚領域を通じた人種差別の働き方を考察する上で、歓迎すべき哲学的道具立てを提供することになるのだ。メルロ＝ポンティによる知覚構造の洞察は、アルコフによって社会的・政治的な問題との関わりを通して吟味され、いまや政治的な批判や介入のための空間を切り拓くために活用されることになる。このような例の一つが、ヴェールを纏ったムスリム女性の事例についてアリア・アル＝サジが行った知覚の分析である。

ムスリムのヴェールにおける人種化された知覚

論考「ムスリムのヴェールにおける人種化」においてアル＝サジは、行政サービスや行政関連の場所においてムスリムがヴェールを着用することを禁止する法案をめぐって二〇〇九年のフランスで行われた社会的議論を検討している。この種の議論は、九・一一後の世界でフランス、カナダ、オーストラリア、イギリスといった国々において何度も繰り返された。（フランスの場合、二〇一六年に各地で「ブルキニ」禁止令が発令され、その結果、フレンチ・リヴィエラ〔コート・ダジュール〕のビーチで全身を纏っていたムスリム女性に罰金を科したり、強制的に脱がせたりすることになり、この問題は不条理のピークに達した。）それ自体、二〇〇四年にすべての「目立つ」宗教的標章の法的禁止をめぐってなされた議論と立法措置の再来であり、アル＝サジは、どちらの場合も、支配的な言説は人種化された知覚の様々な習慣的様式に根ざしていたと論じる。例えば彼女が論じるところでは、二〇〇四年に法律が正当化された根拠の一つ（ただし、唯一の根拠ではない点が重要である）は、フランスのライシテ〔laïcité 政教分離〕の法理、つまり国家世俗主義であった。この根拠だけで正当化されると、この法律はすべての宗教の標章に対して等しく無差別に適用されるもので、ことさらヴェールを取り上げようとするものではなく、それどころかむしろ「これみよがしに」宗教的であるようなあらゆる標章をも対象とするものなのだ、と主張する者もいるかもしれない。しかしながら、アル＝サジが主張するように、その法律の適用と「ラ・ロワ・スュル・フラール〔la loi sur le foulard〕」（スカーフ法）[79]という通称に鑑みれば、それは明らかに真実ではなかったのだ。これは、アルコフの言葉を借りれば、歴史文化的な図式の性質によるところが大きく、その図式はこの議論の政治的で法的な文脈において作動しているのである。アル＝サジは次のように述べている。

ライシテに関するフランスでの言説において最も共有されている前提は、すべての宗教的標章は等しく前景化されており、したがってそれが可視的であるのは、〔公立学校、行政機関、政府における〕宗教が存在していない中立的で世俗的なものを背景にしてのことなのだ、というものである。このことは、十字架にもヴェールと同じだけ当てはまっていると理解されている。しかし、フランスの世俗主義はキリスト教の歴史の上に打ち立てられたものである。何人かの論者が論じているように、世俗主義がカトリックの教義と適合し、共存しなければならなかったということからわかるのは、世俗的な公共空間には一般的に〔宗教が〕不在になっているということではなく、構造化されて不在になっているということだ[80]。

言いかえれば、法律の中立性を強調するためにライシテが引き合いに出されたわけだが、他方ではフランスの文化、政治、宗教といったものの歴史を見れば、いわゆる世俗的な空間を構造化していく際に、キリスト教信仰、とりわけカトリックの教義[81]の痕跡が必ずしも「可視的で」あるわけではないにせよ、存続したのである。したがって、アル＝サジはゲシュタルト的分析を用いて、法律上の「これみよがしに」という中立的に見える基準が、実際には、この歴史的文脈を踏まえてコード化されたものだと論じるのである。

世俗的空間〔と時間〕の不可視的な構造は、文化宗教的な慣習がその空間と共存することで、異なる仕方で可視化されるということを意味している。他のもの以上に注目を集めるものがあるのだ。すなわち、いくつかの標章や慣習はこのような空間と適合しているように見え（それゆえ「目立たない」）、［…］それ以外の標章は適合しておらず、それゆえ「目立つ」と私たちは思っているのである(82)。

しかしながら、これは全容でなかった。二〇〇四年までの公共の言説と、二〇〇九年に再燃した議論の中心は、一般的に目立つ宗教的な標章ではなく、特にムスリム女性のヴェールであった。したがってアル＝サジが指摘するところでは、ヴェールには、キリスト教以外の標章のいずれかないしすべてと異なる特別な何かがあり、それがフランスの議員たちにとりわけ疑念を抱かせたのだった。彼女が主張するには、この移行を可能にした鍵となる動きは、「ムスリムのヴェールの表象が持つ本質的な特徴として、ジェンダー抑圧が刻み込まれた」ということであり、それには「フランス社会で想定されているジェンダー平等（世俗主義と連続し、その結果であるとさえ考えられている）(83)」という主張が相補的かつ協働的に関わっていることであった。アル＝サジによれば、まさにこれら二つの言説が絡み合うことで、フランス社会の世俗的で平等主義的な自己イメージと対照的に、ムスリムのヴェールが即座に目立つようになり、疑念を抱かれるのである。かくしてアル＝サジは次のように述べる。「このような複雑な背景のもとで、ヴェールは二重の意味を持ち、過剰規定された図として現れるようになった――異なった宗教に属している点でたんに可視的なのではなく、その宗教のジェンダー抑圧の象徴として適度に可視的となったのである(84)」。

この議論においてアル＝サジは、私たちが見るときに依拠する「地」ないし知覚的枠組みを白日のもとに晒すゲシュタルト分析に留まることなく、見方が事前に規定されている「図」もあることを論じている――ヴェールを纏うムスリム女性はイスラーム教の信仰と慣習によって抑圧されている女性として見られているのだ。言葉をかえれば、私たちが何をどのように見るのかを規定する、言説によって与えられた知覚的地平が存在していることだけにそれが起因しているわけではなく、こうした知覚の様態がヴェールを纏うムスリム女性を抑圧された女性としてすでに特徴づけ、事前に規定してきたために、その女性たちは常日頃このように見られるのである。アル゠サジは次のように述べる。

植民地時代や現代の西洋におけるムスリム女性の表象が相対的にかたくなにあること――経験的な実例や反例に対してそうした表象が示す驚くべき抵抗力――はその背後にあるメカニズムの一端を明らかにしている。これらの表象は、ムスリム女性を事前に台本が書かれた立場に位置づけることになり、そこでは、ヴェールを纏うことは、脱主体化――主体性が欠如し、犠牲者であり、声を持たないこと――と等しいものとして構成され、これらのイメージが今度はこの脱主体化を強化するよう作用しているのである。(85)

したがって、私たちの知覚習慣は、地と図の二つの水準で作動しうるのである。人種が視覚的知覚の知覚的地平や「地」をもたらすというアルコフの分析に続いて、アル゠サジの分析には人種化された身体が「図」として現れるという補足的な主張がある。アル゠サジが論じるように、ヴェールを纏うムスリム女性はこの図式の内部にいることで、彼女たちの状況、自己知覚〔self-perceptions〕、慣習、自己理解といったものの多様さとは無関係に、抑圧されているとみなされるのだ。これが事実であることは、多くのムスリム女性たちの一人称的観点からの証言によって確認されるだけでなく、ムスリム女性の「解放」を追求しているフェメンのような過激なフェミニスト組織を批判するムスリム女性らの運動によっても確認される。[86]

加えて、アル＝サジによれば、ヴェールを纏うムスリム女性を抑圧されている者として知覚することは、習慣的知覚に見られる「過大」と「過小」の両方を同時に明らかにする。第一に、ヴェールを纏うムスリム女性の事例において人種化された見方は、その女性の身体が属性を帯びているという意味で「過大」なのであり、つまりサルトルとファノンの言葉を思い起こすと、「過剰規定されている」。実際ここには、アル＝サジによるムスリム女性への習慣的知覚の描写と、ファノンが黒人意識の「絶対的密度」[87]――認識の瞬間ではなく知覚の瞬間に与えられる密度――として描き出すものの間の類似点が存在している。[88] 黒人男性とヴェールを纏うムスリム女性のどちらの場合であっても、彼ら彼女らの人種化された身体には、視覚的な知覚の瞬間にすでに意味と規定が備わっている。[89] そして当然のことながら、このことは別の人種化された身体にも広がっている。例えば、黒人女性は性的に扱ってもよい、ラテンアメリカ系男性は教育を受けていない肉体労働者だ、アジア系女性はエキゾチックである、などのように知覚されるのである。[90] 様々に人種化された人たちの身体にコード化された、こうしたおびただしい人物像は、私たちを重要なポイントへと導くことになる。つまり（アルコフやファノンに続いて）アル＝サジが分析した人種化された知覚の過程において、表象と現象の収束点もまた明らかになるということだ。すなわち、もし現象学の意図することが私たちを「事象そのもの」（フッサール）へと立ち返らせることであるならば、人種化された知覚の分析が私たちに示すのは、これらの「事象」はたんなる「そのもの」ではなく、すでに言説的実践によって形成され、その実践に加わっているということである。言いかえれば、ある事象の現れやその知覚は何らか現象学的に「純粋」な仕方で生起するわけではなく、むしろそれらはすでに言説的表象によって情報を受け取り、さらにはその表象に利用されうるのである。したがって、ファノンが自身のことを「他者や私が持つ「観念」の奴隷ではなく、私自身の外見の奴隷である」と述べることで、黒人とユダヤ人との対比を描き出したとき（この区別については第四章においてより慎重に検討する）、彼が黒人の身体の視覚的所与や、その身体の表面に一見したところ不変的に人種が刻印されていることに注意を向けている点では正しい。しかし、私が論じるようにファノンが持つ黒人の身体の外見がそうした規定を引き起こすのは、まさしく黒人は劣っていて野蛮だなどという形で構築されてきた長い歴史――すなわち、黒人という観念――によってその外見が支えられているからであるというのもまた確かだ。ゆえに私の考えでは、ファノンが引き出そうとする「観念」（あるいは表象）と「外見」の区別は、彼の外見がすでに言説的に（そして表象的に）構成されたものであるという点で、いささか誇張されすぎているのだ。

しかしアル＝サジが論じるように、人種化された知覚にはこういったものと同時に、「過小」に見てしまうという特徴もある。この場合、ヴェールを纏うムスリム女性がフランスの公の議論の場から事実上排斥され、理性的な対話者や行為者として真剣に受け取られる可能性もなかったことが、このことの明白な事例である。

視覚の人種化は、視覚の反応性や情動性が制限されている点で過小なものである――他のあり方に対する視覚の開放性は、自らの知覚図式を不安定にしたり、挫いたりするのだが、そうした開放性が限定されてしまうのだ。視覚が持つ変化する動的能力は部分的に封鎖されている。人種化された身体は生まれつき劣ったものと見られるだけでなく、それ以外には見られえないのだ。ヴェールを纏う身体は、たんに抑圧されていると見られるだけでなく、その抑圧のなかで自分自身を引き受け、構成する主体として見られえないのである。[91]

この記述は、黒人の身体に過度な可視性と不可視性が同時に存在しているとするヤンシー自身のいくつかの発言と共鳴している。ここでの不可視性とは、自分自身からも他者からもその人物をありのままに見ることができないことを意味している。[92]しかしながら、見る者の「視覚の動的能力」が「封鎖されている」と述べて、貧困化した見方という観点から語ることで、アル＝サジは知覚に関する倫理的な問いの輪郭をより示唆的に指摘している。（実際彼女は、以前の論考において「批判的・倫理的見え方」の可能性について豊かな論述を与えている。[93]）ヴェールを纏うムスリム女性が市民権を奪われ、フランスでの議論の場において実際に「脱主体化」されたことに関するいくつかの言及によって、知覚様式が——とりわけこの知覚が公共の言説の条件を形作るような権力構造がある場合には——、重要な政治的結果や倫理的重要性を担っていることがここにきて注意を引くことになる。この場合のヴェールを纏うムスリム女性はたんに「見られない」つまり不可視であるというだけでなく、この拒絶的で貧困化した見方が、公の議論の場やより一般に政治活動に参加するときでも、彼女たちから自発的な声を奪い、そうすることで彼女たちの政治的で倫理的な行為主体性を否定しているのである。そしてレヴィナスやヴァルデンフェルスといった思想家が示しているように、（私たちにとっての他者ではなく）あるがままの他者へと向かう私たちの開放性、受容性、応答性は、他者との倫理的関係を紡ぐことを可能にするより有意味な基盤をもたらすのである。[94]

このようなつながりは、今度はより一般に現象学との関連で、倫理学と規範性についての問題を提起する。それはメルロ゠ポンティの身体論のなかで明らかに検討されておらず、またより一般的に言って現象学の伝統のなかでも主題化されていないものだ。ここまで見てきたように知覚習慣が、寛大に解釈をすれば、政治的領域において意図せず有害な結果をもたらしうるなら、あるいはそれほど寛大な解釈をしなければ、抑圧的な権力関係を維持するために戦略的に展開されているのだとすると、私たちは知覚や身体的傾向性の倫理を語ることができるのだろうか。この問いは、私の考えでは人種差別的慣習の身体領域内への刻み込まれ方について考察するときに、とりわけ光が当たることになるが、実際には、人種差別的な習慣や習慣的傾向性についての先の考察のうちにすでに暗に提起されていた。世界と他者それぞれと相互作用するなかで私たちは間主体的に構成されているとメルロ゠ポンティが認めることを踏まえると、(身体的な表現を通してであろうと、身体的な知覚を通してであろうと) それらの相互作用の様式が、自己の徹底的な否定、つまり身体イメージや身体図式の解体を引き起こしたり、あるいはそれを助長したりする場合、このことは、規範的な観点からして理想的な (あるいは規範的な観点からして有害な) 身体的な振る舞い方があるのかどうかという問題を突きつけることになる。ここでは大まかにしか提起していないこの問題は、アリストテレスの倫理学の圏域にメルロ゠ポンティの身体性の議論を位置づけ直すよう促しているように思える。しかし、本章終盤での責任に関する議論や第四章における人種差別的まなざしについての考察において見ることになるように、実際にはいくつかの微妙な違いがある。

目下の分析に戻ると、人種化された知覚についての説明が、習慣についての先の分析とも重なり合うことも注目に値する。例えば、(毎回前もって規定された仕方で見られる) ヴェールを纏うムスリム女性の公的な位置づけの事例について、アル＝サジが記述していた「過小に見る」ということも、二つの点で習慣の概念へと私たちを立ち返らせる。第一に、それは習慣的という狭い意味での習慣へと私たちを連れ戻す。すなわち、ヴェールを纏うムスリム女性を抑圧された者として知覚することは、繰返されることでルーティンとなり、変化するために必要な隙間がなくなる。これは習慣という語の通常の意味で理解された、人種化された習慣的知覚である。しかし、それに加えて私たちは慣れ親しみというより広義の意味での習慣を、ここで確認することもできる。つまり、こういった人種差別的な見方は、その根底にある知覚的方向づけを証し立てているのだ。すなわち、人はこの人種化された知覚の様式に住み込んでいるのである。アル＝サジは、論考「批判的・倫理的見え方の現象学――メルロ＝ポンティ、ベルクソン、そして別様に見ることについての問い」において、次のように述べる。

知覚的世界は、私の身体の［…］実践的な可能性を反映し、私の習慣の変化と連動して変化する。したがって、見ることは可視的なものを公平かつ中立的に記録することではない。見ることは可視的なものを配置することであるが、それは私の目が可視的なもののうちでさまようやり方に従っている。習慣的な眼球運動だけに従っているのではなく、私の身体の習慣的で萌芽的な運動予期にも従っているのだ。[95]

メルロ＝ポンティに関して先に説明した際に指摘したように、習慣の特質とはまさに、明示的に主題化されない限り私たちには不可視なものとなるほど、私たちの身体図式のうちに切れ目なく統合されているものにほかならない。ところでアル＝サジは次のように述べている。「沈殿と慣れ親しみを通じて、視覚の構成的作用は無言ないし前反省的なままである［…］。私たちが習慣を通してものを見るということは、アルコフが指摘するように、私たちは習慣を見ていないということなのだ」[96]。このことは、例えば同じ内容の架空の履歴書を評価する際に、職場の多様性を重視することを表明しているにもかかわらず、「アフリカ系アメリカ人に聞こえる名前」（ラキーシャやジャマル）の人よりも「白人に聞こえる名前」（エミリーやグレック）の人を有意に好むことを示す実験結果が人事管理担当者に呈示されると、その人たちが「驚く」理由を説明している[97]。同様に、ヴェールを纏うムスリム女性についての習慣的知覚も、その知覚的枠組みを覆い隠しながら、公共の言説の方向性や内容を静かに構造化するという具合に機能しているのだ。私たちはこういった人種化された知覚様式のうちに住み込んでいるのかもしれないが、必ずしも自覚的にそうしているわけではないのである。

＊人種化された知覚におけるジェンダー

最後に、ヴェールを纏うムスリム女性の習慣的な知覚において、ジェンダーが果たす中心的役割にも注目することが重要である。ここでアル＝サジが論じているのは、たんにヴェールを纏うムスリム女性がフランスのライシテという中立的であるとされる地から浮かび上がる「他者」あるいは「目立つ者」として人種化されているということだけでなく、それに加えて、ジェンダー化された（そして異性愛規範的な）解釈がこのような人種化された見方のうちに働いているために、ヴェールを纏うムスリム女性は、抑圧され主体性を欠いた存在であるとされる特異な人種化を受けているということだ。この議論を展開するにあたりアル＝サジは、一九三〇年代におけるアルジェリア女性の「ヴェールを脱がす」フランス植民地政策に関するファノンの議論を参照している。自身の論考においてファノンは、植民者の男性がまなざすヴェールを纏う女性が過度に可視的であるのに対して、「彼ら〔アルジェリア男性〕のまなざしが「女性の姿を知覚しない」ように訓練されている」[98]ために、アルジェリア男性にとっては彼女たちが不可視であるという際立った違いを対比的に語っている。ヴェールを纏う女性は覆い隠されているために抑圧されているとみなされていることは、どの程度、どのような方法で、そして誰に対して可視的であるべきかに関するジェンダー化された異性愛規範的な期待を暴き出している。アル＝サジが論じるように、「ヴェールを纏う女性の――性的抑制とジェンダー抑圧の場としての――表象は、女性の身体の所有を欲し、「見たい」と思うまなざし［…］によって生み出されている」[99]。言いかえれば、女性を男性のまなざしにとっての視覚的対象に位置づける西洋の家父長的な知覚図式は、ヴェールを纏う女性を抑圧された者とみなす知覚においても働いているのである。別の観点から考えてみよう。見る者（あるいはまなざしをもつ者）は、通常、見る者と見られる者という関係のうちで相対的な権力をもつ地位にいると理解される（第四章で説明する）以上、ここから示唆されているのは、ヴェールを纏う女性――とりわけニカブのように全身をヴェールで纏っている女性――が、見る者となりながら自らは見られる者ではない点で、またヴェールを纏うことが社会的関係の違いを産み出し、そこに意味や質感《テクスチャ》を与えるものである点で、権力をもつ地位を現に占めているということなのだ。以上は、ヴェールを纏う女性がもっぱら抑圧されているとみなされる通常の言説では、広く認められている語られ方ではなく、またありうる語られ方でさえないとされるが、このことが示しているのは、ここで作動している知覚枠組みが、特定の男性的まなざしにとっての女性の身体の可視性をめぐる家父長的規範に染まったものだということである[100]。そのためアル＝サジは次のように述べている。「ヴェールを纏い続ける女性は、（植民者の男性の）認知の外に身を置いているように思える。このような視覚を通じて異性同士が関係しあう秩序の内には彼女たちの居場所はない。［彼女たちは］対象でさえなく、まなざしを返し、意味を見てとり、それを実際に作り出すことができるということが、この領域のなかでは想像できないのだ」[101]（引用者による強調）。

指摘しておかなければならないことは、ここでの分析は人種やジェンダーの研究で活発に議論されている交差性《インターセクショナリティ》の分析とは全く異なるということだ。アル＝サジが他のところで論じているように、交差性では、人種やジェンダー（あるいは他の社会的アイデンティティ）について比較的安定した軸がすでに存在し、それらはある人が両方のカテゴリーのうちに同時にいるときに合流するないし「交差する《インターセクト》」という前提が働いている点で、問題を孕んでいる可能性がある。[102]ここで問題となるのは、この交差が生じなければ、あるいはそれが生じるまで、これらの軸が他の軸の存在によって攪乱されることがないということである――そして人種化されている身体の代表《フェイス》となるのは、たいていの場合、人種化された男性の身体であり、対して女性の代表《フェイス》となるのは白人の女性である。言うまでもなくこのような概念枠組みは、それ自体のヒエラルキーを再び刻み込み、抑圧的な慣習を助長する恐れがある。驚くことではないだろうが――この交差性のモデルにおいて、またはそれを考慮しそこねていると言われる際に、伝統的に俎上に挙げられるのが有色人種の女性たちであったのを踏まえると――、ムスリム女性を中心に据えるアル＝サジの議論は、交差性の考えの代わりに、ジェンダー化された図式がすでに人種化された知覚に備わっているという考えを推し進めている。つまり、これらは二つの異なる問題の交差点ではなく、むしろ「連続」した問題なのである。

本稿の残りの部分で（ファノンを超えて）私が論じるのは、ヴェールを纏うムスリム女性が西洋的・

植民地主義的知覚において「他者化される」過程が二重であること――彼女らの人種化にはジェンダーが不可分に絡まり合っていること――だが、それに加えて私は、この他者化はファノンが記述した人種化と連続する人種差別の一形態だということも主張する。[103]

ヴェールを纏うムスリム女性が抑圧されているとみなす習慣的でジェンダー化された知覚は、ムスリム男性と（主に男性による行動を通じて解釈される）イスラーム文化を抑圧的だとみなす一般的な人種化された知覚を裏づけるものとなっており、したがってこの点で人種差別と連続的なのだ。

このことを念頭においてヤンシーの危険な黒人男性という事例に戻ってみると、ファノンらによっても語られているように、こうした人種差別的な知覚にはすでにジェンダー化された次元も潜んでいることがわかる。そこでの語られ方は、たんに黒人が危険だということではなく、（他を排除しているわけではないが）黒人男性がとりわけ危険だということであり、これは、ヤンシーによって言及された白人女性の「純潔さ」を補完的に構築することによって構成され、維持されるイメージであり、[104]白人女性にとってはそれ自体が落とし穴であり、抑圧的な慣習である。例えば〔白人女性を連れ去ろうとする〕『キング・コング』という物語を取り上げてみよう。これは長く人々の想像力をかき立て、ポップカルチャーのなかで定期的に取り上げ直されてきた。このことは、アジア系やラテンアメリカ系や黒人の女性が自分のハンドバッグを引き寄せると黒人男性が語るというのは滅多になく、その代わりに、このような行動に出る白人女性に関する経験ばかりを黒人男性が訴えているという事実と関連しているのだろうか。黒人男性は、（黒人やアジア系やラテンアメリカ系の女性とは対照的に）白人女性というジェンダー化されかつ人種化された形で構築されたあり方との関係において、特に危険で「貪欲な」

者であると構築される。同様に、アル゠サジの説明を拡大させることで、ムスリム女性に対する知覚の習慣的様態には、たんに同一の家父長的な欲望のまなざしではなく、むしろオリエント出身の女性の「異国情緒」をフェティッシュ化する一方で、[105]ヴェールを纏う慣習によって中断される特定の人種化されたまなざしが押しつけられているということを私は主張したい。したがって、人種化された身体の習慣的知覚についての本書の分析には、ジェンダー化と密接に関連する次元が常にすでに存在しているのである。それはときに強調されないとしても忘れてはならず、このようなジェンダー化され人種化された諸関係を組織する異性愛規範的枠組みについては言うまでもない。

第四節　習慣的な人種差別と責任

習慣的な知覚と反応――身体化された人種差別の二つの事例

身体化された人種差別の多様な側面（習慣的知覚、および身体的な仕草ないし方向づけ）を議論することで強調しようとしてきたように、これらの二つの脈略は因果的関係によって結びついているのではなく、身体的人種差別の諸側面を絡み合わせ、相互に強化し合うものである。また、私がこれまでに議論してきた実例には、比較的「悪意のない」あるいは「無害な」形式の人種差別が含まれていたと論じられるかもしれない。しかし、私はその立場には立っていない（それらは、まさに自覚なく行われ、一見したところ悪意のないものであるために、有害である）。これらの分析において問題となった構造的作用は、はるかに極端な仕方で発現する可能性があるということも論じていく。ここでは、ジョナサン・フェレルとレニーシャ・マクブライドの事例について簡単に取り上げる。これらの事例では、習慣的な知覚と身体的な反応ないし身体的な方向づけという二つの側面が結びつけられながらも、人種化された身体的慣れ親しみという様態が持つ力の大きさを示している。

二〇一三年九月一四日の未明、二四歳とまだ若い黒人男性ジョナサン・フェレルが、ノースカロライナ州の住宅街で警官に銃殺された。(106) その日の午前二時ごろ、フェレルは車で帰宅途中に、静かな田舎道で大事故に巻き込まれた。彼の自動車は損傷が激しく、脱出するためには後部座席の窓を蹴り破らなければならなかったほどだ。その後おそらく相当な衝撃、痛み、混乱、恐怖を感じながら、彼は真夜中に藪と木々を抜け、住宅街へとたどり着いた。そこで最初に見つけた家に彼は助けを求めたのであろう。二階で寝ている幼い子どもの母親であった若い白人女性のサラ・マッカートニーは夫が帰宅したと思いドアを開けた。しかしフェレルを見ると、彼女はすぐさま彼が侵入者であると勘違いをした。マッカートニーは混乱のなか警察に電話をかけ、男がドアをたたいて押し入ろうとしていると伝えたのである。三人の白人警官が到着し、フェレルが――武器など所持せず、繰り返すが怪我をして助けが必要だったにもかかわらず――彼らに向かって動き出すと、一人の警官がテーザー銃〔スタンガン〕で彼を撃った。それでもフェレルは止まらなかったため、別の警察官は一二発の弾を撃った。そのうち一〇発が命中してフェレルは死亡した。これは例外的な事例のようにも思えるが、わずか六週間後の一一月二日に、デトロイトでぞっとするほど似通った場面が繰り広げられた。ここでは一九歳の若い黒人女性レニーシャ・マクブライドが巻き込まれた。フェレルのときと同じく、マクブライドはある日の早朝に自動車事故に遭った。混乱した状態のマクブライドは(彼女の場合、酒に酔っていたせいもあるが、衝撃や脳の損傷の可能性もある)、最初の目撃者の証言によると、血まみれの手で頭を押さえ、家に帰りたいと繰り返し述べていた[107]。うろうろとさまよった後、彼女は最終的に他の人の家の玄関まで行き、そこで助けを求めた。しかし侵入者と間違えられ、白人の中年男性セオドア・ウェファーに至近距離から頭を撃たれた[108]。

どちらの事例もより慎重な分析が求められるが、ここで手短にこれらの事例を取り上げたのは、危険で恐ろしく「凶暴」であるとされ、恐怖や防衛意識の反応とともに、共感のない反応さえ伴うような、習慣的で人種化された黒人性の知覚——獲得され、沈殿し、維持されてきた知覚——が、どのようにして人種差別的な反応や行動の広範な領域に作用するかについての具体例を提示するためである。助けを求め、避難する黒人が——決してたまたまそうなったとは言えない仕方で——すぐさま暴力的あるいは脅威的であると知覚され、躊躇なく[109]暴力でもって応答される。このことが示しているのは、習慣的な人種差別の問題はたんにどこか中立的でアカデミックな問題というわけではなく、深刻で緊急の課題の一つだということであり、たとえその緊急性が学問的探究の遅さと慎重さによってときにぼやけてしまったり、捉えそこなわれることがあるとしても、そうであることは変わらないのだ[110]。さらにどちらの事例も、より最近に発生し激しく批判されたミズーリ州ファーガソンでの警官によるマイケル・ブラウン射殺事件や、ニューヨーク州スタテンアイランドで起きた警官によるエリック・ガーナー窒息死事件と強く共鳴している。とはいえ、フェレルとマクブライドの事例が私たちに示しているのは、習慣的で身体化された人種差別の問題が警察や当局の問題ということだけでなく[111]——もっとも、アメリカ合衆国での黒人に対する制度化している暴力は、酷く現実的で慢性的なものであるが——、黒人と日常生活を共にする一般市民の問題でもあるということなのだ。ブラウンとガーナーの事例をきっかけに、黒人の身体を取り締まる際の慣行について多くの過熱した公の論争と詳細な調査が行われることとなった（警察がもっている公権力と責任を考慮すれば完全に正当なものである）。しかし、フェレルとマクブライドの死が私たちに思い出させるのは、それら悲惨な事例のすべてを一つにまとめるより広範な語りが存在するということであり、その語りとは、黒人のことを危険で暴力的で、価値の劣ったものとみなす習慣的な知覚や身体的な反応があるというものだ。

習慣という用語が使われているわけではないが、ジュディス・バトラーは二〇年ほど前のロドニー・キング殴打事件について読み解いている。この事件は、当然のことながら現代の事例のなかでも静かに思い起こされるものであり、バトラーの読解はこのような解釈学的で身体化された人種差別がどれほど普及し、深く埋め込まれているのかを示している。論考「危険にさらされている／危険にさらす」においてバトラーが論じるに、黒人性をこのような仕方で前もって規定することは、人種差別的暴力の瞬間だけに作動しているわけではなく、その瞬間の「熱」が引いた後もずっと〔警官の〕「無罪」という判決や社説での擁護を保証するのに十分なほど強力である。彼女は次のように述べる。

判決が下された日の翌朝私にとって印象的だったのは、報道が、幻想に基づいた「意図」の生産を反復したことであった。すなわち、路上でこわばったまま動かないロドニー・キングの身体に予め刻み込まれた上でそこから読み取られた意図、害を加え、他者を危険にさらそうとする意図である。ここでもビデオは、次のような主張を裏づけるための「証拠」として利用されたのだった。すなわち、じっと地面に横たわったまま殴られ続ける黒人男性の身体のほうが、現にこの殴打を引き起こしていたのだということ、すぐに引き起こすことになったはずだということ、この身体こそ他者への殴打を宿した切迫した脅威であったのだから自分が殴られているのは彼自身の責任であったという主張である。かくしてキングの身体は、自分が今から行おうとした殴打の報いとして警官から殴打を受けたということになる。この殴打は、その身体の本質となった仕草であるという点で、その身体そのものであったのである。たとえこの身体について私たちが見ることのできる唯一の仕草は、自分に加えられる殴打をかろうじて逃れようとして手の平を外に向かってかざすことであっても、事情は変わらない。この人種差別的エピステーメーに従えば、キングは、自分では殴ることはなかったとしても彼の黒人性のために常に殴ろうとしているのであり、その代わりとして彼は殴られたということになる。(112)

「遅すぎる」というアル＝サジの分析と共鳴しながらバトラーがここで記述しているのは、キングの黒人男性としての身体は、彼が与えていなかった殴打の罪をすでに持っているという具合に、意味がすでに固定された場面に現れるということである。人種化された知覚の影響力は、熟考する時間も裏づける事実も必要としていない点にある。このような仕方で見ることは、先に指摘したように、私たちの知覚習慣の内に「沈殿」している。しかし、習慣の議論を通じて私が強調したように、こうした用語だけで習慣を特徴づけることには限界があると考えられる。例えば、それら獲得された習慣のなかのどこに、(変化の可能性に触れることなく) 責任という倫理的契機が位置づけられるのか。本章を閉じるにあたって、どのように習慣を新しく考えられるのかを見ていくために、沈殿の問題へと再び向かうことにしよう。

沈殿を再考する――習慣を保持すること

言うまでもなくメルロ゠ポンティは、様々な機会で沈殿というモチーフを引き合いに出している。それは彼が「沈殿と自発の二重の契機」[113]に言及するときだけでなく、私たちの文化的な世界に、（ベルクソンにしたがう）彼の言葉では、「堆積した」[114]慣習や行動様式を考察しているときも同様である。それゆえ、解釈者たちは正しく類推を働かせて、現在とその先の身体を基礎づけたり、投錨したりする過去の影響を表している点で、習慣は沈殿である、としている。加えて上記の事例は次のことを裏づけているように思える。すなわち、身体図式の内に集約ないし「沈殿」している長く不幸な人種差別の歴史のために、黒人の身体は暴力的であると知覚され、とっさの防衛反応を受けてしまうのだ。他方で、私が示唆したように、沈殿を引き合いに出すことの問題は、沈殿が受動的で不活性的なものだと強調される傾向にあるということである。受動的で不活性的という特徴づけは、メルロ゠ポンティによる習慣に関する記述が持っている革新的な契機を曖昧にし、またこれから論じるように、人が身体的な習慣を培い、持続させるなかでの責任の問題を不明瞭なものにしてしまう。とはいえ、この主張は私たちがまだ十分に問うてこなかった沈殿という用語の意味を前提としている。

沈殿〔sedimentation〕という語は、地質学といった科学分野でよく用いられており、そこでは鉱物が表面に堆積し、やがて岩石へと変わるプロセスを指している。重要なのは、この用法がすでに沈殿に対して私たちが通常抱きがちな受動性や不活性の意味を裏切っているということである。これらが持つとされる意味というのは、物質は表面に堆積され（受動性）、ひとたび沈殿すれば物質は硬化し、自らの地層と順序のなかで固定されたままになる（不活性）というものだ[115]。他の領域に目を向けても、似たようなつながりが見つかる。例えば、日常的な言い回しにおける「sedentary」という語は、活動しないこと、緩慢であること、さらには静止を意味している。例として、座りっぱなしの〔sedentary〕仕事や生活スタイルがますます増えているという、現代の職場での健康問題をめぐって言われていることを思い浮かべてほしい。動物学では、この語は非回遊的で同じ場所に定着している種（固着動物）を指す。もし沈殿という言葉の眼目が重く動かないという点にあるのだとしたら、これは、先に述べた身体的な慣れ親しみや方向づけとしての習慣、メルロ＝ポンティのいう習慣的身体の内部に埋め込まれた「私はできる」という感覚とどのように整合的であるのだろうか。さらに、習慣の獲得が主として受動的で不活性的であるならば、ある人が持っている習慣に対しての責任という概念を、どのように明確化していけるだろうか。

しかし、私たちはさらに推し進める必要がある。例えば地質学的な沈殿において、表面が物質を引き起こしているのではなく、表面がその物質を受容するという点で、物質の堆積は受動的なのである。これには、新しい物質が既存の表面からただ「流出する」ことがないだけの、ある程度の物質的で組成的な親和性が必要である。私たちはボールを捕るとき、手を広げてその形に合うようにするが、その意味で、ボールを捕ることには受容性がある。それと同じように、表面には物質に対する受容性があり、その表面の末端や組成によって新しい物質のどれが堆積するのか、またどのように堆積するのかが、〔表面と物質の〕共同で規定されると言えるだろう。このことを習慣的身体の領域に置きかえてみると、新しい習慣の獲得はある人の文化的・社会的環境だけに依拠しているわけでなく、その人自身の身体的受容性や親和性にも左右されると言えるだろう。このように解釈された沈殿は、全面的に受動的というわけでない。つまり習慣は私たちの身体のうちにただ「堆積される」わけではないのだ。例えば黒人男性が近づいてくると自分のハンドバッグを引き寄せるという習慣的な反応が引き起こされる場合、この習慣の獲得はその人が以前から持つ身体的な慣れ親しみと一貫しているのだろうか、あるいはその人の身体的な方向づけと実際には衝突しているのだろうか。こうして、受容性の問題は、沈殿と習慣を考察する上で重要なものとして現れることになる。

このような（純粋な受動性と対置された）受容性に加えて、習慣には（純粋な不活性と対置された）継起的活動も含まれていることを私は提起したい。メルロ＝ポンティの論述のなかで習慣の獲得と所持は、決して完了し切ることはなく、むしろ継続的に作り直され具体化されることに注意する必要がある。このような運動は、メルロ＝ポンティが次のように述べている時間と思考についての論述と類似している。「同様にして、私の獲得された思考も、一つの絶対的な獲得物ではなく、その都度私の現在の思考によって養われており、それは私に一つの意味を提供するものの、逆に私の方からその方に意味を返しもするのだ。事実、私たちが自由に扱える獲得物は、その都度私たちの現在の意識のエネルギーを表現している」(116)。習慣は常に作動し、私たちの運動と反応を形成する。オルガン奏者は、別のオルガンに座るとき、初めて触れたその楽器に自身のオルガン演奏の習慣をただ「適用」ないし当てはめているわけではない。オルガン奏者がその空間性に身を据えると、オルガン演奏の習慣はすぐさま発揮され、拡張されるのだ。ケイシーは次のように補足する。「沈殿の過程は常に働いている。いくつもの志向的な脈絡は身体とその変化し続ける諸段階との間を行き来し、現在の経験によって継続的に再活性化されている。もし沈殿を過去が現在に沈降することと捉えられるとすれば、それは積極的に維持されている能動的沈降である」(117)。

ケイシーが示唆するように、沈殿がより能動態において再活性化されるとすれば、重要な手がかりを与える語源に目を向けるのがいいだろう。沈殿のラテン語の語源 sedēre は、（化学的沈澱によって想起されるような)「沈降」だけでなく、「座ること」も意味する。この語は、「積むこと」(あるいは地質学的沈殿としての層になること)と異なった響きを持ち、新しくより能動的な意味を出現させることができる。座ることには、能動的な契機が含まれている。つまり身体〔的姿勢〕の保持が含まれているのだ。(そして習慣のラテン語の語源 habēre の方にも、「保持する」という意味があることに注意されたい。)座るとはおよそ一つの場所に留まることであるが、そうだとしても、その位置を維持するないし保つように、自身の身体を保持あるいは集約するということにほかならない。このように保持することで、私たちの身体が重力の下向きの力に完全に負けて、床に倒れ込んでしまうことを防いでいる。加えて、このような座っている状態を維持するという意味は、姿勢という意味と密接に関係している。例えば、ドイツ語で姿勢を意味する名詞 die Haltung は、このような身体を「保持する(halten)」という意味を持っているのだ。さらに、維持することや保つことは、たんに能動的であるだけなく、志向的でもあると言えるだろう。中国武術の武術太極拳がここでは参考になる。ある人が例えば馬歩のような構えを保持するとき、これは能動的な取り組みである(しばらくすると脚の筋肉は抵抗しているために震え始めることがこのことの証である)。これは沈殿における能動態と同じである。とはいえ、馬歩という構えをトレーニングのために保持されていることがあるとしても、それ以上のものでもある。フォームやルーティンの文脈では、構えは姿勢を変化させるための基礎となっており、次の動きや打撃のために身体を準備し、ポジショニングを行っているのだ。構えを意味する中国語の「歩」は、英語で「step〔歩〕」と訳される点も重要である。保持することは能動的であるだけでなく、私たちの行為や動作を可能にし、準備するものなのだ。

習慣的な運動や習慣的な方向づけは、それらが身体図式と関与し続けている限り、継続的で継起的な仕方で身体のうちに保持されている。このように保持されている――継起的な整備や運用が要求される――ものとして習慣を再概念化する意義は、メルロ＝ポンティにとって習慣とは明確に「生きられた」次元を持つことを指摘することで、より明らかなものとなる。すなわち、新しい習慣の獲得は、すでに獲得されているものというとっかかりを完全に踏み越えてしまうことなく、継続的に保持すること、あるいは「住み込むこと」を伴っている。ここで家となる空間の周囲で身体が馴染んだ習慣的運動性に関して、メルロ＝ポンティは次のように述べている。

けれども、「沈殿」という言葉にだまされてはならない。この圧縮された知識の集積は、私たちの意識の底にある惰性的な塊のようなものではない。例えば、私の住居は私にとって、緊密に連合した一連の映像のようなものではない。それが私のまわりでいつまでも馴染んだ領域としてあるのは、私がそれの持つ距離や主要な方向を、依然として「手のなかで」、あるいは「脚のなかで」、保持している場合、また私の身体からその住居の方へと、沢山の志向的な脈絡が発している場合だけに限られる。(118)（引用者による強調）

このように、保持について言及することで、ここで議論されている沈殿における座るという意味が引き受けられることになる。メルロ＝ポンティにとって習慣は、所有されるものというよりはむしろ保持されるものなのだ。習慣は能動的であると同時に、継続的に活性化されるのである。このような読解は、受動性をより受容的な領域だけでなく、より能動的な領域にも位置づけるものであり、過去および過去との関係についてのメルロ＝ポンティの論述と共鳴する。この点に関しては、後のコレージュ・ド・フランスにおける彼の「制度化と受動性」講義で素描されることになる。例えば彼は次のように記している。「人間の制度化は、過去を利用すること、つまり経験の代替として利用することだけではない［…］。人間の制度化は、なおもこの過去を新しい意義へと統合することである［…］。すでに動物的なもののうちに展望があり、人間のうちに純粋な展望が存在しているわけでは決してないのだ」[119]。このような過去の統合は継続的で未規定的である。それゆえ、「私の過去が私のことを完全に説明する」と言うのは、「私は自分の過去の意味を無から創造する」と言うのと同じぐらい間違っている[120]。メルロ＝ポンティによれば、私たちが過去と関わるとき、それを対象としてではなく、「問いを生み出し、それを貯蔵し、無際限に開かれた状況を作り出す」[121]ものとして関わっている。したがって、過去と結びついている表現としての習慣は、決して真に膠着し硬化することなどなく、私たちの身体的地平のうちに保持されたままなのである。

責任と変化

このことが正しいのであれば、習慣という概念の内部に、責任と変化の問題を考察する余地があることになる。例えば、アルコフが次のように述べることでそうしているように、私たちは外的なもののうちに変化の可能性を求める必要はない。

私たちは人種化する知覚習慣を変化させる可能性について悲観的になってしまわないだろうか。ここで私が考えたいのは、ほとんどではないにしても今日の多くの社会空間において複数の図式が作動していることが、絶対的な決定論を、それゆえ悲観的な見方を和らげてくれるだろうということである。知覚的慣習は、習慣へと固まってしまったとしてもダイナミックなものであり、このような力動性が活性化されうるのは、様々な文化的産物のなかにある複数のまなざしの存在によってであり、矛盾する知覚による抵抗によってなのだ。(122)

確かに、社会変革は介入的実践を通じて強力な効果を発揮するものであるが、しかし、習慣についての私の読解においては、ただただこうした図式を破壊することだけに訴えることなく、沈殿の束縛を「緩める」ことで、変化の可能性を考えるための方途も与えられている。習慣は変化を受け入れることもできるのだ。しかし、より重要なのは、習慣のうちに能動的契機を見つけ出すことによって私たちは、自分自身の人種差別的な習慣に対する責任の概念をより明晰にすることができるようになるということだ。いまや私たちは、次の問いを提起することができる。習慣が身体の内にたんに受動的に「沈殿している」わけではなく、保持され、活性化されている場合、自身の習慣化された身体的な方向づけないしは知覚の様式に対して、人はどれほどの責任を負っているのか、と。人種化された身体の生きられた経験に悪影響を及ぼす――あるいはこれまで見てきたように、一部の人たちにとっては命にかかわることさえある――人種差別的な習慣に関して、こうした習慣を継続的に問い直し、抗議し、改訂する責任とは一体どのようなものなのだろうか。

ジョナサン・フェレルとレニーシャ・マクブライドの事例に話を戻すと、彼らの身体が危険で暴力的であるとみなす即座の知覚や反応を支えていた人種差別的な習慣に伴う責任を語る方途は、この分析によって切り拓かれることになる。セオドア・ウェハーとサラ・マッカートニーの最初の反応が(警官については言うまでもなく)、彼らの身体的地平の人種差別的な方向づけに基づいて、マクブライドとフェレルの身体を犯罪的なものとして割り振っていた点で、彼らは獲得され、維持され、決定的な瞬間に活性化された人種差別的習慣に対して責めを負いうるのである。さて、当然のことながら私たちは、責任について理解する際に微妙な違いを見てとることができるし、そうするべきである。例えば、これまで挙げてきたようなこれら一つひとつの人種差別的な知覚や反応の習慣を引き起こし、形作って意味を与えている文化的・歴史的な環境を考慮するのと同様に、そこに関係している一連の行為者たちの間の重要な程度さ（例えば、フェレルの事例の警官は、国家権力によって託された人物として最も大きな責任を負っている）を考慮することができる。言いかえれば、私の議論は、人種差別的な構造や制度の役割についてのこれら重要な会話から目を背けさせるものではなく、むしろそれどころか、人種差別のこういったマクロレベルの働きがどのようにして私たちの身体的存在のうちに表現されうるのか、またそういった人種差別的な図式が取り込まれ、維持され、恒常的なものにされるときに、私たち一人ひとりがどのような役割を果たしているのかを問うことができるように、私たちの視野を広げてくれるものにほかならない[123]。さらに、習慣の観点から人種差別をこのように分析することは、別の重要な帰結をもたらしている。すなわち、私たちは公共の場での議論においてあまりにも頻繁に、「不快にさせるつもりはなかった」という納得のいかない弁明とともに人種差別の争点がうやむやにされていることを見てきている、ということである。こうした弁明は、不快にさせられた人々やコミュニティへの経験的な影響を無視することで、行為者にとっての人種差別の意味や意義を位置づけ損なっている。この経験的な影響は、行為者の意図からは独立している一方で、すでに人種的に経験された世界とは独立することなく、存続するものなのだ。しかしながら、仕草の意味はその行為者だけに許された管理の外側にあるという議論に加えて、習慣が意図という概念を不明瞭なものにしてしまう第二の方法がある。それはすなわち、認知的な意図よりも下位に位置している運動や行為の領域を強調するというものである。しかし、それらには、人種的な「他者」に対する獲得され、維持された身体的方向づけがいくつも伴っているのだ。言いかえれば、より能動態に近い形で習慣を解釈することによって、自分の人種差別的な習慣や身体的方向づけを問い直したり、批判を向けたりしないままにいる人々に対して、いくばくかの責任を割り当てることになるのだ。

この責任は、エミリー・リーが論考「身体運動と状況に対する責任」で論じた種類の責任と無関係ではないが、異なっている。彼女は、習慣的身体の問題について関心を抱いているが、責任に関する議論は主に、反人種差別的な戦略として白人性を否認する「人種への反逆」運動という政治的文脈のなかで展開されている。白人らが意図していようとなかろうと、彼らが享受し続けてきた歴史上の恩恵に対する責任を、そうした戦略によって彼らが回避できてしまう点をリーは正しく批判している。[124]しかし、私の主張は、自分の状況に対する責任だけでなく、とりわけ人が能動的な意味で習慣を保持し、そのような習慣が他者を人種として対象化し、危害を加え、抑圧している点で、その人は自身の身体的な習慣に対しても責任を持つことができ、また持つべきである、というものなのだ。[125]人種差別は、指摘したように意志的な「意図」の問題ではなく、私たちの習慣的身体のうちに深く埋め込まれている。そしてすでに論じたように、人種差別がこのような水準に刻み込まれているからといって、習慣に向き合う義務や責任が消え去ってしまうわけではない。ジョージ・ヤンシーは、「白人による人種差別が永久に続いていくことのハードルは非常に低い。白人にとって必要なのは、ただまったく何もしないでいることだけだ」と、あるところで論じていた。[126]これは先のリーの指摘と重なる部分がある。つまり、長年にわたって定着し、存続している人種差別の体系のなかで「何もしない」白人は、白人による人種差別が生み出す優位から恩恵を享受し続けているということだ。その範囲は、経済的な恩恵から、[127]代表し参画できるという文化的・政治的な恩恵、人種化された身体が過剰規定されているのとは対照的に、より開放的でまだ規定されていない者であったり、そうした者になったりする企投を手にしているという実存的な恩恵にまで及んでいる。換言すれば、「何もしない」のは、ある人が人種差別的図式の内部でその人の状況からの恩恵を享受していることをなおも意味しうるのだ。しかし、習慣の分析にしたがって私が言いたいのは、知覚や身体的方向づけに関する自らの人種差別的習慣が問い直されず、働きかけられることもないままであるなら、白人の人種差別は「何もしない」という形を取ることもありうるということだ。ヤンシーが述べるように、

白人の学生が私たちの教室に到着するまでに、すでに形作られてきた。白人の世界内存在というやり方で、白人の特権という問題を回避する白人のやり方で、白人ではない身体を「異なるもの」として構築する白人のやり方で、自分自身は白人の人種差別に関して「無実である」とみなす白人のやり方で、そして空間を占めて、所有と占有ができる空間のなかを動く白人のやり方で形作られてきたのだ。[128]

かくして、本章において習慣として人種差別を分析することを通じて私が明らかにしようとしたのは、反人種差別の努力が注意を向けねばならない、人種差別と人種化の新たな場なのである。

（1）モーリス・メルロ＝ポンティ『知覚の現象学』竹内芳郎・小木貞孝訳、みすず書房、一九六七年、I－二四〇頁。

（2）同上、I－一六二頁。

（3）同上、I－二四一頁。

（4）哲学における二つの用語の使用には非常に大きな曖昧さがある。ショーン・ギャラガーとジョナサン・コールは、彼らの論考「身体イメージと身体図式」において、この二つを区別するための有益なやり方を提示している。「身体イメージの反省的志向性とは対照的に、身体図式には、運動と姿勢の維持を可能にする運動能力、力能、習慣のシステムが伴う。身体図式は知覚、信念、態度ではない。むしろそれは自己反省的志向性の水準よりも下位のところで働く運動、姿勢機能のシステムであり、そのような諸機能が志向的活動へと入っていき、その活動を支えている」（132）。そのため、彼らにとって志向性と意識は、識別するうえでの鍵となる指標であると思われるが、他方で彼らは次のことも認めている。「その概念的区別によって、行動の水準でのイメージと図式は結びつかず、相互に影響を与えているとは限らないということを含意するはずがない」。Shaun Gallagher and Jonathan Cole, "Body Image and Body Schema in a Deafferented Subject" in Donn Welton (ed.), *Body and Flesh: A Philosophical Reader* (Oxford: Blackwell Publishers, 1998), 131.

（5）メルロ＝ポンティ『知覚の現象学』、I－一七四頁。

（6）同上、I－二三九頁。

（7）同上、I－二四〇頁。

（8）後者についてメルロ＝ポンティは次のように述べている。「運動の各瞬間にあって、先行する瞬間はすっかり忘失されてしまうのではなく、かえって現在のなかにいわば嵌め込まれているのであり、現在の知覚とは、要するに、たがいに含み合う一連の過去の諸位置を、現在の位置に支えられて再把握するところに成立するものである」（メルロ＝ポンティ『知覚の現象学』、I－二三六頁）。

（9）メルロ＝ポンティ『知覚の現象学』、I－一二九頁。

（10）Edward S. Casey, "Habitual Body and Memory in Merleau-Ponty" in Tom Sparrow and Adam Hutchinson (eds.), *A History of Habit: From Aristotle to Bourdieu* (Lanham: Lexington Books, 2013), 213.

（11）Casey, "Habitual Body and Memory in Merleau-Ponty," 212-213.

（12）メルロ＝ポンティ『知覚の現象学』、I－二四四頁。

(13) 同上、I-二三二頁。

(14) 同上、I-二四一頁。メルロ＝ポンティが挙げる「盲人の事例」についての批判的読解とその障害者差別的前提については、Joel Michael Reynolds, "Merleau-Ponty's Aveugle and the Phenomenology of Non-Normate Embodiment," *Chiasmi International* 18 (2017) を参照。

(15) パルクールは、メルロ＝ポンティによる習慣論について多くの特徴を示しているため興味深い例である。障害物のコースを用いた軍事訓練に起源があるパルクールは、今日では都市景観のオープンフィールドで行われている。パルクールでは、ストリートを「自由に走り」、自分の進路に入り込んでいるあらゆる物体や構造物を飛び跳ね対応する。それゆえ典型的な走り方は、何メートルもの壁から飛び降り、階段を跳び乗って、スロープを滑り降り、ビルの屋上からジャンプするなどである。パルクールはスリリングな俊敏さや反応性が求められるダイナミックなスポーツだ。都市でのアクティビティであるため、人々も都市景観の重要な要素となっている。そのため、パルクールには、目の前に予告なくふいに現われる体をかわしていくことも含まれている。オルガン奏者以上に、パルクールを行う人は特定の身体的方向づけや反応性を向上させるトレーニングを行う。そうすることで、走っている最中でも、街角から出てくるものに対して迅速に、創造的に、そして自発的に反応することができるようになる。

(16) メルロ＝ポンティ『知覚の現象学』、I-二四一頁。

(17) 同上、I-二四二頁。

(18) 同上、I-二四二-二四三頁。

(19) この点は、ヒューバート・ドレイファスによる人工知能（AI）についての議論、およびそのような機械が開発されているシミュレートされた環境の閉回路的性質から部分的に引き出される。そこでの議論では、AIは（人間の知能を模倣しようとする限り）失敗するとされる。というのも、人間の相互作用は無限に開かれているからだ。もろもろの状況と意義は予測不能なものであり、私たちの反応性には規則ベースの学習以上のことが要求されている。ヒューバート・ドレイファス『コンピューターには何ができないか——哲学的人工知能批判』黒崎政男・村若修訳、産業図書、一九九二年。

(20) Pierre Bourdieu, *Outline of a Theory of Practice*, 81-82.

(21) 例えばブルデューは次のように述べている。「要するにハビトゥス、歴史の産出は、個人的で集合的な実践を引き起こし、それゆえ歴史によって生じた図式と合致した仕方で歴史を引き起こす」(Ibid., 82)。

(22) 「したがって、どの婚姻であってもそれを可能にする条件を再現する傾向がある。結婚の戦略は、［…］再現の戦略の体系に帰属する。それは、個人や集団が社会的構造において自身の立場を再生産し、向上させる試みによって、産出物の規定的様態と結びついた産出物の関係を再生産する客観的な傾向がある戦略の総体として定義される」（Ibid., 70）。

（23）Nick Crossley, "The Phenomenological Habitus and its Construction," *Theory and Society*, 30 (2001): 96.

（24）クロスリーは、ブルデューの社会学的系譜学を"Habit and Habitus," *Body & Society*, 19 (2013), 140で辿っている。

（25）この主張は制限される必要がある。ブルデューは身体性について述べているが、その際彼はヘクシス〔hexis〕という術語を用いている。これは習慣と翻訳される古代ギリシャ語である。このことからブルデューは、ヘクシスで身体を、ハビトゥスでより一般的な実践を指すことで、これらを明確に区別していると思われる。「身体ヘクシスは直接的には運動機能について述べており、姿勢パターンという形式の点で個人的かつ体系的である。なぜなら、それは身体と道具を含む技術体系全体と結びつき、たくさんの社会的な意味と価値観を帯びているからである。あらゆる社会において子どもたちはとりわけ仕草や姿勢に注意を払う。子どもの目にはそれらはしっかりとした大人になるための一切のものが表現されている――歩き方、頭の下げ方、表情、座り方、道具の使い方といったものは、常に声のトーンや話し方、（主観的としかいいようがないのだろうか）ある主観的な経験と結びついている」。Pierre Bourdieu, *Outline of a Theory of Practice*, 87.

（26）この批判のいくつかの例に関して、Nick Crossley, "The Phenomenological Habitus and its Construction"を参照。この論考で彼は、ジェフリー・アレクサンダーやリチャード・ジェンキンスといった社会学者がブルデューのハビトゥス論における決定論的性質に対して様々な批判を提示していることを明らかにしている。

（27）Crossley, "Habit and Habitus," 147.

（28）Iris Marion Young, "Throwing Like a Girl: A Phenomenology of Feminine Body Comportment, Motility, and Spatiality" in *On Female Body Experience: 'Throwing Like a Girl' and Other Essays* (New York: Oxford University Press, 2005), 32.

（29）Ibid., 36.

（30）Ibid., 38.

（31）Ibid., 44.

（32）Iris Marion Young, "Lived Body vs. Gender: Reflections on Social Structure and Subjectivity" in *On Female Body Experience*, 26.

（33）「習慣的」と「慣れている」を先に区別したが、「習慣的人種差別」という表現のなかの「習慣的」で指しているのは、形容詞的であることに注意する必要がある。つまり、私は「習慣的人種差別」ということを、考えることなく反復している事例に限定しているわけではなく、むしろそのなかに広い意味での慣れ親しみや方向づけも含めている。

（34）それらが人種差別的な仕草の「異論の余地のない」実例であると私は考えているとはいえ、実際にポピュラーカルチャーや一般的言説においてそういった仕草が「本当に人種差別的」であるのかどうかという疑問が、しばしば引き起こされていることもまた事実である。こういったことのいくつかの例としては以下のものが挙げられる。オーストラリアサッカーリーグ（AFL）にまつわる公の「討論」。そのクラブの会長が、二〇一三年にラジオ放送でアボリジニ系のサッカー選手であるアダム・グッデスについて語ったとき、『キング・コング』を引き合いに出している。二〇〇九年に人気歌手マイリー・サイラスが行ったつり目ポーズの写真や、二〇〇五年にヘンリー王子がナチスの「仮装」を着たことも例として挙げられる。

（35）例えば、エミネム、もっと最近にはイギー・アゼリアのような白人のラッパーをめぐって議論が活発に行われている。文化の盗用や搾取だけでなく、「声のブラックフェイス」ないし「言葉のブラックフェイス」といったように様々に呼ばれているものが議題となっている。例えば、"Jean Grae Talks New '#5' EP And Disdain For Iggy Azalea's 'Verbal Blackface'" (http://revolt.tv/news/jean-grae-talks-new-5-ep-and-disdain-for-iggy-azaleas-verbal-blackface/9029F87F-CA4B-4122-84AA-6A03E4611752 二〇一五年三月一日閲覧）や"Azealia Banks, Iggy Azalea and hip-hop's appropriation problem," The Guardian, December 27, 2014を参照。

（36）George Yancy, *Black Bodies, White Gazes: The Continuing Significance of Race* (Lanham: Rowman & Littlefield, 2008), 4.

（37）Ibid., 5.

（38）ジャン＝ポール・サルトル『ユダヤ人』安藤信也訳、岩波書店、一九五六年、一一六頁以下。

（39）Yancy, *Black Bodies, White Gazes*, 3.

（40）メルロ＝ポンティ『知覚の現象学』、I－二九三頁。しかしメルロ＝ポンティは（その脚注〔邦訳I－二九五頁〕において）「真正なあるいは原初的な」言葉と「二次的な」言葉の区別を導入し、この議論において彼が参照しているのは前者であることに注意されたい。

（41）同上、I－三〇三頁。

（42）Yancy, *Black Bodies, White Gazes*, 16.

（43）Ibid., 5.

（44）Yancy, *Black Bodies, White Gazes*, 6.

（45）ヤンシーは重要な一節において、この認識論的共同体はただ黒人共同体の人々によってだけで構成されている、排他的に構成されているというわけでは決してない、と説明している。「黒人共同体の知覚は、そこの出身者以外には原則的に理解不能であるというわけではないことを指摘することが重要である。要するに、共有された経験、概念枠組み、背景的前提は、他の共同体の人たちが学びを受け入れ、耳を傾ける時間を取ることを厭わなければ、その人たちに伝えられるものである。したがって、たとえすべての理解者を置き換えることはないとしても、黒人ではない理解者が学びを適切に受け入れたのであれば、人種差別的な行動をすぐに識別できるような仕方で認識できるようなることはないなど意味しているわけがないのだ。[…] 当然のことながら、このような一連の理屈では、黒人であっても何が人種差別的な行動となるのかについて意見が割れる可能性がある点が考慮されている」(Ibid., 9)。

(46) Ibid., 7.

(47) Ibid., 7-8.

(48) Yancy, *Black Bodies, White Gazes*, 7.

(49) Ibid., 67′ また"Barneys and Macy's Racial Discrimination Cases Stir Talk of 'Shopping While Black'," *Huffington Post*, October 31, 2013を参照。

(50) George Yancy, "Elevators, Social Spaces and Racism: A Philosophical Analysis," *Philosophy & Social Criticism*, 34(8) (2008): 843-876, 849.

(51) 認識上の無知と人種差別の問題については次の論集で豊富に検討されている。eds. Shannon Sullivan and Nancy Tuana, *Race and Epistemologies of Ignorance* (Albany: SUNY Press, 2007).

(52) Yancy, *Black Bodies, White Gazes*, 11.

(53) Ibid., 25.

(54) Ibid., 11.

(55) これは、ジェンダーにまつわる暴力がはびこる社会の女性や女の子は、自分がレイプされるという予期を「すでに持っている」という考えである。「(他の女性のレイプの) 後記憶は、女の子と女性のこれまでと進行中の社会化を通じて (自分自身の将来のレイプの) 先記憶へと変形される。どちらもレイプサバイバーの実際の経験や瞬間に影響を与える」。Susan J.H. Brison, *Aftermath: Violence and the Remaking of a Self* (Princeton: Princeton University Press, 2002), 87.

(56) Yancy, *Black Bodies, White Gazes*, 11.

(57) 習慣を習慣的なものと慣れたものとに区別したことにしたがって、これ以降私が「習慣的」という語を形容詞的に用いる場合には、このような習慣の二重化して拡大された意味を指す。反復や日課という狭い意味で「習慣的」を再び使用する場合には、本文中でその旨を明記する。

（58）とはいえそのような場合であっても、私たちは自分自身の習慣を正しく知っているわけではない。というのも、習慣はたいていの場合、他者以上に自分自身に対して不透明なものだからである。

（59）これに関する文献は膨大である。関連する研究の例として以下のものが挙げられる。Marianne Bertrand and Sendhil Mullainathan, “Are Emily and Greg More Employable Than Lakisha and Jamal? A Field Experiment on Labor Market Discrimination,” *American Economic Review*, 94(4) (2004): 991-1013; Katherine L. Milkman, Modupe Akinola, and Dolly Chugh, “What Happens Before? A Field Experiment Exploring How Pay and Representation Differentially Shape Bias on the Pathway Into Organizations,” *Journal of Applied Psychology*, 100(6) (2015): 1678-1712; Kevin A. Schulman, Jesse A. Berlin, et al., “The Effect of Race and Sex on Physicians' Recommendations for Cardiac Catheterization,” *New England Journal of Medicine*, 340(8) (1999): 618-626.

（60）このキャンペーンは、オーストラリアの代表的なメンタルヘルス団体の一つであるビヨンドブルーによって開始され、展開された。それゆえ、ストレスやうつ病、さらにはこういった微妙な仕方での人種差別がオーストラリア先住民のメンタルヘルスに影響を及ぼしているといった観点から言い表されていた。間違いなくこれは重要なメッセージである――最近のオーストラリアにおける人種差別的な否認の風潮を考慮すれば、洗練されたものである。しかし、そこで強調されている点は、私が今回の分析で強調していることとわずかに異なっている。本書の分析は、そういった人種差別的な仕草を行う人にとっての習慣という名のもとで、身体的習慣を収集するものである。

（61）Chester Pierce, Jean Carew, Diane Pierce-Gonzalez, and Deborah Wills, “An Experiment in Racism: TV Commercials,” *Education and Urban Society*, 10(1) (1977): 61-87 (65).

（62）メルロ＝ポンティ『知覚の現象学』、I－一三九頁。

（63）自分のバッグを引き寄せるといった仕草が厳密には「反射」ではないということがはっきりするのは、それらを膝蓋腱反射といった神経生理学的反射と比較した場合である。そのような反射では、随伴する行動を育み、維持し、構造化するといったこと（例えば、人種差別的な習慣が、地下鉄で隣に座るのは誰なのか、求職者として真剣に扱うのは誰なのかといったように、他の行動や活動を構造化するといったこと）は生じない。

（64）Linda Martín Alcoff, *Visible Identities: Race, Gender, and the Self* (New York: Oxford University Press, 2006), 187.

（65）Ibid., 188.

（66）メルロ＝ポンティ『知覚の現象学』、I－一七六頁。

（67）Alcoff, *Visible Identities*, 188.

(68) アルコフは『知覚の現象学』の序文から次の一節を引用している。「知覚は世界についての科学ではなく、それは一つの行為、一つのきっぱりとした態度決定でさえもなくて、一切の諸行為がその上に浮き出してくるための地なのであり、したがって一切の諸行為によってあらかじめ前提されているものである」（引用者による強調）。メルロ＝ポンティ『知覚の現象学』、Ⅰ－七頁（引用がなされている箇所はAlcoff, *Visible Identities*, 187）。

(69) 実際アルコフは、批判的人種哲学の研究者が現象学に取り組むことを躊躇する理由として、このことを挙げている。

(70) Alcoff, *Visible Identities*, 184.

(71) Ibid., 188.

(72) Ibid.

(73) Eduardo Mendieta, "The Sound of Race: The Prosody of Affect," *Radical Philosophy Review* 17(1) (2014): 109-131.

(74) Ladelle McWhorter, *Racism and Sexual Oppression in Anglo-America: A Genealogy* (Bloomington: Indiana University Press, 2009).

(75) Alcoff, *Visible Identities*, 191.

(76) ドレザルの事例は怒りと冷笑を広く集めた。それは、彼女が黒人というアイデンティティを流用し、黒人であるということの文化資本を自身の仕事や社会生活の利益のために利用したからだけでなく、自身のことを黒人女性と視覚的に呈示させていて陰湿であったからである。彼女は個人的に感じているアイデンティティを明らかにするために、増幅された肌と髪の色といった視覚的な手がかりに訴えていた。そのようなアイデンティティは、外的世界に対しての特定の先祖や生きられた経験などを示す目印として役に立っていた。言いかえれば、人種的アイデンティティの土台について非常に複雑で論争的な会話（彼女がメンバーであると主張していたコミュニティが関わるべきはずの会話）を、彼女のコード化された視覚的現前によってドレザルは避けることができたのである。実際のところ、彼女の事件を報じるニュースは、印象的な視覚効果を狙って、長い金髪ストレートヘアの若い白人女性と彼女の写真を頻繁に対比させ、強調していた。

(77) Ibid., 192.

(78) アルコフ自身はこのような視覚中心主義に対して批判的である。「視覚中心主義的な認識論のさらなる危険性は、視覚それ自体があまりにも多くの場合で考えられているために、知識を獲得するための唯一の手段として扱っているという事実に由来する。他者の主張に対して人は「自分で見る」ことを要求する。それはあたかも視覚は他者が行う主張に対して常にそれに頼ることもなく判断を下す個人的な操作であるかのようだ。それとは対照的に、聴覚ベースの知識は、論じられてきたように本質的に対話的である。私たちは、他者の主張をたんに確認するだけで、他者がどのように見えるのかをたんに判断するのではなく、むしろ他者が話していることを聞くよう促されている」(Ibid., 198)。ケイシーは似たような点を以下の論考で論じている "The Hegemony of the Gaze" in Edward S. Casey, The World at a Glance (Bloomington: Indiana University Press, 2007)。

(79) このような用語の選択も、アル＝サジが論じていたように示唆に富んでいることに注意されたい。「ヒジャブ」あるいはよりフランス語で一般的なヴォワール（ヴェール）とは異なり、フラールは、頭や肩のあたりを覆いながらも自由に脱ぐことができるスカーフないしカバーを意味している点で、示唆的である。このような特徴づけによって、ヴェールの役割に関する根本的な誤解が明らかになる。ヴェールは宗教的でスピリチュアルな実践にとって補助的なもので、自己同一性やコミュニティ、親族関係を形成する際に何も役割を果たしていないとするのは誤解である。Alia Al-Saji, "The Racialization of Muslim Veils: A Philosophical Analysis," *Philosophy and Social Criticism*, 36(8) (2010): 878.

(80) Ibid., 881.

(81) アル＝サジが指摘するように、これらの「痕跡」のうちいくつかは取り除かれてきたが（これは矛盾しているわけではない）、他のもの（水曜日の短縮授業や日曜日の取引の制限といったもの）は、ライシテが掲げられているにもかかわらず存続している。

(82) Al-Saji, "The Racialization of Muslim Veils," 881-882.

(83) Ibid., 882.

(84) Ibid.

(85) Ibid., 877.

(86) 例えば次のような論考を参照。"Muslim Women Against FEMEN," *Huffington Post*, April 5, 2013; and "Put Your Shirts Back On: Why Femen Is Wrong," *The Atlantic*, May 6, 2013.

(87) フランツ・ファノン『黒い皮膚・白い仮面』海老坂武・加藤晴彦訳、みすず書房、一九九八年、一五七頁。

(88) 私が「認識の瞬間」で指しているのは、ファノンが行った黒人男性が置かれている状況とユダヤ人が置かれている状況の区別である。ファノンいわく、黒人男性は視覚的知覚の瞬間において過剰に規定されている点で［ユダヤ人と］異なっている——このような主張にはゲイル・ワイスといった評論家によって異論が挙げられている。ファノンの区別については第四章においてより慎重に検討する。同上、一三五–一三六頁。

(89) しかしながらここには厄介な問題がある。反イスラーム教の感情はより一般的な人種差別的感情との関係においてどのように理解されるべきなのだろうか。例えばアル＝サジは、この感情は「文化的人種差別」と彼女が呼ぶものの傘の下に入っていると論じる。この文化的という性格づけが指しているのは、ムスリムは当然のことながらある「人種」に由来しているのではなく（とはいえ、私たちが「人種」という語で何を意味しているのかを特定することは困難であろうが）、むしろ人種的なコミュニティや精神的で文化的で親族的なコミュニティを横断しながら関わっているという事実である。とはいえ、イスラーム教が主に人種関連の用語で規定されるアラブ民族と最も顕著に同一視される限り、それは一種の人種差別であり、あるいは人種差別と連続したものである。（すなわち、白人の改宗者は、一般的に想起されるムスリムの男性や女性のイメージではないのだ。）したがって、以下の問題はファノンの引用と複雑に関係することになる。ヴェールを纏うムスリム女性の経験は、多様な民族的・人種的・形態的特徴を示しているため、九・一一以後の社会でのムスリムのヴェール（ヒジャブ、ブルカ、ニカブ）の象徴的で視覚的な位置づけを踏まえると、ユダヤ人——本人たちにとってみれば人種というより宗教的に構成されているのだが——あるいは黒人と非常に類似しているのだろうか。

（90）実際、（構造的・身体的といった）いかなる水準で人種差別を見るにせよ、私が主張しているのは、人種差別について考えるときに広く（そしてそれなりの理由で）支配してきた黒人／白人という二分法を越えていくことが重要であるというものだ。これは二つの点から重要である。（一）黒人の経験を越えて、多様でありながらもどれも等しく重要である人種差別の経験に声を与えることになる。（二）必ずしも恐怖の反応と結びつけられず、それゆえに「捉える」ことが一層困難な人種差別の他の様式について問うことになる。どちらも人種差別の標的と形態が流動的であることを語っている。そしてそれら標的と形態自体が、非常に複雑で文脈化された人種差別の性質を私たちに映し出しているのだ。さらに、私の考えでは、白人から「他者」へと移動する一切の表現を想定するべきではない。それは人種差別の白人－黒人モデルが描き出しがちな想定だ。もちろん人種差別が様々に人種化された人々の間に存在することは事実である。しかし、このこと自体、人種間の関係において白人性がどれほど組織をする側の図式であり続けているかによってさらに複雑になる。（例えば、アジア人と黒人との関係が、両者の覇権的で白人的な考え方によって部分的に特徴づけられている。例えば、アジア人はおとなしく／従順で、黒人は危険だといったものなどだ。）

（91）Al-Saji, "The Racialization of Muslim Veils," 885.

（92）「トレイボン・マルティンは、多くの黒人少年や黒人男性と同様に、監視（語源的には「見張り」）の下にあった。二〇一二年二月二六日に自分が社会的に監視され、身体的に取り締まりを受ける空間の中に入り込むことなど、彼は少しも考えていなかった。一種のベンサム的なパノプティコンのような悪夢によって、彼が疑わしい存在であると切り詰められるのである。彼がいた空間は、逆説的にも、不可視的でありながらしかし超可視的なのである」（引用者による強調）。George Yancy, “Walking While Black in the ‘White Gaze,’” *The New York Times*, September 1, 2013.

（93）アル＝サジの論考では、私がこの段落において論じたものとは異なる倫理的軌跡が辿られている。しかしその論考において彼女が関心を向けているのは、私たちの見るということの習慣に関する倫理－政治的含意についてというよりは、むしろ「対象化」という方法を私たちが乗り越えて、自分自身を見ることの条件、「厚み」、「情動的次元」と調和するある種の見ることへと到達するために、視覚をどのように再形象化できるのかについてである。習慣的人種差別の文脈においてアル＝サジは次のように述べる。「反人種差別的な視覚は、知覚を人種化する際の物質的・歴史的・社会的・言説的条件を見てとることを学ぶことができる」。Alia Al-Saji, “A Phenomenology of Critical-Ethical Vision: Merleau- Ponty, Bergson, and the Question of Seeing Differently,” *Chiasmi International*, 11 (2009): 375-398, 376.

（94）例えば次を参照。Waldenfels, Bernhard, *The Question of the Other* (Albany: SUNY Press, 2007).

（95）Alia Al-Saji, “A Phenomenology of Critical-Ethical Vision,” 377.

（96）Al-Saji, “The Racialization of Muslim Veils,” 885.

（97）例えば「白人に聞こえる名前」の人たちは「アフリカ系アメリカ人に聞こえる名前」の履歴書と比べて五〇パーセントも多くの折り返しの電話を受けている。Marianne Bertrand and Sendhil Mullainathan, “Are Emily and Greg More Employ- able Than Lakisha and Jamal? A Field Experiment on Labor Market Discrimination.” この実験結果を知ったときの人事管理担当者の反応については以下を参照。Sendhil Mullainathan, “Racial Bias, Even When We Have Good Intentions,” *The New York Times*, January 3, 2015.

（98）Al-Saji, “The Racialization of Muslim Veils,” 886.

（99）Ibid.

（100）この議論は最初取るに足らないように思えるかもしれない。しかし検討すべきことは、ポピュラーカルチャーや一般的に想定されていることのなかで、ニカブのような（眼だけが出ている）服装を着ている忍者やオーストラリアのブッシュレンジャー〔オーストラリアの山賊〕といった人物が、〔ムスリム女性とは〕対照的に、ダイナミックで、クリエイティブで、安全であるとみなされている点である。彼らには実効力がないとしても、見ることができるが見られることはないという理由で、彼らは少なくともある程度の権力を持った地位を占めている。どちらのキャラクターも男性として想像されていることが最も一般的であるのは、まったくもって偶然のことではないと思われる。私の考えでは、このことによって植民者の男性のまなざし——女性の身体に対しては視覚的に接近するよう要求するが、男性の身体に対してはそうではないまなざし――に関するアル＝サジの議論が裏づけられることになる。確かに、カトリックの修道女がヴェールを纏うことがそうであるように、彼女が男性の欲望的なまなざしの外に置かれることが妥当である場合を踏まえると、それは論争の余地がない（敬虔なことでさえある）習慣である。しかしこのことは、ムスリムのヴェールの慣習をとりまく環境――とりわけ、サウジアラビアの社会や他のコミュニティといったところで女性がヴェールを纏うよう圧力をかけられ、要求され、強制されること――が、見当はずれな考察事項であると言っているわけではない。それらは確かに関連している。とはいえ、ポイントとなるのは、このような抑圧モデルが、ある状況下のうちにいるある程度の女性にとっては当てはまるが、他の者には当てはまっていないにもかかわらず、ヴェールを纏うすべての女性に対して正しいものと捉えられており、習慣化された家父長的で植民地主義的な知覚様式が、このことを裏づけているということである。こうして、ヴェールを纏う女性がいる非常に多様な状況や彼女らがヴェールを纏う理由が真剣に扱われないのだ。このことに加えて、私の考えでは、強制や圧力の問題が本当にヴェールを纏う女性に関する懸念の核心であるならば、ヴェールを纏うことのレベルの違い――ヒジャブからニカブまで――は、規範化する男性的まなざしが伴っていない限り、実質的な差異をなさないであろう。それというのも、もし「選択」と自律的に決定を下すことが主要な問題であるなら、部分的に覆われているのか、完全に覆われているのかの間には、ほとんど違いがないからである。しかしながら、ニカブがヒジャブよりもずっと真正な抑圧の記号として直感的な〔visceral〕反応を引き起こすことを考慮すれば、家父長的なまなざしおよび女性の身体を対象として所有したいという欲望が、このような植民地主義的でかつ／または人種化された見ることに組み込まれている点については確証されるように思われる。

（101）Al-Saji, "The Racialization of Muslim Veils," 886-887.

（102）アル＝サジは例えば次のように述べている。「実際、交差性理論《インターセクショナル・セオリー》は、アイデンティティの軸が事前に存在しながら分離し、それゆえ累積的に相互作用することを前提とする点で、マクウォーターが批判している（15参照）アイデンティティの図式を不滅のものにしている。私がここで指摘したいのはむしろ、それぞれが（暗黙のうちに、また歴史的に偶然的な連結によって）他のものを通じて分節化され展開されているために、諸次元が分離できないものとなっている構造である。このようにしてマクウォーターは、一つの抑圧か、それともいくつもの抑圧かというジレンマを解消していると私は見ている。つまり、一つの抑圧はすでにいくつもの抑圧なのだ」。Alia Al-Saji, "White Normality, or Racism against the Abnormal: Comments on Ladelle McWhorter's Racism and Sexual Oppression in Anglo-America," *Symposia on Gender, Race and Philosophy*, 6 (2010): 2.

（103）Al-Saji, "The Racialization of Muslim Veils," 883-884.

（104）「白人女性の身体の神話的純潔さと黒人男性のレイプ犯の神話が形作られている歴史から切り離されて、私がエレベーターの中で匿名の白人女性と出会うということなど滅多にない」。Yancy, *Black Bodies, White Gazes*, 8.

（105）エドワード・W・サイード『オリエンタリズム』板垣雄三・杉田英明監修、今沢紀子訳、平凡社、一九九三年。

（106）これは二〇一三年九月一三日に発生した。この事件を取り上げた記事としては例えば以下のものがある。Tressie McMillan Cottom, "Jonathan Ferrell Is Dead. Whistling Vivaldi Wouldn't Have Saved Him," *Slate Magazine*, September 20, 2013.

（107）これは二〇一三年一一月二日に発生した。この事件を取り上げた記事としては例えば以下のものがある。"The Killing of Renisha McBride," *The New Yorker*, November 16, 2013.

（108）"Theodore Wafer Sentenced to 17 Years in Michigan Shooting of Renisha McBride." *The New York Times*, September 3, 2014.

（109）実際、これはアル＝サジが他のところで立論している、人種化する習慣を中断する生産的な手段としてのためらいに関する好例となっている。その論考でアル＝サジは主に人種化する視覚の習慣に関心を寄せているが、その議論は身体的運動や身体的反応の習慣に対しても当てはまる。Alia Al-Saji, "A Phenomenology of Hesitation: Interrupting Racializing Habits of Seeing," in Emily S. Lee (ed.), *Living Alterities: Phenomenology, Embodiment, and Race* (Albany: SUNY Press, 2014), 133-172.

（110）ヤンシーは、より一般的な哲学的／学問的活動との関連において、現実の世界とリアルタイムでの結果が伴う政治的問題である人種差別の緊急性に立ち向かうときに、似たような点を指摘している。「白人の権力行使に対して闘い、また闘い続ける反人種差別主義の白人はたくさん存在しており、また確かに白人性の規定的権力はそのような努力をこれまで通り弱めようとするだろう。しかし重要なことは、白人の反人種差別主義者たちが、どれほどのものがここにかかっているのかを理解することである。反人種差別主義の白人たちが覚悟を決めるのには時間がかかる。それは一種の特権的な贅沢である。そのあいだ、黒人の身体や有色人種の身体は苦しみ続けている。彼らの身体は政治的で実存的な緊急性を訴え、白人性の抑圧的な行使を即座に中断するよう求めている。ここで、時間的という概念そのものが人種化されることとなる。ここでのポイントは、どれほど白人たちが白人性の複雑さを理論化するために時間を費やし、根本的な変革のための様々な抵抗の手段を明らかにしていようと、黒人の身体は［その間］途方もない痛みや苦しみに耐え続けているということである。白人性を消去するための理論化には、それ自身に罠や誘惑、心地よい範囲が伴い、そして距離の再刻印が伴う。白人による人種差別に対して抵抗するための理論を展開させている白人たちは、たとえそのような人種差別が批判的反省の対象であり、それゆえ白人の権力行使によって衝撃を受けることで、泣いたり、苦しんだり、トラウマを被っている黒人の身体を現実の世界から隔離するプロセスであるとしても、白人ナルシシズムの誘惑、白人性の再中心化に抵抗するよう用心しなければならない。反人種差別主義の白人たちが間違いを犯し続け、制度的な妨害や習慣化された人種差別的反射を前に挫折し続けるなかで、明日には無邪気に財布に手を伸ばす黒い身体が殺されるだろう。この現実のあまりの重さを前にしては理論の忍耐力など無力なのである」。Yancy, *Black Bodies, White Gazes*, 229.

（111）「警官」ではないが、私たちはここで民間警備員のジョージ・ジマーマンによるトレイヴォン・マーティン射殺事件も思い起こすことになる。

（112）ジュディス・バトラー「危険にさらされている／危険にさらす——図式的人種差別と白人のパラノイア」（池田成一訳）『現代思想』二五（一一）（特集＝ブラック・カルチャー）、青土社、一九九七年、一二七頁。

（113）メルロ＝ポンティ『知覚の現象学』、I－二二一頁。

（114）メルロ＝ポンティ『知覚の現象学』、II、竹内芳郎・木田元・宮本忠雄訳、みすず書房、一九七四年、二〇九頁。アンリ・ベルクソンもこの言葉を『物質と記憶』のなかで用いている。

（115）もちろん、岩自体が粉砕し、その形自体が変化するかもしれないが、沈殿物のある順序はずっと維持されたままである。

（116）メルロ＝ポンティ『知覚の現象学』、I－二二〇頁。

（117）Casey, "Habitual Body and Memory in Merleau-Ponty," 214.

（118）メルロ＝ポンティ『知覚の現象学』、I－二二〇頁。

（119）Maurice Merleau-Ponty, *Institution and Passivity: Course Notes from the Collège de France (1954-1955)*, trans. Lawlor and Massey (Evanston: Northwestern University Press, 2010), 19.

（120）Ibid., 119.

（121）Ibid., 22.

（122）Alcoff, *Visible Identities*, 184.

（123）例えば、人種問題の著名な論者であるタナハシ・コーツは、フェレル射殺事件に関するある記事のなかで、マッカートニーには一切の責任がないと指摘している。しかし私はこのことについて同意できない。当然のことながら警官は、（制度的支援を受けて）武装した公務員としてこの事件の最終的な責任を負っていることはその通りである。とはいえ、この女性の身体的反応についても、批判的に問われるべきであるということもまた正しいのである。T. Coates, "The Killing of Jonathan Ferrell," *The Atlantic*, September 23, 2013.

（124）Emily S. Lee, "Body Movement and Responsibility for a Situation" in Emily Lee (ed.), *Living Alterities*, 245.

（125）このことは、良い習慣を培うべきだするアリストテレスの倫理学的立場の諸側面と呼応しているように見えるが、私たちには有徳な性格特性を倫理的に育む義務があるという点で、人は自身の習慣に対して責任を持っているとここで私は論じているわけではない。むしろ、私たちの習慣は他者に危害を与えうる点で責任があると論じているという意味で、アリストテレスの立場とは異なる。

（126）George Yancy, "White Crisis and the Value of *Losing One's Way*" in George Yancy and Maria del Guadalupe Davidson (eds.), *Exploring Race in Predominantly White Classrooms: Scholars of Color Reflect* (New York: Routledge, 2014), 10-11.

（127）この点については、人種と世代間貧富に関するジョージ・リプシッツの研究が特に啓発的である。George Lipsitz, *How Racism Takes Place* (Philadelphia: Temple University Press, 2011).

（128）Yancy, "White Crisis and the Value of *Losing One's Way*," 11.

第二章

人種差別と人種化された身体性の生きられた経験

第一節　人種差別と人種化の身体的な経験

市場で買い物をすることは、普通なら、パリでの生活の毎週の楽しみの一つである。色とりどりの果物や野菜の売り場が朝の大通りを埋めつくし、新鮮な旬のもので溢れかえるなかで、行き交う買い物客に売り子たちが威勢よく競って声をかけている。「奥さん！　蜜柑ですよ。甘いですよ、甘いですよ、とっても甘いですよ。どうぞ奥さん！　ぜひどうぞ！　安いですよ、安いですよ、安いですよ」。

重たくなったバッグを片手に（蜜柑のなかでもとびきり甘い）モロッコ産の蜜柑が並ぶ前方の屋台に目をやると、突然右の方からよく響く大きな声が聞こえてくる。「ニーハオ！」（こんにちは！）。気分が落ち込んでしまう。「ニーハオ！」。わざと気づかないふりをするが、喉がつまって口がからからに渇いていく。「奥さん！　ニーハオ！　ニーハオ、ニーハオ、ニーハオ、ニーハオ、ニーハオ、ニーハオー！」彼はその呼びかけをやたらと高音の「オリエンタル」風な歌にしてしまった。ここまでいくと屈辱的だ。やがてあきらめたのか声はやみ、私は売り子に動じる素振りを見せずに歩き続ける（彼は「聞こえなかったのか、中国人じゃないのかも」と思ったことだろう）。しかし、目の前の何も目に入らず、唇はすぼまり、頬には内心の動揺がかすかに漏れ出てしまっている。市場の彩りが再び視界に入ってきたが、今度は距離ができてしまっている。私と通りの間に心の中での独り言が入り込んでくる。「くそ。何か言っておくべきだった。でも何を言えばよかったのか。ああ…」。このいらだちは売り子に対してと同じくらい、自分にも向けられている。何と言っても、こうしたことはほとんど日常茶飯事になっているのだから。「備えておくべきだった。何か言い返すべきだったんだ。だって、私は人種差別を「研究」しているんだから」。

私は歩き続ける。市場の喧騒が流れ去っていく。歩いてはいるが足どりはうつろで機械的に感じる。私自身がうつろに感じられる。「こんなことくそだ。全部くそだ。さっきの男も、ベルヴィルのあの子どもたちも、夜公園のベンチに座っている男たちも」。この出来事の特色が過去のあらゆる出来事を思い出させる。「地下鉄の本売り場で禅宗の本の代金を〔店員ではない〕私に支払おうとしてきた女性のこと。私に値段を尋ねてきた別の女性のことも。〔ニューヨークの〕ブルックリンのボデガ〔ニューヨークに数多く存在する小さな食料品店〕の中から声をかけてきた男性。〔ニューヨークの〕イースト・ヴィレッジで息をひそめてつぶやいた人。すべて旅先でのことだった」。リストが増えれば増えるほど、私のいらだち、怒り、当惑も一層増していき、それは我に返って今いるところに戻ってくるまで続く。「もうたくさんだ。これでは機嫌が悪くなる一方だ」。不愉快な感情を追い出そうとなけなしの努力をして首を少しだけ振ってみる。即座に生じた怒りは、多少なりとも静まるが、やるせない失望感は残り続ける。「またか」。私はきびすを返して帰路につく。

第一章で私たちはまず、身体的な人種差別表現──習慣的な身体的仕草や知覚を通して人種差別が現れること──の問いに焦点をあてた。この作業は人種差別的な実践の隠された現場や形態を明らかにするためには重要であった一方で、本書が試みる人種差別の現象学的究明の片面でしかない。以下では、人種差別の「受け手」側に立つ人々がいかにして人種差別という現象を、そして自分自身の身体を経験するようになるのかにとりわけ重点をおいて、人種差別の経験の考察へ向かう。本章でも人種差別の生きられた経験の現象学的分析を続けるが、不気味さや対象化という概念を媒体にして人種化された身体性をより主題的に考察することは、後の三章と四章で取り組むことにする。そして本章ではまず、人種化された身体の生きられた経験を扱うが、その分析の後に白人性〔whiteness〕の生きられた経験の短い考察を行い、人種化された身体性の現象学的な論述と対比すると同時に、それに磨きをかける。しかし、まず問われるのは次のような問いである。人種化された身体として自身を経験するとはどのようなことか。人種差別に晒される人々は、いかにして人種差別を予想し、それに対応しているのか。どのような身体図式がそこで働いていているのか。

「ヴィヴァルディを口笛で」——身体的適応と習慣的な人種差別に対処する「作業」

社会心理学者のクロード・スティールは、著書『ヴィヴァルディを口笛で——およびステレオタイプがどう影響を及ぼすかを考えるためのその他の手がかり』〔邦訳『ステレオタイプの科学』〕の冒頭で、同書の斬新な題名のもととなった逸話を伝えている。その話は『ニューヨーク・タイムズ』の記者ブレント・ステープルズが若い黒人男性としてシカゴのハイド・パーク地区を散歩していた際に経験したことを語ったものだ。

わたしは恐怖を読み取るエキスパートになった。カップルはわたしを見ると、腕を組んだり、手をつないだりした。道路の反対側にわたってしまう人もいた。すれ違う人は会話をやめ、前方に視線を集中する。まるでわたしと目が合ったら一巻の終わりだとでも言うように……。

わたしはバカだった。自分のことを死ぬほど怖がっている人たちに、「こんばんは」とでも言うように微笑みかけていたのだから。彼らにとって、わたしの存在そのものが暴力だったのに、どうしてそれに気づかなかったのか……。

なんとか無害な存在だとわかってもらいたかったが、その方法がわからなかった。〔…〕やがて、緊張を解くために口笛を吹くようになり、自分がなかなか上手なことに気づいた。わたしの口笛はピュアで心地よい響きがした。音程もはずれていなかった。夜、街を歩いているときは、ビートルズの曲やヴィヴァルディの『四季』を吹いた。すると、それを聞いた人たちの緊張が解けていくのがわかった。暗闇でわたしとすれ違うとき、微笑む人さえいた。(1)

この話はありふれた筋道をたどっている。つまり、人種化された人々が身体的な人種差別の経験やさらにはそれが予測される事態に対処するために、様々な振る舞いや姿勢や行動を戦略的に採用するという筋道である。ステープルズについて、スティールは続けて次のように書いている。「ステープルズは、口笛でヴィヴァルディを吹くだけで、「暴力沙汰を起こしがちな黒人男性」というステレオタイプが自分には当てはまらないこと、そして白人文化、とりわけ「高尚な白人文化」を知っていることを示した(2)」。コラムニストのトレッシー・マクミラン・コットムは、ジョナサン・フェレル射殺事件に関する記事のなかでスティールの著作に言及し、「ヴィヴァルディを口笛で」のような戦略が広く行き渡っていることを彼女自身の実体験として示している。

何らか似たような種類の対処法をもたない黒人を私はあまり多く知りません。不動産を購入するとき、私はよく大学のロゴ入りの服を着ていきます。そうすれば、大学や学生という文化的な価値を盾にして、購入者としての私に対するどんな先入見にも対抗できるのではと思うからです。ある女性の友人は、求職中は髪の毛をストレートにするようにしています。別の友人でヒスパニックの男性の場合は、白人の顧客をもてなすとき、自分がちゃんとした人間だと示すために、髭などの顔の毛をすべて剃るようにしていると言っていました。(3)

他にもあふれるほどの例がある。バングラデシュ出身のオーストラリア人の友人は、行政手続きのために白人女性とやり取りする際、普段よりも笑い、普段よりも高く明るい声の調子で話すよう意識して努めていると言う。ジンバブエ出身のオーストラリア人の友人は、夜遅くにバスを降りるとき、残った乗客が白人女性しかいない場合に彼が行う儀式化した振る舞いについて語ってくれた。終点の前の駅を過ぎたらすぐに降車ボタンを押し、リュックを背負って、降車口に向かう。まるで「後をつけているのではありません。ここで私も降りるので」とでも言いたげにそうするのだ。マイケル・ブラウン射殺事件が起こり警官ダレン・ウィルソンが不起訴になった直後、コメディアンのカマウ・ベルは「BBM」すなわち「大きな黒人男性〔big black male〕」としての自らが置かれた苦境について次のように書いた。

BBMであるから、私はすぐに笑顔になる。BBMであるから、私は普段まっすぐには立たない。私は前かがみで猫背である。しばらく会っていなかった知り合いから、「君がこんなに背が高いことを忘れてたよ」と言われることがよくある。忘れているはずだ。なぜかというと私が君に忘れさせようとしているからだ。これこそアメリカで黒人であることが、私や私のような人たちに、さらにはある意味で、〔黒人ではない〕あなたたちにさえもたらしてきたことなのだ。(4)

こうした戦略は、身体的な振る舞いが社会的な状況に対して広く順応可能であることを反映しているし、私たちは誰もが時おりこうした戦略をとっているとある程度までは言えよう。実際、私たちは自身についての印象を抱いてもらうために、会議や就職面接で普段よりもフォーマルな服装をしたり、ビジネスや行政上のやり取りの際はより礼儀正しい言葉遣いをしたりする。言いかえれば、ここにも人種化された次元が一切ないというわけでもないにしても、こうしたことのいくつかは、イメージや外見を利用する社会経済のなかで自己を呈示するという避けがたい作業によるものとは言えよう。(5)しかし、先に挙げた〔人種的マイノリティの〕例が指し示しているのは、身体的適応の異なる水準であり、それは普通の（すなわち白人の）人々が、白人性がもたらす効用（品位や信頼性など）によって会議や面接に従事する際に注意せねばならないことをはるかに越えている。前述の例は、習慣的な人種化された知覚を避けたり、中断したりするために、人種化された人にいつも決まって否定的な評価を下す既存の規定に対して応答し、それに抗するものであるという点で、自己呈示という一般的な「作業〔work〕」とは異なる。この「作業」（と私が呼んでいるもの）はまったく否定的に構成されているが、それに加えて、まったくありきたりなものでもある。私たちは誰もが就職面接や銀行口座開設時の面接では、要するにイベントや特別な機会には、普段とは異なる仕方で振る舞う。これに対して、人種化された身体の場合、この種の作業は、公園を散歩したり街を歩いたり毎週の買い物をしたりといった特別でないことの間もなされている。ここでは、二つの点が考慮されねばならない。第一に、相当量の作業が、こうした環境における人種化された身体の運動や振る舞い全体に広がっているということであり、それについてはさらに考えられねばならない。第二に、この作業は、おおよそいつでもどこでも、特別でないことの間、求められうるものであり、日常生活の、一見すると無害な時にも染み渡っており、後に論じるように、習慣的な身体図式のメルロ＝ポンティ的な解釈に異議を唱えるものなのだ。

最初に、作業についての問いに目を向けてみよう。予測や順応という作業を担わされた身体が、どのようにして自己にくつろぎを感じる身体と類似的であることを止めるのか、あるいはどれほど平凡でありきたりなものであれ、自らの企図の遂行に集中して流動する身体と類似的であることを止めるのかについて考えてみよう。そのような身体は、むしろ他人たちの人種化された不安や期待に対処する作業を、つまり一方的であると同時に非生産的な重荷を背負った身体である(6)。ある意味でこうした作業は、女性たちの身体が外見に関する社会規範によって抑えつけられ、息つく暇もないのはどうしてなのかをシモーヌ・ド・ボーヴォワールが次のように説明していることを想起させる。

それに対して、女は、人から見られるとき、外見が自分と切り離して見られないのを知っている。彼女は身なりから、判断され、尊敬され、性的魅力をとやかく言われる。女の衣服はもともと女が自由に動けないようにできていて、傷みやすかった。ストッキングは破れ、靴の踵は減り、明るい色のブラウスやワンピースは汚れやすく、プリーツは折り目が取れてしまう。［…］秘書や学生はいつも夜帰宅してから、ストッキングをかがったり、ブラウスを洗ったり、スカートにアイロンをかけたりする(7)。

しかし、ボーヴォワールがこの一節で記述した作業のほとんどが、女性の身体の装飾に関するものであるのに対して、[8] 先に挙げた例では、人種化された身体にとってこうした作業が仕草、声色や声の調子、姿勢、足どりといったより直接的かつ内密な水準において、言いかえると身体自体の物質性においてなされているのを見て取ることができる。この作業を直接強いられているのは、表現的な性格をすべて備えた、身体がもつ媒体の厚みにほかならない。例えば、笑顔は柔らかくなり、髪は整えられ、姿勢が開放的になったり、閉鎖的になったりする。そしてこうした変化は身体的な適応の比較的悪質でない点であるように見えるかもしれないが、ボーヴォワールが強調したのはまさしく、スカートにアイロンをかけたりストッキングのほころびを直したりするような平凡な活動も、女性たちが社会のなかでの性別役割に従ったり、それを（バトラーの言葉では）「実演［performance］」したりする際に行う見えない労働に数え入れられるということだ。人種差別に対する演技が、（女性の場合そうであるような）社会的期待に従うことであるよりもむしろ、人種差別的な知覚や身体反応に対処することであるとはいえ、基本的な点、すなわちこれが労働を要求するという点は変わらない。さらに、このレベルでの身体的な適応と作業を、日常生活のなかで人種差別と遭遇する（そしてそれに対抗する）際に伴われる作業という、より広くより明示的なレベルのうちに位置づけると、強力な図式が浮かび上がる。例えば人種差別を告発する（そしてそうする際に、それが人種差別だと「証明する」ことが必要となる）作業、人種差別から自分や他人を守る作業、人種差別に直面して自分や他人を気遣う作業、そしてより一般的な形で人種差別と闘う作業といったレベルである。こうした作業のなかに、私が考察してきた微小な次元での身体的適応を加えるなら、有色の人々が自身の反差別的な作業や日常生活の経験を記述する際に、「疲労」「消耗」「ストレス」といった言葉をとても頻繁に口に出す理由がわかり始める。実際、疲労や消耗という言い回しは、別の考察へと導いてくれる点で有益なものだ。結局、私たちが心に留めておくべきなのは、こうした作業のたんなる事実性だけではない。純粋に機能的な用語だけで自らのシステムを説明し尽くしてしまうのではなく、私たちはまたこの労働とストレスが含む情動的な〔affective〕次元を考察しなければならないのだ。

人種化の経験における身体的で実存的なストレス

身体的な「作業」が自分に直接向けられた習慣的な人種差別を予測して対処する以上に、しばしばそのような遭遇を色づけ、それと相関して起こるストレス経験もまた存在する。それはいくつもの領域にわたるストレスであるが、実のところ、現象学的な領域や実存的な領域にとどまるものですらない。近年、社会学や公衆衛生の研究者たちは、人種差別を経験したり予期したりする有色の人々の心理的ストレスのレベルが上昇することを実証する研究を行ってきた。こうした結果は感情的で心理的なストレスの表れとともに、循環器系の数値（高血圧、心拍）によって示されてきた。[9] 例えば、二〇一二年の研究では、研究者たちは若いラテンアメリカ系の女子学生を若い白人女子学生と組ませた実験を行った。自分たちが互いによい勉強のパートナーとなれる理由を示して、白人の相手に伝える短いスピーチを準備する間、ラテンアメリカ系女性の被験者の半分には、話を聞く白人女性たちがとりわけラテンアメリカ系の男女に対する、より一般的には人種的マイノリティに対する偏向した見方をもっていることが示唆される。研究者たちは次のことを見出した。

自分たちのパートナーが民族的マイノリティに対する偏見をもっていると信じるよう誘導されたラテンアメリカ系女性たちは、自分たちのパートナーが偏見をもっていないと信じるよう誘導された女性たちよりも、スピーチを前にして、血圧のより高い上昇と交感神経系の活性化を示し、会話の前後により脅威に関連した認知や感情を報告した。これらの発見は、その状況におけるストレス要因としての警戒心の働きが、生理的刺激の増大と自己申告された気がかりの高まりを特徴とするストレス反応につながっていることを裏づけている[10]。

言いかえるなら、たんに人種的偏見の対処だけでなく、その予測でさえ、人種化された身体における生理的なストレス反応の引き金となるには十分であり、このストレス反応は人種化という経験の一人称的な現象学的記述を補完する形で生じるのだ。

「おい、もうちょっとでお前にぶっ放すところだったぞ」

これはある白人警官の脅し文句だ。一九七〇年代後半、フィラデルフィア北部の低所得者層が住む地域で黒い体をした人々を取り締まっていた警官のなかの一人が、母親に買ってもらったばかりの新品の望遠鏡を持ち歩いていた私を見かけた。

「武器を持っているのかと思った」と彼は言った。

その言葉は私を震撼させ、立ち止まらせた。一〇代の子どもには耐えがたい身体的なストレスと深い実存的な苦悶を感じたのだ[11]。

［…］ほら、ニグロだ。[12] 寒いね。ニグロが震えてる。ニグロは寒いから震えてる。小さな男の子はニグロが恐いから震えている。ニグロは寒さで、骨身に染みる寒さで震えている。かわいい小さな男の子は、ニグロが怒りで震えていると思って震えている。その白人の子どもは母親の腕のなかにとびこむ。ママ、ニグロに食べられちゃうよ！[13]（引用者による訳）

ここに出ている二つのうち、最初のものはヤンシーの逸話だが、それは黒人に対する人種差別の経験に関連するストレスの一種、「黒人のくせに出歩いていた」ために撃たれるのをかろうじて免れたことに由来する苦悶とぞっとするようなショックについて述べている。ファノンもまた、黒人であるがゆえに公の場面で異なる仕方で扱われることの不安やストレスについて論じている。二人の論述が共に、（ファノンの論述に頻出する）[14]「震え」に言及していることは、こうした〔歩いているだけの〕平凡な遭遇における感情的で心的（ないしより適切には身体的）感覚を満たす深い実存的な苦悶を喚起する点で重要である。私たちが見分けることができるのは、たんに外から観察でき、量で表すことができるような生理的ストレスの徴候だけではなく、その感情的で実存的な表現でもあり、これらも考慮しなければならない。「震え」という語り方は、自己ないし自己とみなしてきたものが揺さぶられ（そして震え）ることを描写する点で適切である。ここでの人種化された身体は、自己を保持するなかでくつろいだり安らいだりしている習慣的な身体ではなく、かき乱され、動揺させられ、不安にさせられた身体である。比喩的かつ文字通りの意味で人は揺さぶられる。指は震え、心臓の鼓動は大きくなり、身体から汗が噴き出る。こうした状態は、人種化されるような遭遇が引き起こす憤りやいらだちといった感情に呼応するものだ。本章冒頭で報告したような比較的悪質でなく（ヤンシーが物語るものと比べると、個人的ないし直接的な危害を生み出さないという意味で）無害な出会いでも、人種化の経験に対する明確に情動的な次元が残り続ける。人種差別と人種化は、それらを日常的に経験する人々に感情的な損失をもたらし、このことはボーヴォワールが記述したような女性の場合における物質的な「作業」の重荷とは（無関係ではないにしても）区別される。人種化される身体の状況においてはさらに、こうした言葉遣いを続けて用いるなら、情動的な損失と感情面での作業が存在するのだ。

しかし、なぜ実存的なストレスなのだろうか。なぜ人種差別を経験することや予期することは、毀損されていない自己であるというある人の実存的な感覚を傷つけてしまうほど、深い不安をかきたてるのか。ヤンシーの逸話のように差し迫った脅威が一つの理由ではあるだろうが、それだけで十分な理由とはならない。結局のところ、もしもヤンシーが車にひかれるのをかろうじて避けたなら、間違いなくストレスを感じただろうが、このような実存的な仕方ではなかったはずだ。まさにこのような場面で現象学的な説明が、数々の生理的な兆候で示される身体的なストレスの見取り図を完全なものにするという重大な作業を果たす。ここで問題となっている類の身体的ストレスと苦悶は、自己ないし自己感覚の深刻な喪失と関連する、したがって自己の実存的な本性と関連するものだ。それらが表しているのは、自分自身が他者にとっての対象に縮減されることを経験したり、自分が対自的な主体としてもつ経験やアイデンティティを否定されたりする瞬間である。こうした瞬間には、自己の深刻な消失が生み出される。もちろん、以上のように言うことはおそらくすでに、自己や主体といった観点からあまりにも多くのことを想定してしまっており、こうした哲学的な枠組みにはいくつかの問題があるため、第四章ではある程度の紙幅を割いてそうした問題を扱う予定である。とはいえ、さしあたりは、ヤンシーとファノンが行ったようにストレスや苦悶という言い回しを用いて議論を進めることで、人種化の身体的経験が、初期思想におけるメルロ＝ポンティ自身の実存主義寄りの現象学に見られるいくつかの限界に、どこで、またいかにしてぶつかり始めるのかについて、いくばくかの洞察が得られる。

自分の身体であること vs 自分の身体の前に（ないし先立って）あること

生きられた身体の総合について検討する際、メルロ＝ポンティはデカルトの心身二元論を批判して次のように宣言する。「私は私の身体の前にあるのではなく、私は私の身体の中におり、あるいはむしろ私は私の身体である」[15]（引用者による強調）。この言明が西洋の哲学的伝統の多くを動かしてきたデカルトの二元論を標的としていることは明らかであるが、それはまたメルロ＝ポンティ自身の――少なくとも、よりはっきりと実存主義的な傾向を帯びた彼の初期思想における――現象学的な身体論の積極的な言明でもある。メルロ＝ポンティからすると、習慣的な身体とその身体図式はある種の流動性を伴っており、この流動性は自分の身体であるという根本的な関係によって説明される。『知覚の現象学』の冒頭部で、メルロ＝ポンティは、現象学的な経験において身体が担う、錨《いかり》を下ろすという基本的役割を明らかにしている。身体はたんに、第一章で見たような私たちが世界に参与する土台をなす知覚の地平を提供する――身体は「私に世界に対する一つの観点を課す」[16]――だけでなく、より深くかつより単純なことに、身体は私たちに恒常的に現前している。メルロ＝ポンティが強調するように、これはたんなる事実的な主張ではなく、形而上学的な主張である。というのも、まさに身体の恒常的な現前こそが、他の対象が――それどころか世界が――私たちに現れるのを可能にしているからだ。このようにして身体は、ある人の現象学的な経験の条件をなしている。生きられた身体を他の対象から分かつのは、この恒常的な現前である。対象が「対象であるのは、対象が私から遠ざかり、最終的に私の視覚野から消えることがありうる場合にほかならない[17]」のに対して、現象的身体はそれ自身から遠ざかることはありえず、持ち去られたり自分の前に置かれたりするといった仕方で自己から切り離されることなどない。メルロ＝ポンティが述べているように、「身体がいつも私のもとにあり、いつも私にとってそこにあると言うことは、身体は決して本当には私の目の前にはない、私は身体を自分のまなざしの下で繰り広げることができない、身体は私の一切の知覚の周縁にとどまる、身体は私と共にある、と言うことに等しい[18]」（引用者による強調）。この論述からすれば、現象的身体——私たちが見てきたようにそれは習慣的身体と重なる——が流動性とくつろぎをもつことが理解可能となる。というのも、この身体は自らと共通の拡がりをもち、自らと共に現前し、全体が不在となることも、自らの前で完全に可視的になることも決してないからだ。

しかしながら、メルロ＝ポンティの論述が現象学的探究およびより広範には哲学的探究にとっての身体的経験の中心的な性格を擁護しようとしているように見える一方で、それはまた人種化された身体性に関する私たちの多くの記述と調和しないように見える（そして、この分析は、例えばトランスの人々や視覚障害者など、他の人々にも十分適用可能だろうということにも注意しておきたい）。本章冒頭で触れた、パリの週末市場での食料品の買い物についての論述では、あれほど自発的で公共的な形で人種的な呼びかけをされるという経験がまさしく、私の身体を自分の前へと置き、それを私のまなざしの下で広げて、他の売り物と一緒に陳列する役割を果たす。じゃがいもや人参をより分けていた客たちの頭があがり、売り子の声を追って私のアジア人の身体に目をとめる。私の身体は、そのとき、メルロ＝ポンティが先に述べていたように「私の知覚の周縁」にあるのではなく、むしろ私自身にとっても他者にとっても視覚的に前面に押し出されている。この経験は、本書を通じて検討してきた他の様々な論述によって裏づけられる。先に抜粋したヤンシーの経験は、俗に「黒人のくせに出歩く〔walking while Black〕」と呼ばれることがあるが、この言い回しは〔本人の〕意向との不一致を突いた表現だ。というのも、よりによって新しい望遠鏡を手にして興奮状態にある若い男の子が歩道を歩いているときに、自分のことを「人種に属する者」として考えるなどということがあるだろうか。(19) しかし警官と対峙したとき、ヤンシー少年は、人種こそが、警官による標準を定める《ノーマライズ》白人のまなざしに初めから映っていた彼の姿であることに気づくようになる。彼による「黒人のくせに出歩くこと」は、歩くという彼自身の身体経験のうちに三人称的観点を取り込んでいる。ヤンシーが彼の黒人性〔Blackness〕のせいでその初期設定からして「危険」だとみなされるために銃を「ぶっ放される」のを避けた瞬間、ヤンシーの身体は彼自身のまなざしの下で広げられているのであり、彼は単純に彼の身体であるわけではない（こうした身体のあり方は、メルロ＝ポンティの「私は私の身体である」という言明の異なる強調点、例えば「私は私の身体である」、「私は私の身体である」といった強調点に耳を傾けるよう促してくる）。メルロ＝ポンティの諸分析は、「自分固有の身体」（le corps propre）の経験から出発し、経験される身体は、自己に固有な身体であるということを常に前提としている。

この「自分の身体ではないこと」に関するより一層深い傷を残す話は、二〇一三年五月にオーストラリアのメルボルン西部の郊外で起こった凶悪なレイプ事件という形で認められる。マシュー・ブルックとアンドリュー・モリスという友人関係にある中高年の白人男性二人は、誰かをレイプしたら「楽しいだろう」と考えて、午前二時四五分に民家に押し入った。被害者となった二人のアジア系女性——ブルックが「アジア人嫌いだった」ために標的となった母と娘——は、無理やり拘束され薬物を飲まされたうえで、二時間にもわたって繰り返しレイプされた[20]。裁判所への被害者意見陳述のなかで、（あまりにも深い傷を負ったために、警察署での最初の供述書を作成するのに五日間を要した）娘は次のように語った。

私は私自身の肌と私自身の身体で幸せでした。あんなことが起こって、すべてが変わってしまいました…。もう自分の身体に自信をもてないのです。
鏡で自分を見ると、あの男たちが見ているものを見てしまいます。とても気持ち悪く感じます。そのせいで自分が汚らしいと感じてしまうのです[21]。

ある重要な意味において、もはや彼女は自分の身体の中にいるわけでもなければ、自分の身体であることもできない。あまりにも暴力的かつ凶悪な形で彼女の身体は彼女から奪い取られてしまったからだ。身体を奪い取られるというこの感覚は、スーザン・ブライソンが『余波』で示しているように、レイプのサバイバーたちの経験に共通する語りであり、（人種差別や性差別による暴力という形であれ、それ以外の形であれ）心的外傷《トラウマ》が、メルロ゠ポンティの記述する身体のこの現象学的な同時性をどのようにして放逐しうるかを物語るものだ。オーストラリアで生まれ育ったために、より平凡な形での人種差別を受け流す対処法を身につけていた娘は、この襲撃がいかに彼女の内的存在、彼女の奥底の自己感覚を揺さぶったかを陳述のなかで明確に述べている。「お母さんと私自身が襲われている間、より個人的なレベルで私は衝撃を受けました。被害を受けたのは、たんに私の人種や文化ではなく、女性としての、人としての私自身の価値だったのです[22]」。たんにアジア人としてではなく、アジア人女性としてしての彼女に対してなされた性暴力は、彼女が実感する人格性の核心部を襲うものだった。大小様々な人種的かつ性的な暴力のなかでも最も極端なものに位置するとはいえ、女性たちのこうした経験は、いかにこのような暴力が自分自身の身体の切れ目のない経験をかき乱し、動揺させかねないかを示している。

こうした多様でありながら力強い考察に照らしてみたときに、私たちは次のような疑問をもち始めるだろう。習慣的身体についてのメルロ＝ポンティの論述は、人種差別の慣習が身体に刻みこまれる仕方を分析するために有益な枠組みを提供してくれるのに、同時に、こうした慣習の受け手に位置する人々において自分の身体がどう経験されているかを、説明し損なってしまうのはどうしてだろうか。例えば、ある種の人種化された知覚が身体において習慣化されうる仕方について先に考察したが、そこにはこうした知覚的な慣習を受ける側にいる人々にとって、この経験が何をもたらすことになるかを示す逆の立場からの重要な語りが存在する。人種化に伴う過度の可視性についてのアル＝サジとヤンシーの論述においては、人種化された身体は見られるもの、さらには前もって決められ、規定された一連の可能性として見られるものである。この論述は、日常生活の只中での彼自身の過度の可視性についてのファノンの次のような考察と共鳴する。「自分に出会うことなしに映画館に行くことは不可能だ。私は自分を待つ。[…]私の前にいる観客たちは私を見つめ、私をうかがい、私を待つ。ニグロのボーイがもうすぐ現われる」[23]。しかし、この可視性ないし過度の可視性は、次のような現象学的な意義ももっている。見るものから見られるものへ、（自分には）不可視なものから（他人たちに）過度に可視的なものへと移行する身体は、初期のメルロ＝ポンティが対象だけにとっておこうとしていたものの入り口までにじり寄っていく。人種化された身体は、先にあげた様々な論述においては、主体から対象へと転じているように見える。

メルロ＝ポンティの初期の著作においてはまだ公言されていた、主体と対象とのこの区別は、幾分かは観点の問題である。例えば、身体とは異なり、対象は「観察可能であるがゆえに、つまり私たちの指先や視線の先にあるがゆえに、私たちの前にある」[24]。これとは反対に、私たちは私たちの身体の前にあるのではないという主張は、それゆえ生きている身体（corps vivants）としての私たちが対象ではなく、むしろ主体であるという根本的な見方を基礎づけるために役立つものである。しかし、当然ながらこれは、ファノンが一つの対象として彼自身を経験したことを記述するに至る際、直ちに異議を唱える見方である。彼の「黒い」身体は、常に見られ、しかも何かとして見られることで、呼吸をし、何かを見て、生きる身体としての自分自身の経験をかき消していく。さらに、それはたんに彼の身体があらかじめ意味を帯びるようになるということではなく、この観点もまた彼に課されているということだ。実際、映画館で彼は彼自身を待ち、彼の「歪められ再び色づけられた」身体が彼に返される[25]。ファノンはたんに見られているわけではない。彼は自分が見られていることを経験し、自分が見られることを予期し、結局のところ、自分が見られていることを見ている。これは、ファノンがサルトルの『ユダヤ人』から借用して（そしてW・E・B・デュボイスにも共鳴して）、時に二重意識と呼ぶものだ[26]。では、自分自身の身体をまなざしの先に見出すと、どうなるのか。しかも、たんに他者のまなざしの先にではなく（これだけでも重大なことだが）、それが覇権的な力をもつがゆえに自分自身の見方に組み込まれてしまい、習慣的な自己の視覚や知覚や動きに取って代わるまなざしの先に見出される場合には。その場合、私たちはある種の対象になってしまうのか。ファノンはそのように考えている。「私は事物に意味を見出そうとして世界に生まれてきた。私の魂は世界の根源に達してみたいという欲求に充ち溢れていた。ところが私は自分が他の対象と変わらない一つの対象であることを見出したのだ[27]」。「対象」という言い回しは、後期のメルロ＝ポンティには問題含みのものとなるため、ここではただ大まかな考察だけを行い、より徹底してきめ細かく論じるのは第四章に先延ばしにしたい。とはいえ、さしあたり重要な点は、メルロ＝ポンティの考えを支える習慣的身体の議論が、ファノンやヤンシーが物語るような経験を十分に説明してくれないということだ。人種化された身体は、頻繁に、人種差別に特有な可視性の機能を通して、自分の身体の前にあることに実際に気づくのだ。

自分の身体の前にあることは、主体－対象関係の課せられた距離を通してであれ、自己の過度に可視的な経験によって課せられた距離を通してであれ、（「まなざしの下に広がる」と「まなざしの先にある」という言い回しがうまくとらえているように）明白に空間的な意味をもつ。自分とのこの空間的距離は、第一章で論じた女性的な身体の運動性に関してヤングが論究したように、身体におけるある種の抑制的ないし自己意識的なあり方や動き方に転じうる。そこでは、文化や社会という一般的なレベルでの女性たちの身体の（視覚的な）対象化が、女の子や女性たちが同時に主体かつ対象であるという矛盾を生きることを意味していた。その結果女の子たちは、ヤングが論じたように、自分の身体の運動性を、志向的な「私はできる」かつ「私はできない」という観点から経験することになる。このことはヤングにとっては、（例えば、ボールを投げようとするときのような）若い女の子たちに観察される貧弱な身体運動や、延び広がる空間を自分自身の身体空間のうちに本意ではない形で組み入れたり、逆にそこに組み入れられたりすることを説明してくれるものだった。もちろん、女性の身体的な振る舞いや空間を介した運動の場合に特有なこともあり、それは必ずしも人種化された身体性の場合にもあてはまるわけではない[28]。けれども、中心的な論点は変わらない。人種差別的な見方の仕組みによって、肌の色や表現型、文化的ないし宗教的な装い（例えばヒジャブ）等といった特有の徴表を通じて前もって印づけられた人種化された身体の可視性が意味するのは、自分自身の身体は常に特別な距離と共に経験されているということだ。

この距離とは、身体イメージと身体図式の関係のうちにだけでなく、身体図式自体の統合のうちにも入り込んでくるものだ。第一章で見たように、身体図式はメルロ＝ポンティの論述では、身体に「特有な法則」という形で機能し、身体的な経験を秩序づけたり構成したりしている。[29] それは身体的な習慣、傾向性、運動能力を集めて、身体的な運動を支える層をなす。だとしたら、身体図式には、流動性と身体図式のうちで秩序づけられた努力の感覚が、人種化の経験においては断片化されてしまう「空間的・時間的統一性[30]」がある。身体図式が志向的（ないし意識的）な身体活動を秩序づけ支えるものであるとすれば、人種差別と人種化の経験はこの秩序づけに割って入り、身体の経験の流動性をこわばらせる。例えば、ヤンシーは、黒人に対する人種差別に関して次のように書いている。「人を分相応の場所に戻そうとどんな所でも待ち構えている白人のまなざしのせいで、人はあたかも勝手に負わされた重荷を引きずるかのように、ゆっくりと世界のなかを移動し始める。それは努力を要する運動性の一形態である［…］。反黒人的な世界のうちでは、努力せずに得られる恩寵など排除されているのだ[31]」。注目すべきことに、この「重さ」の感覚は、「私はゆっくりと世界に登場する。躍り出ることは諦めきって。私は這って進む[32]」と書いていたファノンの先立つ考察と共鳴するものだ。

このことの理由の一端は、主体－対象の区別が崩れ始めていることにある。生きられた身体についてのメルロ＝ポンティの論述とは異なり、人種化は「こちら側」からかつ「あちら側」から自分自身を経験することを伴うからだ。（時としてファノンも含む）何人かの論者にとってこの状況は「対象化」

という言い回しで表現されてきたが、私はその状況がより一層複雑なものだと主張する。自分の「前に」あるという感覚は、自己が場所から完全に退去させられること〔dis-placement〕と等しいとは言い難く、むしろ空間的な断片化〔fragmentation〕、つまり人がここにもそこにもあり、しかもそのように構成された観点をもたされるような断片化をなす。それは、人が「現実の」自己ないし「本物の」自己からたんに引き離されたり、切り離されたりするということではなく（たとえ、私たちが自分の認識している自己から引き離されるとしても）、むしろ人種化された身体として、人が自己に対する複数の関係と複数の観点に立つことになり、身体図式の空間的な結束が分裂させられてしまうのだ。黒人男性の身体という特殊な事例では、その過度の可視性がたいていの場合、危険や暴力の連想と結びついており、空間性についての彼らの身体感覚は、こうした断片化を反映するようになることがある。エレベーターの事例について、ヤンシーは次のように述べている。

私の動きはぎこちなくなり、その状態であり続ける。私はあえて、急に動かないようにする。エレベーターの中の空間の（私が独りで立っているときの）見かけ上の人種的中立性は、価値に関わる空間、白人の規範性に満ちた空間となる。シャノン・サリヴァンなら、私はもはや「空間性への身体的権限をもつ者」としてエレベーターという空間に住み込むことがない、と言うだろう。閉じ込められたと私は感じる。エレベーターの中では、私はもはや身体の拡がりを感じることはなく、身体が束縛され制限されていると感じる。それから私は計算し始め、ほとんど神経症的な注意を私の身体運動に向け、この「黒い対象」、いまや付属物や重荷のように感じるものが、相手に近づきすぎていないか、背が高すぎないか、脅威を感じさせていないかを確かめるのだ。[33]

しかし、人種化の経験には、この空間的領域に加えて、重要な時間的次元が存在する。自分の身体の「前方」(devant)にあることについて語ることができるのと同様、自分の身体「以前」(avant)にあることについても語りうるからだ。これは何を意味するのか。ヴェールを纏ったムスリム女性が前もって「抑圧された」女性として規定されることに関するアル゠サジの論述のなかで、彼女が記述しているのは、こうした女性たちが実際に知られる以前に、知っているとみなされてしまう点である。彼女たちはたんに「過剰に規定されている」だけでなく、また「前もって規定されている」、つまり彼女たち自身よりも先に、彼女たちと本当に出会ってみたらわかるであろう事柄に先立って、彼女たちが見てもらいたいような自分たちのありように先立って、規定されてしまうのだ。二〇一六年初頭イギリスのランカシャー州の一〇歳の少年の事例で、これと同種のことが繰り広げられるのを目にした。この少年が宿題で自分が「テラスハウス」に住んでいるというつづりを間違って「テロリストハウス」に住んでいると書いたとき、彼の小学校から警察に通報され、事情聴取を受けたのだ[34]。この逸話はわずか一か月前にアメリカでおき、広く知られることになったアフメド・モハメドの事例を思い起こさせる。一四歳だったアフメド少年の作った時計が、彼の通うテキサス高校の教師から爆弾だと思われて、警察に逮捕されてしまったというものだ[35]。二人が幼かったにもかかわらず(白人の身体の場合、幼さは通常「潔白さ」を示すのに)、この少年たちのムスリムの身体によって前もって彼らは「テロリストかもしれない者」として規定されてしまったのだ。これらの事例ほど物議を醸さない形ではあっても、私がパリの近所(中国人女性たちの売春でも有名になってしまった区域[36])を歩行中に「ニーハオ!」とひっきりなしに声をかけられたときには、私の振る舞い方や自分の見せ方とは無関係に、私の身体はある種の手に入れやすさと従順さを帯びている。ファノンが用いて、ヤンシーも共鳴する実存主義的な言葉を用いれば、「白人性の観点からすると私は、実存主義の思想信条とは対照的に、私の実存に先立つ本質（「黒人性」）である」[37]というヤンシーの主張とこうした遭遇は符合する。この引用でヤンシーは、「実存は本質に先立つ」という実存主義の規準を逆さまにし、人種化された人にとっての経験が、自己の身体の総合における時間的な自己と空間的な自己の同時的な発生であるというようなことは全くないという事実を指摘している。

しかし、人種化された身体が自己に先立って現れると言うことは、別の言い方では、人が「あまりにも遅く」やって来るとも言うことができる。つまり、「人が自己に先立って規定されている」と言うときに（「人」か「自己」か）どちらの観点をとるかに応じて、人種化された身体は早すぎもするし、遅すぎもするのだ。人は、前もって規定されている者としては、自分の本来のあり方かもしれないものよりも早すぎるが、同時に人は、この前もっての規定よりも遅すぎるのだ。しかし、アル＝サジが「遅すぎる――人種化された時間と過去の閉鎖」という論考で示しているように、ファノンが用いたような遅さという言い回しはまた、人種化された身体がたんに、その人たちのためにあらかじめ彫り出された数々のアイデンティティに対してだけでなく、行為の可能性や創造性に対してもまた「遅すぎる」のはどうしてかを見て取るのを助けてくれる点で有益である。

時としてファノンは、すでに定められている構造化された可能性を取り上げ、他者によって踏み固められた通路に沿ってそうした可能性の実現を（白人の世界のなかで黒人の身体にそのことが許される程度には）成し遂げることもできたかもしれないが、彼はそうした可能性が変化を許容し、異なる仕方でやり遂げられうるものだとはみなしていない。可能性の構造が許容するのは反復であって、創造や変化ではない。それは完結した地図なのだ。このことが最終的に意味していると思われるのは、ファノンの論述において可能性が私のものとして心から感じられることはないということだ(38)。

「遅すぎる」ことや自分の「後ろに」あることは、アイデンティティと自己呈示のみに関わることではなく、人が世界や他者たちとどのような関係を取り結びうるかという問題でもある。例えば、遅さという言い回しは、人種差別が構造化される際に過去が果たす明白な役割を考察することを可能にしてくれる。アル＝サジが論じているように、被植民者たちにとって歴史は常に、戯画化され閉じられた過去という形で現在化される。このことは、二重の機能を果たしており、一方で被植民者の身体を様々なステレオタイプに紐づけて、それを口実に植民地主義を保護者《パターナリスティック》のような立場から正当化するとともに、他方で、白人にとって過去との開かれた関係であるもの——そこで歴史が繰り返し取り上げられ、活性化し直され、解釈し直され、書き直されもする——を閉ざしてしまう。白人の主体性が変化に開かれ、未来志向的であるのに対して、被植民者の主体性は、閉ざされた過去の計画となる。アル＝サジによれば、このことの重大な帰結は、行為者性や〔歴史の〕書き手に関する明白な問題に加えて、同時代に生きていながら、より本来的な共生や共存在の土台を打ち立ててくれるような、時間性を共有する経験が欠如しているという点にある。

実際、この他者は常にファノンより先におり、未来に向かっており、そのためファノンは彼／彼女に追いつくことができない。このことは、ファノンを出遅れた者として位置づけるが、より重要な含意としては、他者とのこの出会いがやり損なった出会いになってしまい、相互性が打ち立てられていく土台となるような生きられた現在のうちでの共存が成立していないということだ[39]。

人種化の「特別でない」性格

そのため人種化された人の生きられた経験には、身体図式のレベルでの空間的かつ時間的な断片化があることになる。この断片化が身体図式のレベルで生じるということは、こうした分裂が特別でないときにも頻繁に経験されるという事実によって裏うちされる（ここで私は「特別でない［non-event］」という言葉を、専門的な仕方ではなく、「何の変哲もない」とか「どうということのない」と近い意味で用いる）。先に検討した様々な事例において注目すべきことは、身体的で実存的なストレスの引き金となる人種差別的な契機の多くが、電車に乗っているとき（ファノン）や通りを歩いているとき（ヤンシー）、毎週の食料品店での買い物（筆者）等々といった、通常なら人種が問題となることがまずない、日常的な外出時に生じているということだ（もちろん人種化は、「イベント」の際にも起きることがある。例えば、ヴェールを纏う女性たちがヒジャブについての政治討論に加わると、彼女たちは必ずヴェールを纏う女性としてのアイデンティティに縛られることになるが、その逆のことはムスリムではないコメンテーターについてはあてはまらず、その人たちは「公平性」の尺度を引き受けることができるのだ）。とはいえ、私がここでイベント以外での人種差別との遭遇の多くがもつ特別でない性格に力点をおくのは、人種があらかじめ明示的に主題化されているわけではない状況においても、人種化する図式が前意識的、前反省的なレベルですでに現前しており、実際にすでに作動している点を強調するためである。ファノン自身が言明しているように、「私としては身体図式の下に歴史的・人種的図式を下書きしていた[40]」。人種差別と人種化はこのような特別でない形でとてもよく生じる。このことが意味するのは、第一章で論じたようにそれらが身体的な習慣や知覚のレベルで実行されるということだけでなく、それらが身体図式のレベルで経験されるということであり、そのため、日常生活が予告なく中断されるたびに、それ以外では主題化されることも異議を唱えられることもない自分自身の身体感覚が再び疑問視されるようになるということだ。

この〈特別でなさ〉は、身体図式においてどのような意義をもつのか。人種化が潜伏しているものであるため、朝バゲットを買いに出るとき、私は自分の身体や自己を「アジア人」として、さらには「何もの」かとして経験することはないかもしれないが、私はこうした人種化をいつでも被りうるものとして私の身体を現に経験している。個人的で集団的な経験のせいで私は、自らの非白人の人種的アイデンティティが、予想せぬどんな時でも程度の差はあれ問題となりうる可能性に備えて準備をしてきた。こうした可能性は人種化された人の身体図式を様々な形でいつまでも印づける。第一に、人種化された身体図式は、安定した定式化ないし十分に安定した定式化を欠いたものだ（「十分に」を強調するのは、変化しない身体図式を理想的なものとして前提とはしていないからだ）。人種化された身体は、定期的に、極めて平凡な活動のなかでさえ問題視されることで、溶解や解体の瀬戸際で絶え間なく揺らいでいる。「待って。これが私なのか。これが私のすべてなのか。歩道を渡るときでさえ、他の何にもまして私はまず「これ」（アジア人／黒人／ムスリム）なのか」。人種化された身体図式は、定期的だが予測しえない人種化の瞬間に備えて、絶え間なく強制的に開かれている。通りを歩いているときに「おい、中国人」といつ呼びかけられるかには予兆がないが、それがいつかは起こるということには確信がある。というのも、それが起こってもまったくの予想外ということはないからだ。エルトリア出身のイギリス人男性メハリー・ヤメン＝テスフェジオージスはローマで、白人女性の乗客が「彼と一緒に乗っていると安心できない」[41]という理由で飛行機から降ろされたが、「驚かれたでしょう」というインタビュアーの問いかけに対して次のように答えた。「あなたに正直に言いますと、あなたがローマに行ったことがあるかはわからないのですが、私は驚かなかったんです。がっかりしたし、怒りも感じたし、今も感じています。でも、ものすごく正直に言うとすれば、ほんの少しも驚かなかったんです」[42]。

ファノンは確信と不確かさの間の相互作用を強調することで、人種差別の避けがたさについてのこうした実感を次のように記述している。

現実の世界が私たちの持ち分さえ脅かしていた。白人の世界においては、有色の人々は自分の身体図式を発展させるのに多大の困難に出会う。身体の認識はひとえに否定的な作業である。それは三人称での認識だ。身体の周囲一面を確実な不確かさの雰囲気が覆っている。[43]

確実な不確かさというこの等式において確かなのは、人種差別の現実である。何世紀にもわたる人種差別と植民地主義の遺産が、私たちの暮らしむきのなかで最も万国共通のものさえをも形づくり、構造化し続けているのだ。そのとき不確かさは、いつどこでいかにといった個々の具体的な場面に関わるものであり、つまり人種差別がどんな表現をいつとるかということが不確かなのだ。こうした点に鑑みると、人種化された身体図式は本質的な不安定性を孕むものである。自己についての主張が絶えず異議を唱えられたり、取り調べを受けたり、否定されたりするがゆえに、身体図式は「確実な不確かさ」の状態に陥ってしまうのだ。

このことは、ヤンシーが提起していた実存的ストレスや苦悶という先述の問いに私たちを立ち戻らせるが、また『黒い皮膚・白い仮面』や『地に呪われたる者』においてファノンが被植民者たちの神経症を一覧化した際に考察された、ある種の知覚的なパラノイアにも立ち戻らせる。しかしこのことは、人種化された身体はどれも、知覚的にパラノイア的であるとか、戦争や植民地化という極端な事例のもとでファノンが記述している神経症を実際に患うということを言っているのではない。ここでは、人種化された身体を病理化することがないように注意しなければならない。私の主張はむしろ、人種差別の経験の深刻さと遍在性が一種の実存的な不安定性に至りうるというものだ。自分の身体図式を本質的に不安定なものないし、いつでも「不安定になりうる」ものとして経験するとき、人種化された身体はこうしたほころびの契機にたんに慣れるようになるだけでなく、それを実際に予期する。見知らぬ人が好奇心から目を見開くとき、人は「例の会話」（例えば、仏語で「あなたはオーストラリアから来たのですか。でも、元々は？」、英語で「でもどちらのご出身なのですか」）が始まるのを予期するだろう。あるいは、黒人男性の場合、視界の隅に入ったショルダーバッグのかすかな震えが「またあの動きだ」と思わせるだろう。つまり、人種化された身体は、人種差別に関する共通の経験のせいで、こうしたことが生じるのを予期したり、「警戒」したりすることを学ぶ。このことは、ヤンシーの「エレベーター効果」についての前章での議論を跡づけるが、そこで私が論じたのは、人種化された人々が人種差別の発生を「過剰に」同定[44]してしまうとしても、それは政治的には理解できるし擁護できるということだ。この点にさらに次のことを付け加えることができる。こうした「過剰な」同定は、人の経験がこうした遭遇と絡み合ったものである限りで、意味をなすものでもある。他人による人種化された知覚や応答によって常に印づけられるという経験が身体図式のうちに組み込まれると、その人は頻繁に生じる経験に基づいて、このアイデンティティが再び疑問視されることを予期するようになる。「過剰な」同定と呼ばれるものは、人種差別と人種化の経験およびそれが身体図式にもたらす影響についてより深く理解されることなく、しばしば病的なものとみなされる（「あなたにとっては何もかもがいつも人種に関連することになってしまう」）。しかし、身体の内奥での人種差別の働きという観点から見ると、人種化された身体がたんに人種差別をより同定しやすい立場にあるだけでなく、人種差別を糾弾することによりかかずらねばならない理由もよりよく理解できるようになる。さらに、予期に関する問題は、人種差別を予期し身を守ろうとするとき、人は存分に現在を生きることがなく、自己と状況に常に先立っている（失望が志向的存在者の未来志向性から遠ざけてしまうのと似てはいるが異なる仕方で）という時間性の議論にも私たちを立ち戻らせる。

　断片化と不安定性をもつ人種化された身体図式を強調してきたが、それに加えて身体的な適応と振る舞いの問題もまた存在する。先に論じたように、自分を人種化してくる投影や人種差別的な仕草を予期するとともに受け流すために、さらにはそれに応答するために、人種化された身体が身体的な仕草や態勢や表現を適応させるという負担を負うなら、このことは身体図式のレベルでも、準備作業という形で生じているはずだ。人種化のたいていは平凡な性質ゆえに、こうした類の人種化してくる介入を頻繁に経験する人々は、特別でないときでも身体的な振る舞いに応じたり、それを予期したり、適応したりすることに熟達していくよう学習しなければならない。パリの毎週の市場での私の事例のように十分な応答をしない場合でも、身体が我に帰りこうした割り込みに直面し続ける点で適応がなされている。もちろん、目下の議論の対象が「対処」であるなら、これは（ハイデガーとメルロ＝ポンティ双方に影響を受けた）ドレイファスのような思想家たちが論じてきたように、人間の卓越した技法である。[45] そして実際この意味では、対処は人種化された身体に特有な技法ではなく、私たちの創造性や自発性に本質的な徴として、あらゆる身体図式に開かれたものである。にもかかわらず、（予見不能性という、より一般的な人間の条件とは対照的に）抑圧的な諸関係によって課せられる社会的で歴史的な諸慣行のせいで、（女性や目に見える障害をもつ人々のような）特定の集団のメンバーは、こうした対処法を自らの行動様式に組み入れるよう実際に学んでいるという別の重要な意味も存在するのだ。

　これまで考察してきた類いの身体図式の断片化は、その空間的・時間的次元と、その特別でない性格と相まって、人種化という経験がどれほど深くにまで入り込んでいるのかに関する包括的な感覚を与えるものだ。それらはとりわけ、「身体的な図式〔corporeal schema〕」（この場合は運動志向性に関連した身体図式のより狭い意味）の発達に関しては「歴史的人種的図式」が優位にあるとするファノンの主張に重みを与える。人種化された人が、別の場合には「標準的な」身体図式からの、こうした身体図式レベルでの逸脱を経験するからというわけではない。むしろ、こうした断片化の諸経験が織り込まれる形で（運動に関わる身体図式も含む）全体の発達がなされるからだ。ここでより重大な点は、あらゆる社会的な状況づけがたんに徴を残すだけでなく、身体図式を能動的に形成しているということである。この点は、ヤングによる女性的な身体の運動性の分析によって裏づけられる。というのも、その分析でも、女の子たちが「女性」らしい動き方を学ぶ以前にまず「標準的な」身体図式を経るというよりは、むしろ彼女たちの身体図式の発達そのものがすでに家父長的な社会の経験の構造化によって形成され、家父長制の働きが女性的な身体図式の構成を助長しているとされるからだ。とはいえ、ファノンの分析における優先順位というより繊細な問題については、習慣的な表象について示した分析と呼応する形で、彼の順位づけの代わりにより循環的な関係を提案したい。つまり、人種化された習慣的な知覚が人種差別的な表象から情報を得ると同時に、そうした知覚を記録し直すことで実演するのと同様に、歴史的人種的図式と（狭い意味での）「身体的な図式」もまた互いに再強化し合い、再記録し合うこうした関係をもつのだ。私が論じるように、どちらが原初的ということはなく、二つが共に互いを構成し合っているのだ。

回復力と人種化された身体の病理化

ここで私は、こうした身体的な断片化に直面した際の柔軟性や回復力《レジリエンス》という性質についても、いくらかの考察を付け加えておきたい。身体図式のレベルでの人種化の経験について私が議論してきたことに対して生じうる問いは、次のようなものだ。人種化された人々はこのようにして自らの身体を、力を奪われたり弱体化されたりした形で経験するということになるのだろうか。人種化された人々の経験において身体図式が断片化（さらには崩壊）してしまうという主張は、人種化された人々が現に生き、動き、笑い、愛しているという事実――換言すると、日常生活において文字通り断片化された存在として現れるわけではないという事実――といかに両立し、それを考慮したうえでどのように正当化されうるのだろうか。言いかえるなら、こうした断片化を強調することは、人種化された人々とその身体を病理化しかねないのではないか。こうした一連の問いに対して可能な応答はいくつかある。もしファノンやヤンシー、『クィア現象学』でのサラ・アーメッドや他の論者によってなされた論述に従うなら、人種化によって断片化され自分自身の身体から疎外されることが、不安やストレスや苦悶という特徴をもつ経験をなすという実感があることを見出すはずだ。[46] とりわけファノンの作品は、植民地における人種差別的な経験によって引き起こされた神経症を調べ上げている。こうした主張を支持するために、収監、精神疾患、身体の健康問題、総体的な不幸の不均衡な割合を持ち出すこともできよう。言いかえるなら、私が考察してきたこの身体図式の断片化によって有色の人々の生活が厳しいものとなり、傷つけられている現実的でゆゆしい点があり、この現実を洗い流したり、矮小化したりしないようにすることが重要である。

他方、このような経験を病理化する危険性を心に留めるとしても、それは人種化された人々が対処していないと言うことにはならない。身体図式が断片化してしまうという主張は、自己がまったく崩壊するといったことを意味するとは限らない。ドレイファスとの関連で先に述べたように、思いがけず介入してきて不快でさえある経験に対処する能力は、このような諸反論のうちで軽視される重要な性質の一つである。とりわけ、奴隷制や植民地化や他の形の体系的な人種差別的暴力の歴史を見てみると、これらの歴史にはしばしば、回復や抵抗や創造性にまつわる物語がつきものであることがわかる。そうした物語は、芸術や政治的組織化などによって生み出された空間で織りなされていく。だとしたら、身体図式の断片化が常に、貧弱な運動や貧弱な社会的やり取りのように目に見える形で現れることになると予想するなら、人種的な他者性の病理化をもう一つの道を通って刻み直すことになる。しかし、重要なのは、こうした対処と回復という尺度が、人種差別や人種化によるそれでもなお深い身体的経験や、それらに対処し応答するために費やされた努力を「覆い隠し」はしないということだ。二つの考え方を同時に保持して、人種差別的な社会を背景に人種化された数々の身体のうちに現れる不安やストレスや苦悶といった、まさしく現実的で正当な経験を正しく評価するとともに、こうした状況のなかに位置する人々の創造性や回復力を認めなければならない。まさにこのために、ファノンの『黒い皮膚・白い仮面』は実演的なテキストである。『黒い皮膚・白い仮面』はフランスの植民地下（およびフランス語圏の世界）の黒人男性として被る不安をむき出しにするとともに、このテキストそのものがこの語りを通して大きな実演的かつ建設的な効果をもたらすものだからだ。この点で、ファノンの洞察力あふれる現象学的で精神分析的な分析に目を向けるとともに、人種化された人々がこうした異議申し立てに直面した際、自らの人生を意味あるものにし、こうした人生をわがものとするために、どのようにすれば自らの経験と折り合いをつけることができるのかも見ていくことにしよう。

空間と場所における人種化された身体

人種差別に対処し、応答する身体的作業、実存的ストレスの経験、身体図式の空間的かつ時間的な断片化についての考察をこれまで行ってきたが、人種差別と人種化の身体的経験についての分析を締めくくるために、人の社会的空間における、社会的空間についての身体的経験へと簡単に目を向けてみることを提案したい。私はここまで、人種化された身体が人種差別的で人種化する諸慣習の結果として自分自身を経験する仕方（もちろん、それは人種化された身体が歴史的・社会的世界の内で状況づけられることの機能の一つである）に関心を寄せてきたが、この身体的経験の一部はまた、人が世界との関連で自らの身体をどのように取り上げるかという問題でもある――結局のところ、『知覚の現象学』でのメルロ＝ポンティによる身体論は常に、その空間的ないし場所的な環境の内に状況づけられており、そうした環境とやり取りしている身体についての論述である。「私は空間と時間の中にいるのでないし、空間と時間を思考するのでもない。むしろ私は、空間と時間に属している。身体は空間と時間に自らを合わせ、それらを包摂する」（引用者による強調）とメルロ＝ポンティは述べている。[47]では、人種差別と人種化の経験は、周囲環境との関わり方にどのような影響を及ぼすのだろうか。人種化された身体は、（身体図式と関連する）空間だけでなく、場所をどのように経験するのだろうか。[48] 人種差別と人種化が特別でないときに（そのときだけとは限らないが）しばしば生じる仕方に先に注目したが、それらがたいていは（通り、空港、電車内、店といった）公共的な場所を通る移動中に生じるものでもあるという点に注目することもまた重要だ。例えばオーストラリアでは、西シドニー大学の研究者たちによる「人種差別に反対する」という企画によれば、人種差別的な事件の約四〇％が公共空間で生じ、とりわけ公共交通機関で顕著に生じている。[49] このようになっているということが、私の見るところでは、重要である。移動中の――共同の空間や場所を占め、そこに住み込む――人種化された身体の一体何が、それほどに気に障《さわ》り、人種差別を誘発するのか。[50] そしてそれは、社会的な空間と場所の所有権についての暗黙裡の要求、およびその要求によって促進される〔空間と場所の〕所属のありようについて、何を意味することになるのか。

オーストラリアのノーザンテリトリーには、ダーウィン市という、人種関係の長く緊張に満ちた歴史をもつ小さな熱帯の都市がある。連邦直轄地（それゆえ連邦政府の管轄下にある）という政治的な地位のせいもあって、ノーザンテリトリーの先住民は歴史的に、過剰な取り締まり、蔓延する貧困等々のよくある問題は言うまでもなく、物議をかもす多くの政策の支配下にあり続けた。こうした文脈から、ドーン・アダムズが店に行った際の次のような逸話が生まれた。

こんにちは、私の名前はドーン・アダムズです。〔ノーザンテリトリー内のアボリジニの〕バゴットコミュニティから来た、バゴットの有力なリーダーの一人です。もともとはティウィ諸島出身ですが、ダーウィンに引っ越し、人生のほぼすべてをここで過ごしてきました。ある日、一〇時位に娘がナイトクリフ・ショッピングセンターに行きたがったんです。それで私と従姉妹——彼女もここに住んでいるんですが——で、ナイトクリフのベンチに座っていたら、〔アボリジニの〕二人の女性が来たので、私は「こっち来て、座っておしゃべりして、地元でどんなことがあったか教えて」って聞いたんです。そしたら、突然、二人の警官がやって来て、何があったのかと尋ねもしないで言ったんです。「あんたら群れて何してるんだ？　あんたらは立ち去ったほうがいいと思うぞ」って。あまりいい気はしないですよね、私たちは何か悪いことをしたわけではなく、たんに座って世間話をして、地元のおしゃべりをしていただけなんですから。同郷の人たちに会えたのは数か月ぶりだったので、彼女たちと会ってティウィ諸島の故郷ではどうなっているのかを聞けて単純に嬉しかったんです。なのに、本当に侮辱されていると思ったんです、警官の「あんたら」という言い方が。お酒も飲んでいません、生まれてから一度も飲んだことはないんです。警官の言い方は、南アフリカにいるみたいで、どけよと言われているような感じでした。それで突如として、怒りがこみあげてきて……、ついには心底腹が立ちました〔…〕。だって私たちにはショッピングセンターのそこに座る権利があるでしょう。そのために椅子はあるんですから！〔…〕私はそんなに出歩きませんし、ショッピングセンターに行くのも好きじゃないんです。〔スーパーマーケットの〕ウールワースに買い物をしに行って家に戻る、それくらいです。だって叱られるのは嫌でしょう。それにこんな目にあうのが怖いんです[51]。

ドーンの話は、不穏なものであるとはいえ、ダーウィンでは、さらに世界の多くの地域でも、決して例外的な出来事ではない。しかし彼女の遭遇が語っているのは、オーストラリアの「上端《トップエンド》」〔ノーザンテリトリー北部の通称）でのアボリジニや先住民の人々の日常生活を写し取る豊かなスナップ写真であり、ここまで考察してきたいくつもの主題と関連している。地元のスーパーマーケットに娘と向かっているときに、即席の家族の近況報告会になってしまったわけだが、そこでドーンのアボリジニ性が彼女を煩わせる問題となって、ショッピングセンターの公共を装った空間から立ち退きを迫られるのだ。ここでは、たんに警官の習慣化した人種化された知覚（ドーンと彼女の家族を公共の迷惑や潜在的な脅威として彼らが見ること）が問題となっているだけでなく、ドーンが警官の規範的な白人のまなざしを通して彼女自身を見ているのがわかる。「お酒も飲んでいません、生まれてから一度も飲んだことはないんです」という彼女の説明は、現実に何が起こっているのか、自分がどのように知覚されているのかを彼女が即座に理解していることを伝えている。警官は立ち去るよう彼女の家族に告げるとき、アボリジニ性や酔っぱらいについての習慣的な知覚についておおっぴらに語ったり具体的に語ったりする必要がない。ドーンの語りの内にはまた、彼女にとって情動的な経験がいかなるものであるか、それが引き起こすいらだち、怒り、失望といった感覚も垣間見える。[52] 最後に、時間的な断片化についての本書の分析を思い出そう。オーストラリアのノーザンテリトリーのティウィ諸島出身者として、ドーンは公衆の面前で酔っぱらい、迷惑をかけ、怠惰であるという、アボリジニ性についての使い古された語られ方によって前もって圧迫されているとともに、彼女がどのような形で姿を現わしているにせよ、彼女の現前はこういった語られ方に対して常に「遅すぎる」のだ。先の分析に従うと、ドーンは早すぎるし同時に遅すぎる。早すぎるというのは、彼女に対する「酔っぱらいで怠惰で厄介な」という事前規定が常に彼女に先立つ形で現場に到着してしまっている点においてであり、遅すぎるというのはこの前もっての規定に対してである。

公共空間という舞台で繰り広げられ、この「公共性」によって形作られるこうした語られ方はすべて——「アボリジニ性と酔っぱらい」という語られ方は、それが公共の場で生じる限りでのみ懸念となる——、そのような数々の場所と彼女が結ぶ身体的関係となる。ドーンの身体のような人種化された身体は、社交的な集まりを目的とした空間や場所への対等な所有権を主張することがない。「問題がある」と解釈された身体は、このような場所に至ったり、それを経由したりする際、差別的な取り締まり、社会的抑圧、経済的な形での排除手段（ドーンの話が商取引の中心地で生じたことに注意しよう[53]）のいずれを介するにせよ、より緊張に満ちた道を通ることになる。人種化された身体——そしてとりわけ黒人の身体——がはるかに不安の多い形で公共空間を通っているということは、ドーンや（先に述べた）メハリーのような話のなかで繰り返し強調されることだ。このような身体は、反黒人的な世界の中を、それを通って移動しようとする際に数々の障害に見舞われる。そこでは、サラ・アーメッドの用語を引き合いに出すなら、身体が「停止させられ」、「減速させられる[54]」。異なる政治的な文脈から書かれているとはいえ、ヤンシーの以下の文章もまた、この点に強く共鳴するものである。「アメリカにおける黒人の身体は、その表面と、狭量で誤ったステレオタイプに縮減され続け、こうしたステレオタイプのせいで黒人の身体には、白人たちをくつろがせてあげるように社会的空間を移動することがしばしば強いられている。私たちは自分の黒い身体が非難を招くことを恐れているのだ[55]」。

この中断された運動に加えて、ドーンとメハリーの話から明らかになるのは、人種化と人種差別の経験が、どのようにして性向や欲求というレベルで人の身体的な傾向性を変化させてしまいうるかということだ。言いかえると、人種差別のせいで、自分が遭遇するかもしれない経験を考慮に入れ、人が自分の周囲環境とどんな関係を取り結ぶよう欲するのかが変化してしまうことがあるのだ。実際、人種差別とおそらくはそれに関連する数多くの出来事の結果、ドーンは彼女自身の行動を変えている。「私はそんなに出歩きませんし、ショッピングセンターに行くのも好きじゃないんです。〔スーパーマーケットの〕ウールワースに買い物をしに行って家に戻る、それくらいです」。社会的空間内の移動は、ドーンにとっては、〔目的をよりよく達成できるか否かという〕機能性の問題に切り詰められ、生きるために必要な基本的なものを満たす必要がある範囲では耐えられるが、それ以上は耐えられないものだ。社会的空間は彼女には歓迎される場所ではないので、彼女はそこから身を退いてしまう。ブレント・ステープルズも「ヴィヴァルディを口笛で」の話のなかで次のように述べるとき、幾分かはこうした感情を繰り返している。「私は人を避けるようになった。尾行されていると思われないように、適当な場所で脇道に曲がった」[56]。ドーンやステープルズのような反応は、反黒人的な世界には「行ってはいけないと学ぶ場所、立ち入ってはいけない場所がある」[57]というヤンシーの主張と共鳴するものである。ドーンにとって、ショッピングセンターの空間は、他の公共の場所の大多数と同様、中立的ではなく、むしろ価値を帯びた空間をなす。それは、彼女の身体が「人目につき」、より注意深く「監視される〔surveillé〕」空間であり、したがって身体の空間的かつ時間的な断片化がより強く経験される空間である。こうした経験の情動的な次元を、身体的適応の負担や「作業」と共に考慮に入れるなら、なぜドーンが身を退くことを「選択」し、なぜブレントが散歩中に回り道をすることを「選択」したのかを理解することができるようになる（ただし、「選択する」という言葉を厳密ではない形で用いている）。しかしながら、このことは、私たちの身体は空間の中にあるのではなく、空間に住み込むというメルロ＝ポンティの主張とはかけ離れたものだ。ドーンとブレントは空間を自分のものとして、つまり自分が存在し活動する領野として取り上げることがない点で、空間（ここでは、社会的な空間と場所も含める）に住み込むことがない。しかし、存在、および共存在が常に場所や他者たちの間で繰り広げられるものである限りで、このことはより広い社会的・政治的・倫理的含意をもつ。例えば、このことは、真の社会的・政治的参加の可能性について何を意味するのか。もし人種化された身体がこうした共有のものとされている空間においてくつろぎや居心地の良さを感じないなら、このことは政治的な場や経済的な場にどのように反映されるのか。これらは、白人の身体性についての考察へと移る以下の議論でも、心に留めておくべき問題である。

第二節　白人の身体性と存在論的な膨張性

人種化された身体性の際立った特徴のいくつかをこれまで検討してきたが、次に問うべきは、白人性の生きられた経験とはどのようなものなのかであろう。私が論じてきたように、人種化の生きられた経験が、作業、実存的ストレス、空間的かつ時間的な断片化によって特徴づけられるものなら、白人性の身体的な経験は、こうした前述の説明とはどのような対照をなすのだろうか。白人の身体性は、たんに人種化された身体性を反転したもの、あるいは人種化された身体性がそれに照らして貧弱なものと評価されることになるモデルにすぎないのか。批判的人種理論の分野でも、白人の身体性という主題は頻繁に取り上げられるものではない。結局のところ、そこに何か語るべきものがあるのか。ファノンやヤンシーのような人々によって提示されてきた息を飲む語りとは対照的に、白人の身体が移動し、住まい、自分自身の身体を経験する仕方に関して注目すべきことはほとんどないように見える。

しかし、当然ながらこのことがまさに問題なのだ。白人性の身体的経験には、それが意識的に経験されたり、問題化されたりしないがゆえに注目されていないことが多々ある。にもかかわらず、こうした滅多に気づかれず注目もされない身体運動と生きられた空間感覚は、人種差別の様々な働きや、人種化された身体と白人の身体の身体図式の格差を明白に示すものである。本章の第二節では、私はシャノン・サリヴァン『白人性を暴く――人種的特権の無意識的な習慣』を参照して、白人の身体性という問題を取り上げる。とりわけ私の関心は、白人の身体性の「存在論的な膨張性」についての彼女の記述が、人種化された身体性についての本書のこれまでの分析とどのような形で際立った対照をなすのかという点にある。とはいえ、まずは以下の話から始めたい。

ニューヨークの夏に典型的なじめじめした暑い夜、友人と私はイースト・ヴィレッジの臨時ヨガ教室から抜け出してきた。肌に触れる穏やかなそよ風と開放感は、歩き回る私たちに一息つかせるものだった。一番街は活気に満ちており、通りには友人同士のおしゃべりにあふれ、レストランの窓が色とりどりの照明で光って夜を照らし、時おり、救急車が通り過ぎて行った。友人が乗るバスの停留所に着いて彼女とバスを待つ間、私たちは明日確実に私たちを目覚めさせることになるあの痛みに思いをめぐらしていた。会話の最中に、一台のタクシーが私たちの目の前で不意に止まって運転手が飛び出して乗客のドアに向かったため、私たちの注意はやや逸らされた。運転手と乗客の声が大きくなり、激しい口論となったため、他の利用客たちも会話をやめ始めた。二人が口論している間、タクシー運転手――年配の南アジア系の男性――は、乗客のハンドバッグをつかみ、乗客――若い白人女性――は彼と取っ組み合いになっているのがわかった。私と友人のどちらも口論の内容を理解しきれないなか、「ピシャッ」という音が聞こえ、運転手が地面に倒れた。彼はゆっくりと起き上がって、縁石にうずくまり、顔をおさえて静かに体を揺らしていた。彼の眼鏡は三メートル先の地面に転がっていた。女性はほんの少しまごついたが、立ったままであった。呆気にとられた一瞬の合間から目覚めたかのように、周囲の人々が急いで行動を起こし始めた。何人かは女性を非難し始めた。私の隣にいた白人男性は（運転手に素早く確認した後で）警察に通報した。女性は再び運転手のもとへ歩いていき――彼は地べたで彼女のハンドバッグをもってしっかりと握っていたため――それを取り返そうとし始めたが徒労に終わった。私たちのうち数人が二人の間に入ったため、女性は後ずさりしたがわめき続け、運転手の男性もそれに応戦した。どうやら彼女はタクシー代を支払うのを拒んで立ち去ろうとしたため、運転手が彼女を制止しに行ったようだ。路上に座り込んだ運転手との間での口論も時おり小康状態を迎えたが、女性の勢いが弱まることはなく、先のとがったヒールを見せて、彼を蹴りに行くぞと大声で脅していた。もちろん彼女はできなかった――彼女を止めようとしている人があまりにも多くいたため――が、厚かましい態度は変わらなかった。いまや若干酔っぱらっていることがわかった彼女は、彼女のバッグを求めて近づいたり離れたりしている。通報中の男性は彼女の脅し文句を警察に知らせたが、それを聞いた彼女は次のように応じた。「構うもんか、警察を呼んで。（運転手を指さして）あいつを強制送還にしてやるよ。インドに帰りゃいいんだ」。私の友人は彼女に「人種差別者め」と言ったが、彼女は「だから何だってんだ。そんなの気にしない。あいつが家に帰りゃいいんだよ、クソインド人が」と答えた。毎回汚い言葉と一緒に、彼女は侮蔑を吐き出していた。その間も男性は体を丸めたままだった。私は彼に近くのボデガから氷を持って行き、彼はそれを頬骨にあてた。彼は私に顔面の淡い打撲傷を見せたが、大丈夫だと言った。明らかに動揺しているように見え、地べたに留まりながら、肩を丸めてうつむき黙っていた。その姿は一面で敗北を、一面で屈辱を表しているように私には見えた。彼は静かだった。数メートル先では女性が、彼女を黙らせようとした私の友人や他の通行人を気に留めるそぶりも見せずに、侮辱と脅迫を矢継ぎ早に浴びせ続けていた。

私が友人のもとに行くと、彼女は前をにらみつけていた。彼女はいらいらしていた。「私は帰らない」と彼女は言った。「警察が来るまで、そして彼女が逮捕されるまでここにいる。罰を受けさせないと」。彼女は続けて言った。「私は地下鉄の切符のために留置所で一夜を明かしたんだから、人を殴った彼女は留置所に行くべきでしょ。でも彼女は行かないと思う。だって彼女は白人だから。わかるでしょ」。ちなみに、友人は白人ではない。彼女は黒人女性で、幼少時に家族でガーナからアメリカに移住してきた。数年前、彼女は乗車カードを忘れ地下鉄の回転式ゲートを跳び越えて捕まり、留置所で一夜を明かした。これは普通、留置所行きとなるような違反ではないが、いざとなれば同様に些細な違反でその夜に留置所にいた他の多くの黒人女性の場合のように、留置所行きにすることができるような違反でもある。この夜は、点滅する赤と青のライトがニューヨーク市警の到着を告げ、三台の車に総勢六人の警官がやってきた。ちなみに彼らはみな、若い男性で、白人だった。彼らは尋ねて回り始めた。小柄だが体格のよい警官が責任者のようで、彼と彼の相棒が女性を尋問しに行った。事件を思い出している最中、女性は泣き始め、彼女の行動は運転手を恐れてのことだったと言い張った。「私はイタリア系アメリカ人で[58]、伝統的な家庭で育ちました。あなたの姉妹だったらと想像して下さい」。警官は、運転手の男性に対して攻撃的だったのは実際には彼女の方だったと私たちが大声で割って入っても無視した。しかし、数人の警官の顔には、この女性が酒を飲んでいたことに気づいた兆しが浮かんでいた。彼らはそのときは起き上がっていた運転手にも質問し、免許証と許可証の提示を求めた。彼らは彼の顔も見せるよう言ったが、目に見える傷跡が顔になかった――少なくとも夜明かりのもとでは見えなかった――ために、気に留めていないようだった。やがて、幾人かの警官が目撃者たちに質問し始めた。「彼女が彼を殴ったのか。どれくらい強く殴ったのか。それで彼はどうしたのか」。その場に残っていた十数人の人たちは誰もが声高に、多かれ少なかれ似たような事件の顛末を語った。警察は数人の目撃者を一人一人に分けて、正式な供述をとった。その中には、九一一番通報をした男性も含まれ、彼はいざとなったら法廷で証言するという意思も示していた。警察が戻って協議していたときに、私の友人は言った。「ほらね、彼女は罰を受けないですむんだよ。彼らは彼女を逮捕したがってない。馬鹿げた警告だけで彼女を放免してしまうんだ」。警官たちの間でかなりの議論が交わされ、到着から三〇分程が過ぎると、結局逮捕されないことになるということがますます明らかになっていった。事実、私たちがずっと居続けることにだんだん警察はいらいらしているようで、全員を立ち去らせようとした。何人かの目撃者は立ち去った。私の友人と私が留まったとき、責任者は私たちを見つめてきたが彼の目は据わっていてその意味は明白であった。「何か問題でもあるのか」と彼は尋ねた。「いいえ」と私たちは答えた。「私たちは彼女が罰を科されるか確認したいだけです。彼女は彼を殴って、蹴るぞと脅し、あらゆる類の人種差別的な言葉をかけたんです」。彼は目を丸くして、より断固としたまなざしで、「私たちが対応するから、いいかい？　だからもう行って」。女性は逮捕されも、罰を科されもしていなかった。すぐに、警察は車に戻り始めた。責任者は女性と、次いで運転手と二言三言言葉を交わしてから、自分の車両に乗り込んだ。運転手はあきらめたようにタクシーへと戻って行った。座って、バックミラーを直して、エンジンをかけ、夜勤を続行するために走り去っていった。若い女性は自分の物を集めて、顔から涙の跡を拭い去って歩き出し、その後ろ姿は前に進む度によろめき、ニューヨークの夜に吸い込まれていった。

このエピソードに関しては、注目されやすいことと注目されにくいことが共に数多くある。まず、注目されやすいというのは、それが非常に劇的な形で公衆の面前で展開され、賑やかなイースト・ヴィレッジの夜に通勤客や通行人から丸見えであったからだ。そしてとりわけ私の目を引いたのは、見物人からの汚名も警察からの汚名も恐れることのない、若い女性の厚かましく自信に満ちた態度だった。彼女の行動、動き方、身のこなしはすべて、流動性と周囲を気にとめないくつろぎという特徴をもつものであり、こうした特徴はより大きく主題化されるべきものだ。有色の人々（だけではなかったものの）がほとんどの人込みの目の前で、彼女が気持ちよくあれほどおおっぴらに人種差別的でいられたことに私は衝撃と憤りを感じた。しかし、この出来事はまた、別の面では極めて注目されにくいものでもある。例えば、その若い女性がたんに警察から「小言」を言われただけで放免となることがそのときは事の重大さにそぐわないように見えたが、すべての事情を考慮すれば、そのことは驚くべきことではまったくなかった。アメリカでは（そして世界中の多くの場所でも）黒人やラテンアメリカ系の男女が犯したのなら許容されえない違反行為を白人がやっても、取り締まられにくく、罰金も科されにくいというのは、悪名高く知れ渡っている現象である。マイケル・ブラウンを射殺した警官を起訴しないという決定が下された直後に、白人たちが警官から自分が寛大な扱いを受けた数多くの、しばしば馬鹿げた状況のリストを増やしていくというソーシャル・メディアの運動「白人のくせに犯罪をおかす［Criming While White］」が生じた。それはペギー・マッキントッシュがかつて白人特権の「見えないナップサック」と呼んだものの現代版のようなものだ(59)。先の事例では若い白人女性が、若干酔っぱらった状態で男性を公衆の面前で殴り、無賃乗車をし、人種差別的な侮辱を浴びせたことの法的な結果を被らないことは、「白人のくせに犯罪をおかす」と言われるような時代においては、注目されにくいことなのだ（しかも、彼女の経歴には、この事件に関するいかなる痕跡《マーク》も記録されないため、文字通り注目されえない《アンリマーカブル》のだ）。最後に、この事件が注目されにくいのはまた、そこで作動している構造的な人種差別のからくりのせいでもある。年配の南アジア系の移民男性がタクシー運転手という相対的に力の弱い立場にある（本質的に不安定で危険かつ低賃金、さらには無報酬のときさえある労働環境のせいで、彼はこうした口論によってより被害を受けやすい立場に置かれている）ということもまた注目されにくいが、それは若い白人のアメリカ市民が相対的に力の強い立場にある（マンハッタンで飲んだりおしゃべりしたり、立派な服や靴、そして自家用車をもったりする余裕があるほどの特権をもつ）ことが注目されにくいのと同様である。

本書で示された現象学的分析の主眼ではないが、人種差別が徹頭徹尾、社会経済的関係や階級関係に埋め込まれており、このような遭遇の背景では構造的な人種差別の仕掛けがすでに張り巡らされているということはもちろん確かだ。この物語には、人種差別の多様な側面という観点から語られるべき事柄が数多くあるが、私が本章の目的のためにとりわけ関心をもっているのは、この若い女性の身体的な権限の感覚である。この分析を開始するために、サリヴァンの「存在論的な膨張性」という概念に目を向けることを提案する。

白人の権限と身体的な自信

現象学ではなく、アメリカのプラグマティズムの伝統、とりわけそれを代表するジョン・デューイを通して、サリヴァンは世界のなかでの私たちのやり取りの仕方が人種と人種差別の内密な働きをどのように露わにするかに関心を注ぐ。とりわけ彼女は、無意識的な習慣というレベルでの白人の身体性の問題に取り組み、白人性とは彼女が「存在論的な膨張性」と呼ぶものによって最も際立って特徴づけられると論じる。存在論的な膨張性とは、サリヴァンによれば、「存在論的に膨張的である白人の人々は、地理的・心理的・言語的・経済的・信仰的・身体的、その他何であれ、あらゆる空間が自分たちの望むように出入りすることができるし、そのようなものであるべきだとするかのように行為し思考する傾向がある[60]」というものだ。別の言葉では彼女は、自分自身の身体によって抑制されることも妨害されることもなく、自分が多様な空間や場所のどこででも自信をもって流動的に移動する権限をもっていると感じるような世界への方向づけという形で記述している。この権限には、不利となる結果を恐れたり予想したりすることなく、法的に（そして道徳的に）問題のある仕方で行動する自信も含まれる。そしてこれこそ、先に見た話で若い白人女性の身体的な振る舞いに見て取られることなのだ。男性を殴って彼が地面に倒れても、女性は直立したままで、近づいたり離れたりして、さらなる脅迫や人種差別的な悪態を浴びせ続けた。彼女の身体は、縦軸と横軸に沿って空間的に膨張される。彼女はたんに空間を占めるだけでなく、空間をわがもの顔で力強く移動し、そうすることで、サリヴァンが記述しているような空間の権限の感覚を要求し、刻み直している。彼女は自らの存在論的な膨張性を実行しているのだ。（常に大声で、自信に満ち、はっきりしたものであり続ける）彼女の声さえも男性がはじめに倒された後に一瞬生じた小休止と静寂や、後に彼女のハンドバッグを取り戻そうとする取っ組み合いの際に、聴覚空間を占拠する。これらの落ち着いたひとときに、彼女の声は割って入り、行き詰まりながらも聞いてもらえるよう無理強いしてくるのだ。他方で、男性は終始静かなままで、ほとんどの間、地べたに座って動かないままだった。身体的な振る舞いと空間的な膨張に関する二人の対照性は、これ以上ないほどに際立ったものである。あたかも両者はサリヴァンが記述する差異そのものを表しているかのようだ。

黒人と白人の身体的な実存は、異なる形で人々が空間に住み込むことを許可するが、それは不公平で相互的でない仕方においてである。白人たちは彼らが目下住み込んでいる空間を越えて自由にやり取りすることがある。彼らの空間の白人性は膨張的であり、彼らのやり取りを抑制するのではなく可能にする。[61]

そしてこの差異は、二人の主役に限ったことでもない。場面が展開されるにつれ、私や私の友人、他の目撃者たちの反応がこの差異を物語っている。集まってきたかなり多様な人種からなる集団に関して興味深いのは、最初に警察を呼んだのが白人男性だったということだ。もちろん私たちの多くが同じことしようと考えていたが、彼の極めて迅速な反応は、事態を解決して正義をもたらす機関へのある程度の信頼だけでなく、また警察と関わりあう際に暗にくつろいでいることを示唆しており、このくつろぎには彼の懸念に回答が示され、彼の証言が「公平」な仕方で受け止められるという確信が含まれている。私がこの点を俎上にのせるのは、その男性の意図や行動（どちらも必要かつ役に立つものだった）に暗い影を投げかけるためではなく、むしろ人種的な図式が、〔問題となる〕行動のいわば「沿道」でもどのようにして絶えず働いているのかを示すためだ。前章で論じたように、身体習慣が私たちの身体を未来志向的な仕方で方向づける限りで、この男性自身の来歴と白人性の生きられた経験が、このように迅速に反応できる立場に彼を位置づけている。この点を集団にいた有色の人々と比較してみよう。私自身や私の友人を含む数名は、若い女性の言動に対してすぐさま注意したが、警察が到着すると半歩下がってしまった。そのようにして私たちは、関わり続けようとする私たちに対する警察の冷淡な反応を（正確に）予期すると共に、ニューヨーク市警とその地域の有色の人々との間にしばしば存在する不穏な関係を表現することになったのだ。このことは、事件の解決に対する警察の責任を問う努力を放棄するということを意味しないが、警察との関係は無言ながらもはっきりと感じられる駆け引き、つまり自分自身に面倒が及ばないようにするなら越えてはいけない境界線を探るという特徴をもつ。言いかえるなら、ニューヨーク市警から人種のせいで傷つけられた経験をもつ黒人女性である私の友人が取りうる反応は、他の管轄区域で警察との複雑な関わり合いをしてきたアジア系女性の留学生である私が取りうる反応とは異なるし、これらどちらも最初に通報した白人のアメリカ人男性が取りうる可能性とはまた（より劇的に）異なる。サリヴァンの記述する存在論的な膨張性は、確かに、白人女性によるタクシー運転手への行動のうちに余すところなく示されているが、あの白人男性の反応にも、彼が私たちの意図や不正の感覚を共有しているにもかかわらず、それが異なる形で働いているのだ。

だとすると、ここには様々な様態の存在論的な膨張性の例が見て取れる。あの若い女性はたいていの白人が人前でそう振る舞うことに抵抗を感じる（あるいは実際にはしたいとも思わない）仕方で行動したが、例の白人男性の行動に至る迅速さもまた、この抑制されない存在を表現するものだ。存在論的な膨張性は人種差別的な悪態という極端な事例にのみ現れるとは限らず、白人たちが人前で妨害されずになす行動や動きのうちでも等しく作動している。さらなる例としては次のようなものがある。十数年前に、私の生まれ育ったメルボルン（オーストラリア）で無賃乗車や「座席に足をのせる」といった公共交通機関での「良識に反する」行動の厳しい取り締まりが行われていたとき（公共交通機関職員の法的権限が大幅に強化された時期）、ある夜私は路面電車の車中で、滅多にない連れ立っての夜の外出を楽しむ中年の白人女性たちの騒々しい一団を見て衝撃を受けたことがある。互いに煽り合って、路面電車の手すりやつり革につかまってありとあらゆる曲芸を披露し、とても大きな声でふざけて楽しんでいた。誰も彼女たちを止めなかったし、彼女たちの人騒がせなおふざけに苦情を言わなかった。「有色の人々の集団だったら同じ行動をしてお咎めなしですむだろうか」と私はそのときに思った。有色の人々の集団だったら、そんな行動をしようとさえしただろうか。より最近では、カリフォルニアで一〇人の黒人女性が大声で騒々しくし、「攻撃的な」笑いをしたという理由でナパ・ヴァレーのワイン列車から追い出されたという事件があった[62]——それゆえこの事件は「黒人のくせに笑う」と名づけられた——が、この事件は有色の人々ならお咎めなしですまないことを示唆しており、白人の身体と人種化された身体が公共の場で異なる形で取り締まられ、許容される劇的なあり様を私たちに思い知らせる。

　存在論的な膨張性のこうした様態——ほとんど妨害されることなく世界を移動するという様態——は、サリヴァンが彼女の著作のなかで記述するような身体化された白人性をより詳細に跡づけている。パトリシア・ウィリアムズが『人種と権利の錬金術』で用いた例に依拠して、サリヴァンは表向きは中立的だが現実には人種によって左右される空間と場所から黒人の身体が締め出される状況を考察している。その例とは、黒人女性であるウィリアムズが、白人女性の客が見るからにまだいたにもかかわらず「閉店した」服飾店に入店拒否されたという自身の経験に由来する。この例は、黒人の（封じ込められないときは人種化される）身体の空間的な封じ込めと対照的な白人性の存在論的な膨張性を、別の仕方で描き出している。ウィリアムズとは対照的に、店内の白人女性たちは数々の場所に出入りし、邪魔されたり妨害されたりせずに世界とやり取りする。この例のおかげでサリヴァンがより直接的に指摘できるのは、白人の身体性に特有な存在論的な膨張性がしばしば探知されないままだということだ。それは主題化されず問題視もされない存在の様態にほかならない――そうした身体は、日常的なやり取りや外出の只中で、（先に用いた言い回しによれば）「自らの前で」経験されることはない。そしてこの「白人特権の無意識的な習慣」の同定は、もう一度ペギー・マッキントッシュの仕事を思い起こさせるが、ここには議論されるべきことがさらにあると私は主張する。何らかの「見えないナップサック」に集められた一まとまりの特権以上に、こうした類の身体化された存在論的な膨張性は公共的な空間と場所においてそれらを経由して人が移動する手法を物語るものだ。それは人の身体化された存在の様式とその人の世界が膨張的に構成されていく様を記述しているのだ。

ここで注目するべきは、サリヴァンが存在論的な膨張性についての彼女の議論を、より多様な状況にも拡張しているということだ。例えば彼女は次のように述べている。「白人が自らの白人特権の無意識的な習慣を問い直すために、自らの環境を変えることを選択しても、それはたんに存在論的な膨張性のもう一つの例となってしまいかねない[63]」。それゆえ、英語圏のアメリカに住む白人女性としてサリヴァン自身の根底にあるくつろぎを前景化する一つの手段として、スペイン語を学んだという彼女の個人的な例のなかで、サリヴァンは「「世界」を巡る旅」（有色の女性が引き受けている作業を記述するためにマリア・ルゴネスが用いた用語）におけるこうした練習がそれ自体、くつろげない立場に自分自身を位置づけようとすることによって、自らの生活空間を膨張させる特権の別様の現れとなりうることを認めている。こうした事例は、白人たちがヴェールを纏うムスリム女性たちに連帯しようとして「一日ヒジャブ」を着用するような、いわゆる「連帯運動」のなかで頻繁に見て取られる。[64]彼女たちの「善意」には、人種差別に関する共感的な経験を広げようとする努力も含まれるが、にもかかわらずこうした構想が認識しそこなっているのは、彼女たちが自らの白人特権を問い直すどころか、こうした状況に自分自身を置き、そうした〔自分とは異なる〕世界やアイデンティティに気まぐれに出入りし、このような意図的で計算され「安全な」仕方で「自らの地平を広げる」という白人の力を強調することによって、実際には白人特権を発揮し膨張させかねないということだと私は主張する。[65]サリヴァンがより最近の著作『善良な白人たち――中産階級の白人による反人種差別の問題』で書いているように、「存在論的な膨張性は通常、白人特権への異議申し立てという見せかけをしている、つまり、そしてその結果、比較的（少なくとも白人たちには）気づかれずに作動しうるため、おおっぴらにその狙いを宣言するような場合よりも大きな損害を与えうる」[66]。言いかえると、このような表面的な仕方で人種化された人の「立場に立つ」ことの有効性が疑わしいことに加えて、これらの練習が知らず知らずのうちに再生産してしまうのは、現実にであれ、仮想的にであれ、心理的にであれ、他の形でであれ、そうした空間に一時的に滞在したり、周遊したりする白人たちの存在論的な膨張性なのだ。

結局、膨張性――しかも白人が自分にはその権限があると理解しているような膨張性――につながるということが明らかになるのは、こうした接近が中断され、異議を唱えられるときだ。サリヴァンが「世界を巡る白人の旅」という論考で書いているように「白人の存在論的な膨張性と闘うためには、白人たちは自分たちが所属しない空間があるということを受け入れる必要がある。この考えは、多くの白人たちにくつろげない感覚を生じさせるが、彼らは非白人たちを支配したり管理したりする立場にあることに慣れきっているのだ」[67]。このくつろげなさの実例は、白人たちが周縁化された人々の伝統や慣行を文化盗用していると指摘された際にとる憤りの反応に見られるだろう。例えば、先住民の図像をスポーツ用品や音楽祭で軽率に用いたり、黒人の「ラチェット」〔ratchet：下品な人やクズを表す ratshit の代わりに用いられるスラング〕文化を主流の音楽のなかで盗用したりまねたり（マイリー・サイラスはよく知られた盗用者の一人だ）、「エキゾチックな」料理を高級料理化《ジェントリフィケーション》するといったことだ。白人性のこうした出しゃばりが指摘された際に様々な反応をとらせる被害意識と防衛意識は（「逆差別」という主張すら）、こうした空間に接近し立ち入る権限があるという根っこの感覚を声高に物語るものである。

同様に、白人たちが人種差別の境界と限界を定義する自らの権威に異議を唱えられるとき、例えば、ヤンシーのような批判者が、人種差別を名づけ同定する認識上の特権は黒人たちにあることを強調するようなとき、この権限が別様に現れるのが見える。さらにサリヴァンは、言語を学ぶという無害に見える例でさえも、この膨張性を示すことがあると論じており、スペイン語を学ぶという彼女の決断について反省を迫られた際、サリヴァン自身も自らの膨張性に向き合っている。

この点を私が正しく理解させられたのは、ラテンアメリカ系女性の友人の哲学者が、白人／アングロサクソン系の人々にスペイン語を学んでほしくないと言い、その理由を彼女や他のスペイン語話者の哲学者たちが白人／アングロサクソン系によって支配されてきた会議のなかに創りあげることができるスペイン語／ラテンアメリカ系女性の世界に白人たちの知識が割り込んでくることになるからだと説明してくれたときだ。彼女の世界を白人／アングロサクソン系の哲学者たちに開くなら、白人の人種差別に対して抵抗する大事な地点を破壊してしまうことになりがちである。

　白人の存在論的な膨張性という観点からすると、白人たちが立ち入り禁止とされる言語空間が存在するということは、世界の「自然な」秩序の「不正な」侵害であり、是正されるべきであるということになる。しかし、反人種差別的な観点からすると、白人の存在論的な膨張性はたんに白人至上主義に基づいた「権利・正しさ《ライト》」を前提としているだけでなく、白人の支配に対する抵抗の空間を傷つけたり、破壊したりする傾向もある。アフリカ系アメリカ人の言語規約についての白人の知識はそのようにして、どんな空間であれ自分たちが立ち入ることを選択した空間に住み込むことが自分たちにふさわしいという白人の感覚を強化しかねない(68)。

　人種化あるいは白人性という身体化された経験は常に、それらの入り組んだ関係によって支えられているものである以上、まさにここで、私たちには人種差別における権力の構造分析を、私たちの現象学的分析と結びつけることが課されることになる。つまり、人種化された身体的習慣や白人の身体的習慣の別様の表現は、こうした習慣や慣行の意味を構造化している根っこの権力関係から決して切り離すことができないのだ。白人の身体性という文脈では、例えば自らの環境を「揺り動かす」ことや、人種化される経験の一側面を「体験してみる《シミュレート》」ことで、人種差別的な習慣と闘おうとする努力は、白人の存在論的な膨張性とそこで生み出される権力の力学が織りなす多様な面を通して考察されねばならない。このことは、断固とした反人種差別的な目的を動機とする場合でも、白人の行為や行為主体がしばしば危ういものとなることを意味しているが、だからと言って、私見では、私たちの批判的な手段を放棄するべきだということにはならない。課題となるのはむしろ、人種に由来する危害や不平等を是正しようとする様々な努力がうわべのものにとどまりうる可能性をより注意深く考え、サリヴァンのように、それが時に不完全な実践となってしまうことを認めることだ。

存在論的な膨張性の極めて多様で微妙な差異のある表現の数々を取り上げることで、私たちがいまやなすべきことは、身体についての現象学的な言説に埋め込まれた、根っこにあるいくつかの規範や理想をより批判的に思考することである。つまり、ここで現象学的な分析領域に戻って、人種化された身体性と白人の身体性を分ける鍵となる特徴の一つは、一見したところでは、身体の流動性とやり取り時のくつろぎ（人種化された身体性の場合はこのくつろぎの欠如）という概念だと言うかもしれない。サリヴァンが見極めていたように、現象学はやり取りの円滑さや身体的な移動や運動性がもつ流動性を理想化する傾向を示す（この傾向は、例えば『知覚の現象学』におけるシュナイダー症例の「特異な逸脱」についてのメルロ＝ポンティの研究において明白である）。しかし、こうした規範的な枠組みのなかで、この円滑さは容易にサリヴァンが白人の身体性について記述した存在論的な膨張性に変わってしまい、このことは、彼女が論じるように、倫理的な領域で問題を孕むものとなる。

投企的な志向性には、すべての人が可能な限り、存在論的に膨張的な仕方で生きることが望ましいと示唆する傾向がある。このような示唆は、反人種差別的でフェミニスト的観点からは問題を孕んでいる。というのもそれは、白人たちに自らの空間を人種差別的な仕方で生きる許可を与えるからだ。それは他の人々の実存が白人たちや諸制度によって抑制される場合も含め、他の人々が生きている実存に白人たちが関心を持たないでいることを暗黙に後押ししている。このようにして、投企的な志向性の非交流的で一方通行的な性質は、倫理的な独我論に与することになってしまうのだ。[69]

言いかえると、抑圧的な非対称性や不平等を是正し埋め合わせるために抑制——ないしアル＝サジの最近の論考を引き合いに出すならためらい——が望ましいような状況においても、現象学は世界のなかで存在しやり取りするときのこの流動性を理想化してしまいかねない。したがって、ウィリアムズのお店での例において白人の身体がそうであったように（つまり、妨害されたり差別されたりしない形で）どんな身体も空間や場所を移動できるべきだということには同意するものの、このことは白人の身体性についての先に論じた他の例にはあてはまらない。例えば、ニューヨークのタクシーの話のなかの若い女性は、メルボルンの路面電車での中年の白人女性たち（その人たち全員が、他の人への気遣いなく行動し、志向性が抑制されることもなかった）と同様、身体化された流動性とくつろぎという様相を示していた。しかし、だからといって、彼女たち、とりわけあの若い女性の事例は、すべての身体が世界のなかでどのように行動し移動するべきかを示す倫理的な模範となるわけではない。

なぜかと言えば、当然ながら、世界の中で行動し存在する理想的な仕方は、先に述べたように、状況や文脈、さらには埋め込まれた権力関係や非対称性に極めて強く依存しているからだ。現象学が私たちをこうした倫理的な立場へと必ず導くものであるということには同意しかねる（メルロ＝ポンティの特に後期の研究は、こうした非難のいくつかには答えている）が、サリヴァンの指摘のなかで価値があるのは、身体の振る舞いの理想的な様式についての暗黙の規範的な主張をより広範な社会的かつ政治的文脈に位置づける必要性を見て取った点にある。例えば、サリヴァンは次のように書いている。

より膨張的な（だからといって倫理面での独我論に陥ることがない）実存を推し進めることが、黒人たちのように、自由にやり取りすることが許されてこなかった人々に必要とされている。しかし、白人たちのように、あまりにも膨張的・攻撃的・独我論的にしばしばやり取りし、そうすることを自分たちだけが許されているかのように生きてきた人々には、ちょうど反対のことが必要とされている[70]。

「あまりにも膨張的に」やり取りしているという感覚は、世界のなかでの「居心地の良さ〔at-home-ness〕」という根っからの感覚、世界が人種差別的で白人至上主義的な形で作り上げられているという事実によって可能となる感覚を反映している、と私は論じた。このことは、人種化された身体にはあてはまらないし、ここまで長々と論じてきたように、人種化された身体性とその経験のいくつかの際立った側面にはあてはまらない。次の章では、人種化された不気味さの分析を通じてこの「家〔home〕」という主題を取り上げる。

原注

（1）クロード・スティール『ステレオタイプの科学――「社会の刷り込み」は成果にどう影響し、わたしたちは何ができるのか』藤原朝子訳、英治出版、二〇二〇年、二一－二二頁。スティールの本に登場する形でこの引用を抜粋したが、この一節はブレント・ステープルズ自身の著作『パラレル・タイム――黒人と白人のもとで育って』(*Parallel Time: Growing Up in Black and White*, New York: Harper Perennial, 2000）のなかでは、別の形で登場するということを指摘しておく。

（2）スティール『ステレオタイプの科学』、一二三頁。
（3）Tressie McMillan Cottom, "Whistling Vivaldi Won't Save You," *Slate*, September 20, 2013.
（4）Kamau Bell, "On Being a Black Male, Six Feet Four Inches Tall, in America in 2014," *Vanity Fair*, November 26, 2014.
（5）アーヴィング・ゴフマン『日常生活における自己呈示』中河伸俊・小島奈名子訳、筑摩書房、二〇二三年。
（6）この作業が一方的であるのは、自らに投影されている人種化された不安を予期し、それに応答し抵抗することの責任が、人種化された人々の肩にのしかかっているためである。他方で、その不安の発生源である人々は、彼らの振る舞いが指摘されない限り、また指摘されるまでは、自分たちに「取り組む」よう要求されることがない。それゆえ、これらの習慣化された形での人種差別が問題化され、やがて変更されるとしても、それはたいていの場合、人種化された人々の労力に起因する。この点は指摘しておく必要がある。
（7）シモーヌ・ド・ボーヴォワール『第二の性』を原文で読み直す会訳、河出書房新社、二〇二三年、第一四章「自立した女」、三八九－三九〇頁。
（8）このように述べることは、声のトーン、態勢、空間内の移動といったものを考察することを目指す、女性たちの身体的振る舞いについての現象学も行うことができないということを意味してはいないし、実際それはある程度ヤングによって行われ、大きな影響を及ぼしている。むしろここで論点になっているのは、ボーヴォワール『第二の性』第Ⅱ巻「体験」下巻、ボーヴォワールの議論には、私がここで示した類の作業からは区別される水準にある装飾があるということだ。
（9）三二五八五名の被験者および質問表への回答を集めて行われたもう一つの研究において明らかになったのは次のことであった。「白人に比べ、いずれの人種的マイノリティおよび民族的マイノリティにおいても、人種差別を感知することによって感情的かつ身体的なストレスのより高い発生率が見られた。黒人は最も割合が高く、一八・二％が感情的ストレスの兆候を示し、九・八％が身体的ストレスの兆候を示した（白人においてはそれぞれ三・五％と一・六％であった）。また、人種的マイノリティと民族的マイノリティにおいては、有意により多くの日数、精神面と身体面での健康状態の低下を経験した（ヒスパニックには身体面での健康状態の低下は見られなかった）。黒人および「その他の人種」カテゴリーの人々は、白人と比較して、明白に多くの日数、健康状態の低下を経験している」。さらに、アンダーソンは彼女のデータ分析から次のような結論を引き出している。「最初の二つの二分法的な論理モデルによって結果を検討すると、人種が人種差別的な遭遇による感情的で身体的なストレスの経験に関係していることがわかる。第一に、近年の研究がより注目している、人種差別による感情的ストレスに目を向けると、白人と比べたとき、三つの人種カテゴリーのいずれもが、社会経済的状態や一般健康状態や人種への心的関心を操作した場合でも、有意な結果を示した。さらに、これら三つのグループのうち、白人と比較したとき、感知された人種差別の経験から精神的な兆候や感情的な兆候を最も経験しやすかったのは黒人であった。」Kathryn Freeman Anderson, "Diagnosing Discrimination: Stress From Perceived Racism and the Mental and Physical Health Effects," *Sociological Inquiry* 83(2013): 55-81.

（10）Pamela J. Sawyer et al., "Discrimination and the Stress Response: Psychological and (Physiological Consequences of Anticipating Prejudice in Interethinic Interactions," *American Journal of Public Health* 102(2012): 1024.

（11）George Yancy, "Walking While Black in the 'White Gaze.'"

（12）ファノン『黒い皮膚・白い仮面』、一三四頁。

（13）ここで英訳者のマークマンがnègreという単語を「ニグロ」、「ニガー」と交互に訳していることを指摘しておく。マークマンは別の箇所では「ニグロ」を使い続けている（例えば、有名な"Tiens, un nègre !"は、「見ろ、ニグロだ」と訳される）。nègreという単語は、現代のフランスの用法では英語の「ニガー」とほぼ等しく、極めて攻撃的であまりに人種差別的な単語であるという理由も含めて、いくつかの理由で訳すのが難しい。アメリカ合衆国においてはアフリカ系アメリカ人たちがこの語を再利用し、わがものにし直したが、仏語はそうした歴史を持たない分、むしろより一層攻撃的ですらありうる。しかし、ファノンが執筆していた頃、nègreという語はより一層広い用い方をされていたし、もちろん多くの場合はやはり悪意ある使われ方だったとはいえ、蔑称として（あるいは意図的な蔑称として）のみ使われていたわけではない。私はマークマンによる交互の訳し分けを生き生きとした翻訳として受け入れはするものの、引用した一節において意味の違いを識別することはできなかったため、（同様に多義的な語である）「ニグロ」という標準的な訳語を用い続ける。

（14）マークマンは訳文中で「震える［tremble］」を様々に（「身震いする［shivering］」や「震動する［quivering］」とかわるがわる用いて）訳すことで、ファノンの原文における繰り返しを伝えないことを選択している。しかし私の訳文では、原文を反映すると同時にヤンシー自身の記述との関連をより際立たせて明らかにするために、「震える」という繰り返しをそのまま保持している。Fanon, *Peau Noir, Masque Blancs*, 92およびFranz Fanon, *Black Skin, White Masks*, trans. Charles L. Markmann (New York: Grove Press, 1967), 114.

（15）メルロ＝ポンティ『知覚の現象学』、I－二五〇頁。この言明が、デカルトにおける（対象と主体の区別の上に描かれた）身体と精神の区別に直接応答するものであり、この区別にメルロ＝ポンティが引用箇所で次のように異議を唱えようとしていることを理解しておくのは重要である。「精神と身体の合一は、一方は主体、他方は対象という二つの外的諸項の間で、ある恣意的な政令によって調印されるものではない」（同上、I－一五八頁）。

（16）同上、I－一六二頁。

（17）同上、I－一六〇頁。

（18）同上、I－一六一頁。

（19）「黒人のくせに出歩く」を別様に繰り返しているものとして、「黒人のくせにショッピングをする」（黒人の身体が、特に高級ブティックやデパートの店で、過剰に取締られ、過剰に監視される場合）という現象が挙げられる。あるいは俗に「黒人のくせに笑う」と呼ばれるより最近の事例では、一〇人の読書クラブの黒人女性が彼女たちの「攻撃的な」笑いを理由にナパ・ヴァレーのワイン列車から追い出された。"Napa wine train controversy: 'I do think it was based on the color of our skin'," *The Guardian*, September 13, 2015.

（20）"Men who thought rape would be 'fun' attacked mother and daughter, court told," *The Age*, September 15, 2014.; "Rapists jailed for 'vicious, callous and cowardly' attack on mother and daughter," *The Age*, December 19, 2014.

（21）Ibid.

（22）Ibid.

（23）ファノン『黒い皮膚・白い仮面』、一六五頁。

（24）メルロ＝ポンティ『知覚の現象学』、I－一六〇頁。

（25）ファノン『黒い皮膚・白い仮面』、一三四頁。

（26）ただし、ファノンはそれを「三重意識」と呼ぶときもある。

（27）ファノン『黒い皮膚・白い仮面』、一二九頁。

（28）例えば、幼い子供のケア／社会化において働いている「遊び」のジェンダー化された次元、具体的には男の子たちの遊びとは反対に、座ってなされる女の子たちの遊びについてのヤングの議論を参照。

（29）メルロ＝ポンティ『知覚の現象学』、I－一七四頁。

（30）同上。

（31）George Yancy, "Trayvon Martin: When Effortless Grace is Sacrificed on the Altar of the Image," in George Yancy and Janine Jones(eds.), *Pursuing Trayvon Martin: Historical Contexts and Contemporary Manifestations of Racial Dynamics* (Lanham: Lexington Books, 2013), 239.

（32）ファノン『黒い皮膚・白い仮面』、一三六頁。

（33）Yancy, *Black Bodies, White Gazes*, 15. ヤンシーからの引用に記録されている、断片化と自らの身体運動への過剰な注意深さというこの感覚は、深夜にコンビニに行くときについてのカマウ・ベルの記述にも表れている。「私が店には歩いて入って行くとき、私は用心のためのある行動を取らなくては行けなかった。私はフードを下ろした。私のアフロヘアーがフードの下で押しつぶされてぺちゃんこなアフロになっていたとしてもそうした。手始めに、私は、自分が買うと絶対的な確信をもっているもの以外には、何にも触らなかった（お母さんが私に教えたように）。私は、カウンターの後ろにいる店員から、私がポケットの中に物を突っ込んでいないこと——あるいはおそらくより重要なことに、何かを取り出そうとしてはいないこと——が簡単に見えるように、手のひらがはっきりと見えるようにして両手をポケットから出したままにした。そしてイッツイットのアイスクリームサンドを買うことに決めるやいなや、私はまっすぐカウンターに向かい、恐る恐る私の選んだものを置いて、もう一度手のひらを見えるようにしたまま、財布からお金を取り出すために必要な動作だけをした」。空間性の問題には直接言及していないとはいえ、ベルの記述は、身体面や仕草の面でのこの断片化の感覚をまざまざと呼び起こすものだ。Bell, "On Being a Black Male, Six Feet Four Inches Tall, in America in 2014."

（34）"Muslim Boy's 'Terrorist House' Spelling Error Leads to Lancashire Police Investigation," *Huffington Post*, January 20, 2016.

（35）"Inventing While Muslim," *The Atlantic*, September 16, 2015.

（36）私がいたメニルモンタン地区の隣りには、中国人女性による売春区域として知られ、警察によって定期的に売春組織が摘発されているベルヴィルがある。いつの日も地下鉄のベルヴィル駅のごく周辺には、セックスワークへと誘っているとおぼしきドレスを着た中年の中国人女性が一人、あるいは二人一組になって数多く立っている。このことは、この区域で私が遭遇した人種差別や人種化のすべてを説明してくれるわけでは決してない。それというのも、東アジア系の風貌をした女性たちが、このような特殊な文脈がない場合でも性的な誘いを受けやすいことはよく知られているからだ。しかし、だとしてもこうした事情によって、頻繁に声をかけられるという事実に、関連した文脈と意味が与えられるのだ。

（37）Yancy, *Black Bodies, White Gazes*, 1.

（38）Alia Al-Saji, "Too Late: Racialized Time and the Closure of the Past," *Insights* 6(5) 2013: 1-13, 8.

（39）Ibid., 8.

（40）ファノン『黒い皮膚・白い仮面』、一三一頁。

（41）"African Man Removed from easyJet flight to Make White Passenger 'Feel Safe'," *TesfaNews*, April 6, 2016. メハリー・ヤメン＝テスフエジオージスがローマからロンドン（彼の出身地）へと帰るイージー・ジェットの飛行機に搭乗していたときに事件は起きた。滑走路上で少し留まった後、メハリーが機内前方に呼び出されると、そこには二人の警備員がおり、彼は飛行機から降りるように言われた。「不審な行動」をしていたというクレームを裏づける証拠がなかったにもかかわらず、彼は端の方に連れていかれて厳しい尋問を受けた。事件後に、その航空会社は自分たちの行動を謝罪した。この事件は、そのわずか数週間前に報告された二つの同様の事件と驚くほど似ていた。"Third easyJet Passenger Grounded over Security Concerns," *The Guardian*, April 7, 2016.

（42）"London Man Escorted Off easyJet Flight by Armed Police because Passenger Felt 'Uncomfortable'," *Evening Standard*, April 7, 2016.

（43）ファノン『黒い皮膚・白い仮面』、一三〇－一三一頁。

（44）ここで私が「過剰な」同定と言うのは、それが人の観点に左右されるものだからだ。もしそれが論理的で擁護可能なものであるなら、過剰な同定ということには全くならない。また、ある人が人種差別を過剰に同定していると言うことは、ある遭遇〔が差別となるか否か〕の決定的な解釈にたどり着けるということをほのめかしている。最後に、ある人が人種差別を過剰に同定していると言うことは、常に相対的な主張であり、人種差別が発生したか否かを評価する規範となっている白人の観点を刻み直す危険性を伴う（そのこと自体が人種差別的な慣習を刻み直すことになる）。

（45）ドレイファス『コンピューターには何ができないか』。

（46）私はここで広範囲に参照しているわけではないが、サラ・アーメッドの『クィア現象学』も、特に頻繁に止められ遮られるような形で人種化された身体の現象学的次元を跡づけている。例えば"The Orient and Other Others" (*Queer Phenomenology: Orientations, Objects, Others* (Durham: Duke University Press), 2006) を参照されたい。

（47）メルロ＝ポンティ『知覚の現象学』、I－二三六頁。

（48）この二つの非常に大まかな区別だけを示すなら、私が「空間〔space〕」ということで指すのは等質で、客観的に測定可能なものであるのに対して、「場所〔place〕」ということで指すのは、異なる形で意味をもつものである。空間とは異なり、場所には意味――身体的・社会的・文化的・歴史的などといった意味――の層が埋め込まれており、高度に文脈化され、状況づけられた仕方で経験されている。場所という概念に関するより豊かな議論については、Edward S. Casey, *The Fate of Place: A Philosophical History* (Berkeley: University of California Press), 1997を参照されたい。

（49）http://www.uws.edu.au/school-of-social-sciences-and-psychology/ssap/ research/challenging_racism（二〇一六年四月二六日閲覧）。

（50）人種化された身体が――路上や、車や電車のなかなどで――動いているときには、ほとんどいつも人種差別が起こっている、あるいは少なくとも凝固しているように思える。このことはさらに考える価値のある興味深い現象である。つまり、人種化された身体が動いているときこそ、他者たちの人種差別的な感性が最もそこなわれやすいのだ。

（51）"Radio Diary 4: Dawn's trip to the shopping centre," *The Darwin Radio Diaries*, https://open.abc.net.au/explore/32563（二〇一二年一二月一九日閲覧）。この箇所はLarrakia Nation Aboriginal Corporationから許可を得た上で文字に起こして、使用している。

（52）ドーンはこの説明では主として彼女の怒りについて語っているが、録音された音声（先の一節は、それを文字に起こしたもの）には、恐怖についての短い言及に加えて、失望しいらだっている様子が彼女の声のなかにはっきりと表れている。

（53）ここで重要となるのは、富や所得の分配についても重要な人種差別的な側面があり、それによって今度は、人種化された身体が様々な社会的で商業的な空間とどのように関与するのかに影響を与えるということである。この点に関する説得的な分析は以下を参照されたい。George Lipsitz, *How Racism Takes Place* (Philadelphia: Temple University Press, 2011).

（54）Ahmed, *Queer Phenomenology*, 142.

（55）Yancy, "Walking While Black in the 'White Gaze.'"

（56）スティール『ステレオタイプの科学』、二二頁からの引用。

（57）Yancy, *Pursuing Trayvon*, 239.

（58）この若い女性が彼女の語りのなかで、イタリア系アメリカ人という自分自身のアイデンティティに言及していることは興味深い。一つには、それは人種差別の性質が変化しやすいことともに、人種差別の境界線が流動的かつ相対的であることを浮き彫りにすることで、人種の複雑さの一端を示している。デイヴィッド・リチャーズのような学者が論じたように、イタリア系アメリカ人というアイデンティティは、「アメリカの人種差別に基づく不正な状況の下で」形成された。しかし、不断に変化し続ける人種化の図式のなかで、イタリア系アメリカ人の地位は、たんに世代の移り変わりに伴って変化しただけでなく、新たな外国出身者や「より異なる」外国出身者に対して抱かれた脅威に対応するなかで著しい変化を遂げてきた。今日、（イタリア系アメリカ人自身も含めて）多くの人たちは、イタリア系アメリカ人のことを、たとえ当人たちが民族的アイデンティティや文化的遺産に対する感覚を強く抱いているとしても、白人とみなしていると思われる。イタリア系オーストラリア人の経験も、同一ではないとしても似たような軌跡を辿ってきたことに私は注目している。David A.J. Richards, *Italian American: The Racializing of an Ethnic Identity* (New York: NYU Press, 1999), 181.

（59）Peggy McIntosh, "White Privilege: Unpacking the Invisible Knapsack," *Peace and Freedom Magazine*, July/August 1989: 10-12. ソーシャル・メディアの運動#CrimingWhileWhiteでシェアされた語りの例は、以下のサイトで見ることができる。https://mic.com/articles/105694/criming-while-white-brilliantly-destroys-law-enforcement-s-racial- double-standard#.9wQi2HK1a（二〇一四年一二月三日

閲覧）。

（60）Shannon Sullivan, *Revealing Whiteness: The Unconscious Habits of Racial Privilege* (Bloomington: Indiana University Press, 2006), 10.

（61）Ibid., 148.

（62）"Napa wine train controversy: 'I do think it was based on the color of our skin,'" *The Guardian*, September 13, 2015.

（63）Sullivan, *Revealing Whiteness*, 144.

（64）このようないわゆる「連帯」の仕草は、例えば二〇一六年パリの政治学研究所でも度々行われてきた。"French Students Wear Headscarves for 'Hijab Day,'" *The Guardian*, April 21, 2016.

（65）私が「安全な」と言うのは、こうした試みは人種差別を経験することの選り好みされた薄っぺらい一切れだけを複製して、人種差別の現実がもつ厚みにはほとんど目を向けることがないという点にその問題の一端があるからだ。

（66）Shannon Sullivan, *Good White People: The Problem with Middle-Class White Anti-Racism* (Albany: SUNY Press, 2014), 20.

（67）Sullivan, "White World-Traveling," *Journal of Speculative Philosophy* 18 (2004): 300-304, 303.

（68）Ibid., 302.

（69）Sullivan, *Revealing Whiteness*, 163.

（70）Ibid., 163-164. 電車内での「男性による幅取り〔manspreading〕」という事例における男性的な身体性と同じことがここで帰結していると思われる。つまり、私たち全員がこのような膨張的な仕方で自分たちの身体を動かすべきだということではなく、男性はもっと周囲に気を配り、共有の公共空間を占拠することをやめるべきだということである。

第三章

不気味さ
——人種化された居心地悪い身体

いっそ死にたい、死んでしまいたい。
生まれ故郷を追われるより辛いことは
ほかにはないのだもの。
——エウリピデス『メディア』
〔エウリピデス『悲劇全集１』丹下和彦訳、
京都大学学術出版会、二〇一二年、一四四頁〕

人種差別の経験は不気味さの経験である。この不気味さという語を取り上げるとき、私はハイデガーの『存在と時間』の中での用法に明示的に依拠している。その著作でのドイツ語の die Unheimlichkeit は、異質さと疎外を表すために用いられるとともに、より文字通りに〈家《ホーム》にいない〉(Un-heim-lichkeit)[1] という意味を表すために用いられている。この基本的な枠組みは、本章の主要な主張、つまり人種化は人を異質かつ居心地悪い状態にする、という主張を構成している。すなわち、ここでの私の主張は、第二章において論究された、それ自体に異質さと分断が織り込まれた経験である、身体の断片化に加えて、人種化の過程、つまり自分自身の身体を人種化されたものとして経験することには、退去させられるという経験、より具体的には——そしてより差し迫った形では——〈居心地悪くある〔not-being-at-home〕〉経験が伴っているということにほかならない。しかしこの議論は、それ自体が検討を要する基本的な主張、すなわち家《ホーム》は、重要で、肯定的に価値づけられた、あるいは必須でさえあるような場所だ、という主張を前提としている。結局のところ、もしも家が何らかの存在論的・現象学的・情動的・物質的・政治的意義を持つということにならないのなら、人種化によってわが家にいないようになるという主張は意味をもちうるだろうか。本章を導く二つの鍵となる問いは、人種化が家から退去させるようなこととなるのはどのようにしてか、そして、自分の身体や周囲をわが家にいないものとして経験するというのは何を意味するのか、というものだ。これら二つの問いを究明することで、人種差別と人種化の身体的経験についての前章までの分析を、より明示的に場所という枠組みへと拡大し、人種化された身体性に関する新たな次元を明らかにする。さらに、これらの問いを場所《プレイス》と家《ホーム》という図式を通じて探究することで、この二つがどのように私たちの身体的経験に影響を与え、枠づけるのかを論述していく。

本章は、ハイデガーの不気味さについての思索や、世界内存在や世界の内に住まうことをめぐる彼の問題提起に着想を得ているが、とはいえ、ハイデガーと彼の人種差別そのものを論じる章ではない――もしそれを論じることにしていたら、彼自身の国家社会主義との不穏で物議を醸す政治的関わりに鑑みれば、ずいぶんと異なった論調や形式を帯びることになったことは想像に難くない。[2]その代わりに本章では、ハイデガーの不気味さと住まうことについての哲学的考察を援用することで、場所的な観点から人種差別の経験を分析するための準備を進めていく。ハイデガーに由来するこうした枠組みを立てたうえで、ケイシー、バシュラール、ヤング、ルゴネスといった場所について論じる他の思想家たちを（ときにハイデガーにも立ち戻りながら）引き合いに出し、それによって不気味さや〈居心地良くあること〔being-at-home〕〉に関するいくつかの異なった意味、および人種化された身体性に関する本書の問いにもたらされる洞察を究明していく。したがって本章の構成は、これまでの章とはやや異なった形になっており、分析が進むにつれて家と住まうことについての考え方が展開され、改訂され、微調整が施されることになる。とりわけ、私たちの探求の出発点となった居心地良くあることについての作業仮説は、その短所が特定され、多孔性という主題を経由して解消されることで本章の最後には重大な改訂を被ることになる。とはいえ、こうしたことすべての端緒となるよう、まずはハイデガーによる不気味さについての思索に目を向けることにしよう。

第一節　不気味さ（Unheimlichkeit）と人種化された身体

『存在と時間』において、ハイデガーは、不安を考察する途上で不気味さを主題として導入している。ハイデガーは、どのようにして現存在が「世人」（das Man）の無為な喧騒に誘われて――あるいは耽って――しまうのかを議論した後で、この種の世界内存在、つまり私たちが世界によって魅了されてそのうちに没入するあり方と、自分自身から引き離される経験、不安によって特徴づけられる経験を対照させている。この経験が不安をかき立てるのは、世人の反省されていない日常性から引き離されるということが同時に、現存在自身、すなわち被投性[訳注1]および自らの〈死へと向かう存在〉という徹底的な単独性に対峙することになるからである。世人への没入やそれと相関した世界内存在の様態において、現存在の関与は、ハイデガーによると「自分自身を前にして、自らの本来性を前にして逃避する」[3]ことに至る。つまり、現存在が不安を経験するのは世人における快適さや日常的な馴染み深さから引き離されるときである。ハイデガーによれば「不安にあって人は、「不気味」だと感じている」[4]。ところが、通常であれば不気味さとは異質さ、ぞっとするもの、さらに途方もないものについての感情を指す。それに対して、ハイデガーは〈居心地悪くあること［das Nicht-zuhause-sein］〉[5]という文字通りの意義も引き出している。「世人」の日常の喧騒から引き離されたとき、現存在は自らを異質なものとして経験するだけでなく、疎遠にされたものとしても経験しているのである。「日常的な親しみが自身のうちで崩れおちる。現存在は単独化され、にもかかわらずそれは世界内存在として、単独化されるのだ。内存在は、「居心地悪い」という実存的な「様態」へとはまり込む。「不気味さ」という語りかたが意味しているのも、これと別のことがらではない[6]。とはいえ、現存在の不気味さの経験は必然的にないし完全に否定的なものであるわけではない。それというのも、不安の経験を特徴づけている不気味さは、現存在の本来的様態を表しているからで、こうした経験を持たない現存在は、世人の様態のうちにずっと囚われたままで、自分自身から隠されている。つまり、このような不気味さが前触れとなる開示や隠れなさという契機があるのだ。この最後の点は、人種化に伴う二重意識という点から、とりわけ『ヘルダーリンの讃歌『イスター』』での後期ハイデガーによる不気味さについての探求という点から、さらなる熟慮に値するものである。しかしここでは、不気味さ〔die Unheimlichkeit〕の経験はどのようにして異質さと、家からの退去という一対の経験を含んでいるのかという、記述的だがいまだ規範的ではない主張を取り上げることから出発することにしよう。

異質さと「居心地悪くあること」

ハイデガーによって喚起された現存在の不気味さは、いくつかの点で人種化の経験と響き合うものである。言うまでもなく、多くの人が人種差別の経験を、まさしく異質さや疎外という形で、言いかえれば不気味なものとして記述してきた。例えばファノンがとりわけ「私の身体は引き延ばされ、分断され、改めて色が付けられて戻ってきた[7]」と述べるとき、自分の身体が異質で、馴染みがなく、化け物じみているかのようにして、自分に返されていると読むことができる。すなわち、それは

（訳注1） 被投性とは、一定の可能性へとすでに投げ込まれて存在している現存在の事実性を指す。

unheimlich〔不気味な〕の通常の意味に即しているということだ。ファノンの身体は、自らを自分自身にとって異質な者にしてしまうような意味に染められているのだ。実際、この運動は人種化された知覚作用のうちでより一般的に作動している。前章までの分析では、人種化された身体が白人性という現象野を対照にして視覚的に「目立つ」ことになったり、危険、暴力、従順さ、エキゾチックといった性格を割り当てられたりするのはどのようにしてかに注意を向けてきた。こういった身体は実際に異質なものにされる。しかし、知覚が常にすでに解釈という性格を持つという本書の分析にしたがえば、人種化された知覚の習慣が前反省的に作動しているがゆえに、これらの身体が白さを規範とする視覚野を対照にして浮き上がってくることもまた事実である。言いかえれば、人種化された身体は知覚の前反省的習慣と一致しないことによって視覚的注意と注目を惹きつけるのである。白人性の視覚的規範化は、人種化された身体を前反省的な仕方で異質なものにしてしまう。したがって、知覚における人種化という基礎的な水準においては、すでに異質さの作用が二つ働いている。すなわち、白人的な知覚野から人種化された身体を視覚的に分離するとともに、そうした身体を歪んだ仕方で解釈しているということだ。それらに加えて、人種差別や人種化の経験が、頻繁に他者からの疎外という観点から描き出されることもまた事実である。それは、社会的な場所や共同体からの排除（ドーン・アダムズによるショッピングセンターでの経験を思い出してほしい）、政治的な成員資格や言説からの排除（フランスのヴェールを纏うムスリム女性の例のように）、さらには対人関係における疎外（ヤンシーとブレント・ステープルズ）といった形をとることがある。ここには、人種差別における不気味さの経験が疎外という形で表現されるようになる数々の実例がある――そもそも疎外〔alienation〕自体、異質さと非所属という対をなす意味を利用した概念である（ラテン語のalienusは、「別のものに属している」という意味だ）[8]。

とはいえ、こうした意味の混交に、ハイデガーによる概念化がさらに付け加えている要素がある。それは、不気味さには自分自身に対する異質さ——そして「居心地悪くあること」——の経験が伴うのはどのようにしてか、という点だ。引き離されるとき、現存在は「世人」から異質さと疎遠さを感じるだけでなく、不安のうちで自分自身を不気味なものとして経験するようになる。同様に、人種化された身体は、他者から疎外されているだけでなく、自分自身からも疎外されており、そして自分自身の身体において居心地の悪さを感じていると言えるかもしれない。[9] このことは、人種化された身体が自らを習慣的身体としてではなく、むしろ自分自身の前や先に（あるいは後ろに）ある身体として経験するのはどうしてかを考察した際に、すでに見てきたことだ。例えばヤンシーは次のように述べるとき、そのことを鮮やかに言い表している。

私の黒人の身体の身体的一体性は猛攻撃を受けている。何世紀にもわたる白人の覇権が構築し、形作ってきた白人の空想が、私の黒い肉に思いをめぐらして、私が自分自身を見ているのとは一致しない形で私を吐き出すからだ。私の生きられた経験の文脈からすれば、白人の嘘のなかで産み落とされ封をされてしまった私の身体に対して、私はいわば「外」にいるかのように感じるのである。[10]

ここで、人種差別の経験が不気味さとその多様な側面において合致するのはどうしてかについてのより完全な理解が得られる。ヤンシーが議論しているのは、たんに異質なものとしての自分の身体だけではない。彼はハイデガーが述べていた不気味さの二つ目の意味を呼び起こしつつ、自分の身体が自身によそよそしく感じられ、自分が身体の外に追い出されるということも論じている。人種差別は、自分の身体を人種化された人々に、自分自身の身体における居心地の悪さを感じさせ、その結果、自らの世界内存在において居心地の悪さ感じさせるのである。

しかし、「居心地が良い《アット・ホーム》」とは何を意味しているのだろうか。このような「居心地悪くあること」が人種化という文脈で何を意味するのかをより深く理解するためには、「居心地良い」が——たんに文化的・感情的・心理学的な意味においてだけでなく、存在論的・実存論的な領域で——何を意味するのかをまずは探究していくことを私は提案する。そうすることは、人種差別の経験とは人をわが家にいないようにしてしまうことだとする主張に、より良い文脈を与え、こうした主張の意義をよりよく把握することに役立つはずである。したがって次項では、以下の問いへと進んでいくことにしよう。私たちは家ということでいったい何を意味しているのか。何が家とみなされ、また何がみなされないのか。自分自身の身体において「居心地悪い」とは何を意味しているのか。

家《ホーム》と住宅《ハウス》

私たちは概して家《ホーム》を同じ語源をもつ物体である住宅《ハウス》の観点からまず考えようとするが、家を住宅に限定することは、たいていの場合実情に適っていない。これら二つが同じものを指していないということには、正当な理由がある。しばしば言われるように、家《ホーム》は住宅《ハウス》以上のものである。というのも家は、住宅の建築〔*construction*〕に伴う物理的構造〔structures〕や素材に収まらず、たとえ住宅が解体〔*destruction*〕されても存続するからだ。とはいえ、ケイシーが『場所へと帰る』で指摘しているように、「ある意味では、家は住宅以下のものでもある。住宅は建築されなければならないが、家は建築される必要がないからだ」[11]。そのため、素材や建築の度合いはまちまちであるため、住宅《ハウス》とはいえないが、家《ホーム》とはみなされるものとして、テントや洞窟を挙げることができる。このことは、私たちが考えている類いの家が、物理的な建築物やさらには物理的な場所にさえ限定されてないという点で、家（また、私たちが居心地が良いと感じる場所）についての目下進行中の探求と軌を一にしている。だがそれなら、ある場所に家という性格を与えるのは何であるのか。建築史家のジョセフ・リクワートに倣い、ケイシーが家について考える別の方法として提起するのは、その二つ目の語源である炉辺〔hearth〕に関するものだ。リクワートの論考「住宅と家」によれば、

家とは人がそこから出発するところである。それだけは明らかである。〔…〕家はそもそも、建てられたもの、造られたものである必要があるのか。私はそうは思わない。家がたんに炉辺、つまり人間のねぐらの傍のむき出しの地面で燃える炎でしかないということもありえた。こうしたものがそれ抜きでは何もできなくなってしまうようなもの、つまり火を焚くところであり、中心点なのかもしれない。結局、家に〔炉という〕中心点がなかったとしたら、そこから出発することなどできないであろう。[12]

言いかえれば、このような「中心点〔focus〕」（ラテン語のfocusは「炉」を意味している）のおかげで、家が提供するようなある重要な機能、すなわち土台となる機能ないし方向づける機能がある。リクワートはここで、家をたんに人を囲いこむという観点からではなく、出発地として考える好機を与えている。彼によれば、「ほとんど常に、家は外に向かう中心となる炉にある」[13]。こうして家の最初の特徴づけが得られた。

しかし家というものは、なおこれ以上のものでもある。アイリス・マリオン・ヤングは、「住宅と家――一つの主題をめぐるフェミニストの諸解釈」という似たような題名がついた論考で、また別のアプローチを提示している。心理学者のヴァン・レネップのホテルに関する実験を引きながら、ヤングは次のように問いかける。「では、なぜ人はホテルの一室で居心地良さを感じないのだろうか。それは、その部屋に置かれているものを見たところで、その人自身やその人の生活習慣や生活史に属するものが何もないからだ。部屋の配置は匿名かつ中立的で、万人向けのものであるが、[…] 特定の誰かのためのものではない[14]」。ヤングにとって問題となるのは、ある場所が身体化された生活を支え、反映しているかどうかである。「家とは、たんに数々の事物なのではなく [...]、そこに住まう人たちの身体習慣や日課を支える形で空間内に配置されたものである[15]」。ヤングの場合、家となる空間――これには私たちが通常「家」とは考えないだろう、住居前の階段や街角や喫茶店といった、都市研究において「第三の場所[16]」として知られている場所も含まれている――には、そこの住民の日常的で身体化された関心が浮かび上がっている。外に向かう中心となる炉辺というリクワートのモチーフとは対照的に、ここでは一連の注意や志向性が家となる空間全体に張り巡らされ、主体の身体化された習慣を通してまとめられている。実際、家は身体的習慣を反映し支えているだけでなく、身体的習慣を能動的に可能にしている、とまで言うことができる。つまり、ヤングのホテルの例を続けるなら、ホテルはある人の自己や習慣をいささかも示していないだけでなく、そういったものに染まることもないのだ。個人の使用歴や配置の移動というのは、新たなチェックインがあるたびに、また午前中の客室清掃がなされるたびに、きれいに取り除かれる。他方、家は、身体化された習慣を反映しているだけでなく、習慣を培うことを能動的に可能にしている。こういったホテルと家の機能的差異は、物理的な堅固さや馴染みの度合いとともに、法的な貸借権の有無、滞在の期間や目的の差異に由来するものだが、これらの差異が合わさることで、根本的に異なる関係、家の場合、身体的な歴史や習慣を辿り、育みうるという特徴を持つ関係が生み出される。したがって家らしさ《ホームリネス》とは、リクワートが折にふれて示唆しているように、[17]私たちが家に持ち込む別個のものではなく、むしろこうした空間との継続的で進行中の相互作用の仕方そのものの内で、実現されるものなのだ。身体化された習慣の場所という家の二つ目の特徴は、空間や場所が誰を支えているのか、あるいは誰のためにデザインされているのかをはっきりと考察することを可能にする点で、人種化による不気味さの分析とのさらなるつながりを開くものなのである。[18]

家と住まうこと

私の考えでは、家を概念化する重要なやり方がもう一つある。それは家のおかげで最も可能となる活動、すなわち、家の動詞形であるような住まう〔to dwell〕という観点から、家を概念化するというものだ。住まいは、それ自体〔住まうことと住居を意味しうる〕両義的な概念であるものの、何が家を家として印づけるのかについて、さらに考える際に役に立ちうる。一九五一年の講演「建てること、住まうこと、考えること」においてハイデガーは、単純にどこか住みかを提供されていること〔behausen〕と、そこに住まうこと〔wohnen〕とを区別している。

トラックの運転手は、高速道路上を家にいる〔zu Hause〕ように運転するが、そこに宿泊している〔seine Unterkunft〕わけではない。女性労働者は、紡績工場内で家にいる〔zu Hause〕ように働くが、そこに自らを住まう場〔ihre Wohnung〕を持っているわけではない。主任技師は、発電所内で家にいる〔zu Hause〕ように働くが、そこに住んでいるわけではない〔er wohnt nicht dort〕。いま挙げた建造物は、人間に住みかを提供する〔behausen〕。人間は、そうした建物を住みかとする〔bewohnt〕が、しかし、そうした建物に住まう〔wohnt〕のではない。[19]

ハイデガーにとって、物理的にどこか住みかを提供されていることと、そこに住まうこととの間には、決定的な違いがある。この違いには住まうことの特別な性格が利用されている。この講演でハイデガーが、建てることとの問題、および場所との私たちの技術的連関にも関心を向けていることを踏まえれば、住まうという概念が建てるという実践のなかで変容を被り、両者が同じ試みに加わっているという点で、根本的に同調していることがわかる。その手がかりは、ハイデガーからするといくぶん予想通りではあるが、言語のうちにある。「では、bauen〔建てる〕とはどういう意味なのだろうか。建てるに相当する古高ドイツ語 buan は住まうを意味する。この場合、滞在、一つの場所に留まるという意味である」[20]。ここでいったん立ち止まって、建てることと一緒に理解することで明らかになる、住まうことの第一の意味を書きとめておこう。その第一の意味とは留まること〔staying〕である。住まうことと建てることは（建てることはある程度の物理的な耐久性を必要とする限りで）、どちらも留まることに存する。このことは、先に私たちが家の定義に到達しようとした試みと符合している。そこでの定義では、家とはある重要な意味において私たちが留まるところであるというものであった。実際この立場は、ハイデガーの講義『ヘルダーリンの讃歌『イスター』』序盤の発言と共鳴するものだ。そこで彼は次のように主張している。

「住まう」とは、技術的・実際的に見た場合、何らかの宿泊居住というものを所有することである。そうしたことは確かに住まうことに所属しているものの、住まうことの本質を充足ないし基礎づけるわけではない。住まうとはあるところをえることであり、そのところの内に駐留することである。しかもそれは人間がこの地上に存在するという意味である。そのところとは時を過ごすことである。それは間を必要とする。[21]（引用者による強調）

ここで注意すべきことは、このように住まうことを留まるあるいは駐留として定式化したのはハイデガーの独創ではないということだ。例えばリクワート独自の語源的思索においても、その形跡がみられる。「とはいえラテン語にはまた、住宅《ハウス》を表す言葉が二つある。すなわち、建てられたものとしての aedes、そして休息する場所としての——これは家《ホーム》で特に強調される意味であるが——mansio である。後者は maneo、つまり私は留まる、ないし駐留することに由来する」[22]（引用者による強調）。またヤングも同様に、家事《ホーム・メイキング》活動を論じるときに留まるや保存という概念を持ち出して、次のように述べる。「家とは、私が自分の生活の物質的所有物を保管し、使用する空間であり」[23]、「伝統的に女性の領分とされる家庭内での活動は、今日でも多くの女性によって続けられているが、その一部は家の数々の物や意味を保存することに存する」[24]（引用者による強調）。とはいえ、留まるとしての住まうというこの一般的な図式からすると、ある興味深い逸脱がケイシーの議論のなかにはある。彼にとって住まうとは、逆説的にも留まるかつ／あるいは放浪するということである。これは興味深いことだ。というのも、彼もまた語源に遡る形でそこに辿り着いたからだ。自身の地元の古いアーケードが住まうことの一形態をもたらすという主張を説明するとき、ケイシーは次のように述べる。

定住しないこととしての住まうことだって？　それは何を意味しているのか。住まうという語の一見すると正反対の二つの語源へと遡ることで、ある重要な手がかりを見つけることができる。二つの語源とは、長居する、遅滞する、逗留するという意味を持つ古ノルド語の dvelja と、道に迷う、誤る、放浪するという意味をもつ古英語の dwalde である。二つ目の語源は滅多に取り上げられないが、私のアーケードの思い出にはむしろよく当てはまっている。そこでは、通行人は通りから逸れて映画やイメージやファッションの世界へと入り込むよう促される。人はこうした種類の世界の内に「迷い込み〔dwalde〕」、それに身を委ね、その導きに従うことがある〔…〕。住まうとは定住することによってではなく、放浪することによって実現されるのだ。[25]

住まうという語の相異なる語源を認めて後者の語源を探索することで、ケイシーは住まうことの様式や場所を、街角やアパートの住居前の階段といった形で、よりいっそう多様な仕方で考えられるようになっただけでなく、ハイデガーとまったくといっていいほど対照的に「私たちは、通勤している人たちが日々行っているように、自動車に住まうことさえある」[26]と告げることもできた。それにもかかわらずケイシーが認めるのは、いくつかの場所が他の場所よりも、より「完備された」居住様態の支えとなるということ、最低でも「繰り返し帰ってくる」ことができ、ある種の「親近感」[27]を持てるような場所は特にそうである、ということだ。

＊休息としての住まうこと

こうしたことにもかかわらず、住まうことを留まるないし駐留することとして特徴づける動きは、私たちの目的にとって重要なものである。それはもう一つの重要な用語である休息すること〔resting〕の軌道に私たちを乗せることになるからだ。これはハイデガーのうちに聴き取られ、リクワートやヤングとも共鳴するような留まると駐留としての住まうことは、絶え間ない変化に必ずついてまわる混乱や適応およびそれらが必要とする努力から留まることと駐留が解放してくれるという点で、安らかさ〔restfulness〕を含意している。リクワートが家に安定と幸福を結びつけているのは、こうした理由からであろう[28]。同一の場所に留まる《レスト》ことで、私たちには休息が与えられる。この二重の意義――留まると安息〔repose〕としての休息――が英語ではうまく捉えられている[29]。実際、先に引用した一節に続けて、ハイデガーが駐留することと時を過ごすことの議論を行い、即座に次のような主張をしていても驚くにはあたらない。「このような合間に人間は休息を見出す。〔…〕休息は、自分自身の本質の揺るぎなさに基づけられた安息なのである[30]」。私たちが留まる場所――あるいはケイシーの場合私たちが帰る場所――としての家は、実質的には休息する場所である（とはいえそれだけに限られるわけではないが[31]）。またケイシーの言う住まうことが、放浪することにおいて実現されることがあるのに対して、リクワートの出発地としての家とケイシーの休息としての家はともに、世俗的な旅行に伴う労苦や疲労、あるいは浮足立った気分をも帳消しにするということもまた事実だ。ケイシーが述べているように、「「家で過ごすこと〔staying at home〕に勝るものはない」理由は、まさしく家では〔at home〕「私はどこにいるのか」「次の食事はどこから来るのか」「この世界に友達がいるのか」といった問いに私たちがふつう直面する必要がないからである[32]」（原著者による強調）。

もちろん、このように休息する場所として家を特徴づけることは、住まうという活動の検討を通じて到達したものなのだが、本章の最後に考察することになるさらなるつながりも引っ張ってくる。休息が留まると安息の二つの意味を持っているのに対して、安息という二つ目の休息の意味は、身を引くこと〔retreat〕という概念を私たちにもたらす。それは、それ自体生産的な形で二つの意味を持つ語である。休む場所として家が特徴づけられるのと同様に、ここで隠れ家《リトリート》という語は、安息の場所としての家を記述するために用いられうる。隠れ家は、当然のことながら休息とリラックスのための場所であり、典型的には外の世界の喧騒から隔離されている。この意味で、名詞としての隠れ家は、家のような場所には混乱や不安がないという、先に認められたことと呼応しているのである。家の方が隠れ家の一種となるかもしれないのだ。しかし、撤退《リトリート》という身を引くことのもともとの意味を踏まえると、この言葉がはっきりと浮かび上がらせているのは、後に検討するように、家と居心地良くあることが私たちをとりまく世界からのある種の離脱という形で働いているかもしれないということである。

とはいえ、家を人が住まい、（留まり、安息するという意味で）休息するところとみなす、この第三の特徴づけは、ヤングによって提起された身体的習慣に関する二つ目の問いへと立ち返らせることになる。習慣と休息との関係は、私の考えでは共依存的で同時発生的である。例えば、一方では、家が私たちの身体的習慣を支え、またそこにその習慣が反映されているからこそ、私たちは実際に休めている。つまり様々な物が、ハイデガー的な「手許性」でもって私たちが使用できるものであり、またそういった習慣によって方向づけられているため、私たちは家の空間を進んでいくためにさらなる努力やエネルギーを費やす必要がない。家に馴染んでいるということによって、私たちはくつろぐようになる。言いかえれば、私たちがそこに慣れ親しんでいることによって、安らげる可能性が開かれるのだ。（家のこうした休息性は、ガストン・バシュラールが〔彼の言葉では〕住宅の唯一無二の重要な性質を、それが「白昼夢をかくまう」という点に見てとっている際に言わんとしたようなものだ。[33]）実際、身体的習慣それ自体は、家や他の場所や何らかの状況に対してであれ、私たちのはっきりとした注意に頼ったりそれを必要としたりすることがない仕方で関与できるようにする。そのようにして、私たちが感覚情報を新たに処理することも、馴染みのないもののために努力して身体空間や身体運動を操ることも、求められなくなる。しかし、同時にまた、私たちが家において身体的習慣を培うことができるのは、まさしく家が休息場所であるからというのも正しい。すでに指摘したように、私たちがホテルではなく、それぞれの家で身体的習慣を蓄積していくのは、私たちが家で休息する（留まる）からである。私たちが留まることのないホテルとは対照的に、家に一定期間休息することで、その空間への継続的な関与が可能となるのであり、この関与が今度は、意味を生み出し、その意味を発展させることを可能にしてくれるのである。以前は何もなかったこの部屋の隅に、いまでは机と椅子が置かれ、そこの食器棚が本の置き場として再利用されると、私は日々書き物をするためにそこに来るようになり、いまでは書斎となっている。空間は、私たちがそこと持続的かつ有意味に関与することに基づいて〔特定の〕場所になり、そうすることで私たちに慣れ親しんだものになる。私たちがひとたび運転やダンスの「習慣」を獲得すると、これらの活動をくつろいで行えるようになる（この点は第一章で論じた）のと同様に、私たちが居住空間でひとたびくつろげるようになると、その空間は習慣的な場所になるのだ。言いかえれば、習慣と休息が繰り広げられるのは家が醸成されていくなかでであるという意味での相互性が存在するのだ。

家についてのこのような思索は、三つの重要な特徴——家は、出発地を提供し、身体的習慣と共に生まれてそれを支え、休息ないし身を引くことをもたらす――を、そこから生じて来るいくつかの複雑さも示唆しつつ、明らかにしてきた。これらの特徴は、人種化された身体の不気味さについて本書の主張を深めてくれるはずだが、それらの見取り図は示したので、ここで問題となっている特殊な種類の家、すなわち身体という家への検討に移っていくことにしたい。

家《ホーム》としての身体

本書を通じて提起されている現象的身体は、それに含まれる一切のこととともに、どのような形でそれ自体一種の家をなすのであろうか。確かに、このような家としての身体という結びつきは、メルロ＝ポンティによる生きられた身体の議論のうちにすでにあった。生きられた身体は何らかの客観的視点、あるいは距離を隔てた視点から経験されるものではなく、むしろ直接的に住み込まれるものである。論考「眼と精神」の冒頭においてメルロ＝ポンティは、「科学は物を操作するが、物に住みつくこと［habiter］を断念している」[34] と断言している。他方で、メルロ＝ポンティ自身の現象学的プロジェクトは、住み込まれるないし「生きられた」身体（le corps vécu）を哲学的探究や洞察の場として救い出す努力であると理解することも可能である。しかし、私たちはこれ以上に具体化することができる。先に提案した、家についての大まかに三つに区別される特徴を踏まえると、メルロ＝ポンティの身体論のなかに一つひとつ対応する点が見出せる。第一に、リクワートが家を私たちの典型的な出発地とみなすのに対して、メルロ＝ポンティにしたがえば、私たちの身体も私たちの出発地をなす。『知覚の現象学』では、身体の恒常的現前――それは「私の側」の恒常性である――は、世界に対する私たちの接近方法に最初の（そして永続的な）パースペクティブを課すものである。「私の窓からは教会にたいしてただ一つの観点しかとり得なくなっているためには、そもそもまず、私が身体を持つことによって私が世界に対してただ一つのパースペクティブしかとり得なくなっているのでなければならない[35]」。言いかえれば、私たちの身体は世界へ参与するための私たちの出発点なのであり、それが意味するのは、身体はこの参与の枠組みとなるだけでなく、それを可能にするということだ。身体もまた、私たちがそこから出発するところなのである。第二に、家が身体的習慣を反映し、身体的習慣を惹起するということによって特徴づけられる点で、メルロ゠ポンティは身体を次のように述べる。それは「原初的習慣であって、他の一切の習慣を条件づけ、それらを了解できるものとする習慣である[36]」（引用者による強調）。生きられた身体とは、身体的習慣を可能にするとともに、身体的経験を通じて活性化されるようなものだ。実際、ケイシーが記憶に関する議論において論じているように、習慣は二つの理由から身体的経験に対して特権的な関係を持っている。第一に、習慣は「私たちが担い、そして私たちを運ぶ過去と接触するときの最も普及しながら最も捉えがたいやり方」だからである。第二に、習慣は身体の表現力とスタイルと非常に緊密に結びついているからである[37]。習慣が「生きられた」身体となるよう身体を活性化するのに対して、その人固有の身体の恒常性は、習慣の発達を可能にしているのだ。

最後に、メルロ゠ポンティの現象的身体は、住まうことと留まることについての本書の議論と一致するものでもある。すでに指摘したように、身体が私たちに恒常的に現前し、私たちにとって逃れられないものである限りで、私たちは自分の身体のうちに留まっている。このように留まることは、現象的身体をくつろげるものにするという仕方で習慣の発達と絡み合っている。メルロ゠ポンティの習慣的身体に関する本書の記述では、習慣的身体は努力や妨害なしに動くものであり、それどころか、自分自身や周囲のものにくつろいでいるというはっきりとした感覚がある――実際、これこそ、本書の人種化の分析が批判し始めている論点である。習慣的身体のうちでは、家のうちにいるときと同様に、私たちにはある程度の休息が与えられている。こういった一致を踏まえれば、身体はある種の家であるだけでなく、独自の意味で身体は一つの家であるのであって、私たちは身体のうちで居心地が良い《アット・ホーム》、と言えるのである。

以上に加えて、あるいはまた別の形で、キルステン・ジェイコブソンといった学者は、身体と家を並行的に理解することについて同様に論じていた。ジェイコブソンは論考「発達した自然本性――家の経験の現象学的説明」において、家と住まうことについての考えは、現象学者のなかでハイデガーと最も明白に結びつけられているが、実際にはメルロ＝ポンティの「生きられた身体」と「水準」という概念にも同じように存在していると論じている[38]。メルロ＝ポンティにおける（またより一般に実存的現象学における）身体は、家と似たもの、あるいは実際には一つの家であると主張することで私が論を進めているのに対して、ジェイコブソンは反対に、家は身体と似たものである、あるいは私たちの「第二の身体」[39]であると主張することで、その問いに取り組んでいる。したがって、これら二つの分析は対称的である。身体には出発地としての家という考え方と類似した点があることに私が注目するのに対して、ジェイコブソンはその逆のことに着目する。例えば彼女は次のように述べている。「私たちがすでに説明してきたように、家が最初の安定した場所であり、自己の基盤である点で、家は最も基礎的な水準において身体と似ている[40]」。その上、住まうという発達した自然本性、さらには身体化された存在という発達した自然本性に関するジェイコブソンの主要な主張は、住まうことを習慣が培われる際の継続的な企てとする私たちの先の議論と共鳴している。とはいうものの、ジェイコブソンと私が、家と身体が一致すること（「家‐身体」という有用な言い回しでジェイコブソンがしばしば呼ぶもの）に同意しているとしても、後で示すように、家の質的な特徴づけに関する見解は異なっている。ジェイコブソンの場合、家は主として囲いこみと避難という観点から形作られる（ちなみに、このことはハイフンなしの「家身体」という語にふさわしい働きをしている）のに対して、人種化された経験に依拠して私が論じるのは、家――そして身体――は、彼女が認めるよりも構成上ずっと多孔的だということである。この出発点は、これから見ていくように本章の後半では重要な意義を持つことになるが、そこで私たちは、家と身体を島のようなものとして想像してしまっているのではないかという懸念から、「家‐身体」の議論が持つさらなるニュアンスに目を向けることになる。

とはいえ、いまのところ私たちが見てとることができるのは、（これまでに特徴づけられた限りでの）家と身体との類縁性に加えて、いくつかのより具体的なつながりである。例えば『場所へと帰る』においてケイシーは、建築の設計図がしばしば身体の構造図を反映している様を考察している。その考察には、人間の身体的形態と建物の類似性とともに、建物の「上向きの作用」が含まれている。「したがって、建てられた場所は私たちの身体の延長である。居住するために建てられた場所はむしろ、すでに存在している私たちの身体性を、私たちが住まう生活世界全体へと拡大したものだ」[41]とケイシーは述べている。ドルー・リーダーは、『不在の身体』のなかで次のように賛同している。「人が住まう住宅《ハウス》というものは、身体に合わせた周囲世界の再構築であり、また私たち自身の身体的構造の拡大でもある。住宅の壁は、保護するための第二の皮膚を形作り、窓は人工的感覚器官として働く。ベッドルームやキッチンといった部屋全体は一人の身体的機能のためにある」[42]。身体の内部組織や生理機能を真似たり拡張したりしていない場合でも、建物はしばしばそうしたものと共鳴するように設計されている。建物が土台の上に垂直に建てられることは、重力や直立性に関する私たちの身体的経験を物語る[43]。建物――とりわけ私たちが住まう建物――は様々な点で身体的なのだ。このことを踏まえれば、なぜケイシーが住宅と身体には徹頭徹尾、類縁性があると結論づけたのかを理解することができる。このつながりは、「私たちのまさにアイデンティティに関わるもの」なのであり、それというのも「私たちは自分たちが住む場所によって、そしてそれとともに、自分自身が何者であるのかを同定する傾向があるからである[44]」。

実際、こういった指摘は、ハイデガーが「建てること、住まうこと、思考すること」で住まうことについて思索しているときにも、すでに現れている。そこでハイデガーは、住まうことが位置づけの問題には留まらず、存在そのものの一様態になることを強調している。

> では、私がいる〔ich bin〕、とはどういう意味だろうか。「bin」という語の由来をなす古語 bauen はこう答えてくれる。「私がいる」、「君がいる」とは、「私が住む」、「君は住む」という意味だ、と。君がいる、私がいる、という場合のそのあり方、つまり私たちがこの地上に存在する仕方とは、buan つまり住むことなのだ、と。人間であるとは、死すべき者としてこの地上に存在するということであり、つまり住むということなのだ、と[45]。

（名詞としての）建物における身体、そして（動詞としての）建てる身体についての考察に加えて、どのようにして身体が私たちの最初の家となるのかも考察してみよう。最初の家とは、たんに自分の身体の恒常的な現前というメルロ＝ポンティによる形而上学的意味だけでなく、私たちが最初の住まう場所としての母親の身体という意味でもそうなのだ。[46] 妊娠中の身体は、文字通り私たちの誕生、懐胎、栄養摂取、発育の最初の場所である[47]――それゆえ全く些細と言えない意味で、私たちの最初の家である。[48] ここでは、自分自身の身体ではなく母親の身体こそ、私たちに休息の場所と私たちがまさしく文字通りそこから「出発する」場所をもたらしている。ここで私は、とりわけヤングやリュス・イリガライといった思想家によって探究された、はっきりとフェミニズム的で間主体的な含意をともなう、出所《でどころ》という複雑な問題を十分に取り上げることはしない。ただし、最初の養育者という母親の役割を考察しないで家を称賛する人たちに警鐘を鳴らすために、問題提起はしておきたい。[49] とはいえ、ここで家と身体との豊かで多様な類縁性のいくつかについてよく考えてみると、人種化された不気味さについてこれから行う分析で問題となるのは、居心地悪くあることが身体的経験の水準と、自分の周囲に関する場所的な経験の水準双方に、どのような影響を及ぼしているのかという点であることがわかる。

ここまである程度持続的にこうした類縁性に取り組んできたが、その一方で、家と身体の並行関係を強調し過ぎないことも重要である。つまり、家と身体は似ているが、同じではない。[50] 確かに身体は家と似ているが、身体は家と関係してもいることをとりわけ心に留めておく必要がある。つまり、家というものは、身体が住み込む場所であり、身体が動き繰り広げられる場所なのだ。それゆえ、家はこのように身体にとっての世界のようなものとして働いてもいる。すなわち、家は疑似世界なのだ。実際、バシュラールにとってみれば、家とは「人間存在の最初の世界」[51]であり、「私たちの最初の宇宙である。それはまぎれもなくコスモス」[52]である。このことは、家が身体の生活圏を提供してもいる点で、家と身体を区別する重要なポイントの一つを示している。つまり、家と身体の関係はたんに共鳴関係であるだけでなく、入れ子関係でもあるのだ。したがって、多様な点で身体は家に似ているように見える――身体がまさしく自分だけの家であるとみなされるかもしれないように――としても、私たちは一方を他方に還元してしまわないよう気をつけなければならない。ジェイコブソンを思い起こせば、家は身体と似ているかもしれない。しかしこのことは、家は身体であることを意味しない。むしろ家は世界と身体という二つの極にはさまれている。さて、このことを念頭に置いたうえで、ここでは、家や居心地良くあることの様々な次元についての考察が、すぐさま身体的なものの圏域へと移し替えられるわけではないにしても、身体化された存在の本性について極めて示唆に富むということを前提にして、次に進んでいくことにしよう。

人種化されて居心地が悪い身体と「世界」を巡る旅

家を概念的に論じたことで、私たちはいまや人種化された身体の問題を改めて考察することができるようになった。人種化の経験は居心地の悪さを感じるという意味で、不気味さの経験であると本書が主張するとき、いったい何が言われているのかを考察し直すことにしよう。すでに見たように、人種差別と人種化の双方の経験は、しばしば自分自身や他者から疎遠になる経験、すなわち異質であると感じ、他者から距離があるという二重の意味で、疎遠になる経験になぞらえられる。このような二重性は、本章で検討してきた概念、すなわち不気味さや疎外といった一群の諸概念と関連している。家についてのより細かい分析を行うことで、いまや私たちは、自分の居心地の悪さに気づくことが持つ現象学的で実存論的な含意のいくつかを引き出すことができる。ある意味で私たちは、人種化の身体的経験が「家」の最初の二つの特徴をどのように辿るのかをすでに考察してきた。身体的断片化、また自分自身の前や先にいるという経験についての議論には、出発地としての家という私たちの考えと相いれない根源的な退去という発想がある。自己がここにもそこにも位置する存在として同時に経験される場合、その人の出発地は結局どこになるのだろうか。身体的断片化に加えて、第一章における過剰な規定と前もっての規定の分析も、人が常にすでに「その現場」に出されているとすれば、純粋な「出発」に関するいくつかの概念を切れ味の悪いものにする。第二に、身体的習慣に関する本書の議論では、人種化された身体のいくつかの経験のされ方は、住み込まれるものという形で特徴づけられた。身体図式の発達は黒人男性にとってただ否定するだけの活動であるというファノンの主張を思い出そう。したがって、以下において私は、住まうことと休息をめぐる問いに注目する。これはとりわけ家の分析によって引き出される問いである。どのようにして人種化された身体性は、居心地良くあることの第三の意味、つまり休息しているという意味と対立することになるのだろうか。

論考「遊び心、「世界」を巡る旅、愛に満ちた知覚」においてマリア・ルゴネスが述べる見解によれば、アメリカ合衆国で主流をなす生活から外れている者——彼女が具体的に想定しているのは有色人種の女性であるが、その分析は考えられるあらゆる他者へと拡張することができるだろう——であるという経験には「「世界」を巡る旅」と彼女が呼ぶ実践が伴っている。この用語の二義性は、これから論及する理由から非常に生産的である。第一に、「「世界」を巡る旅」という表現は、主流の世界に対する周縁ないし外部にいる有色人種の女性が、社会的・政治的領域に何とか参加していくために、それらの領域で妥協させられたり、歪められたりしたアイデンティティや自己の感覚を保ち続けながらも、旅するという実践に従事させられている様を描いている。彼女は次のように述べている。

人はこれら「いくつもの世界」の間を「旅する」ことができ、これら「いくつもの世界」の複数に、まさに同時に住み込むことができる。私が思うに、例えばアメリカ合衆国で支配的に構築され、また組織づけられている生活の本流から外れている私たちのほとんどは、必要に迫られて生き抜くために「世界を旅する者」である。同時に複数の「世界」に住み込み、また「いくつもの世界」を「旅する」ことは、私たちの経験と状況にとって切り離すことのできない部分であるように思われる[53]。

「旅」というメタファーの使用は極めて有益である。というのも、それによって私たちは、居心地良く《ビーイング・アット・ホーム》あることという術語との対比のもとで、このような実践を捉え直すことができるようになるからである。自分自身や自分の世界に対して居心地良くあることの経験と対比して、ここでルゴネスが記述しているのは有色人種の女性たちの次のような経験である。すなわち、彼女たちは様々な「いくつもの世界」を常にたゆまなく転々と旅しなければならず、また完全には居心地良くなることがないこれらいくつもの世界を、彼女たちは切り抜けていかねばならない。実際、旅の必要性を引き起こしているのは、まさしく居心地が悪いと感じる――あるいは、本書の最初の分析との関連で言うと、「くつろぎ〔at ease〕」がないと感じる――経験にほかならない。マリアナ・オルテガは、ルゴネスを論評するなかで次のように述べている。「しかし、「世界」のうちでくつろいでいることは、「世界」を旅する自己の特徴ではない。それは、支配的な集団によって「異邦人」や「よそ者」とみなされ、彼ら彼女ら自身の文化のうちでももはや完全にくつろぐことができないが、別の文化の只中でもくつろげない個人の特徴にはならないのだ[54]」。

本章ですでに議論した、人種化の経験において居心地悪くいるという現象、そして前章で論じたくつろげないという現象は、そのように位置づけられた自分に気がついたときに、その人はどうするのかについての議論によっていまや補足されることになる。すなわち、人種化という疎外経験について先になされた記述は、そうした経験を見定め、よりよく理解することに役立つが、ここでは、こうした経験がどのように対処され、切り抜けているのかについての分析に移っているのである。ルゴネスによる旅という概念は、このような対処戦略の一つである。例えばファノンが、自分の同類に囲まれている黒人は「些細な内輪の争いを除けば、他者を通じて自らの存在を経験する機会が一切ない」[55]と述べるとき、彼が暗に記述しているのは、白さを規範とする世界から浮いてしまっているときには他者を通じて（また他者に対して）存在するという経験である。けれどもそのようにして存在するとき、ファノンは、「自分の同類」に囲まれていないような世界のうちで、しかも実際には自分に敵対する世界のうちで、奮闘し、生き、活躍しなければならない。そのため、自らの世界をわが家にいないこととして経験することのうちで、彼の前に立ちはだかっている課題は、彼自身を居心地良くする方法を見つけ出すことにほかならない。私たちは、ただ家を見つけ出すだけでなく、それをつくり出さなければならないのだ。人種差別の経験によって退去させられ、居心地が悪くなってしまったために、ファノンの課題は家を見つけ出すこと、また家によってもたらされるものを、彼に与えてくれるような場所を見つけ出す、あるいはつくり出すことになる。このような「見つけ出すこと」こそ、ルゴネスが「旅」と呼ぶものであろう。

しかし、このような「旅」の必要性を軽く見積もってはならない。第二章では、人種化された人たちが、自らの身体に投影されている人種差別的な恐怖やフェティッシュに対処する負担、「ヴィヴァルディを口笛で」吹く負担を抱えている実態を見た。そこには、多様でしばしば敵対的ないくつもの世界に対処する負担と相当するものがある。ルゴネスが旅の必要性を生き抜くことの問題として言及していることから示唆されるのは、そういったいくつもの世界のうちで居心地良くいられない人たちの肩に、切り抜けるための負担の大部分がのしかかっているということだ。余暇的な旅行の場合と同様に、旅する者は自ら立ち退くことで、行き来するのに一定量の努力、エネルギー、資源が要求されるほどに遠く離れている、いくつもの世界を訪れる。「いくつもの世界」が移動するのではなく、旅する者が移動するのだ。したがって、人種化に伴うストレスについての前章の議論を取り上げ直して、強制的に旅させられること、つまり「強制移住」という様相のもとでそれを引き継ぐことができる――この主題を権力の問題との関連においてさらに探究していきたい。先に見たような距離を横断する際に費やされる努力に加えて、こうした過程を通じて（たとえ複数の自己がいるにしても）一つの継続的な自己の外観を手放すことなく、複数の世界をまたぎ、自らを理解可能なものにすることに伴う作業と混乱がある。だとしたら重要な点で、ルゴネスが記述したこの経験は、ヤングやケイシーや他の論者たちによって記述された、居心地良くあることの快適さや安心の経験と鋭い対照をなしている。それゆえ、実存的なストレスについての先の議論や、人種化された人たちを病理的であるとする特徴づけも、目下の議論と響き合っている。居心地良くあることには、ある程度の（物理的・感情的）安定性であったり、休息や安息するための場所であったりが含まれているとしよう。その場合、いくつもの世界をまたいで、その間を絶えず旅しなければならないという経験は、そうした安定性や場所が明らかに欠如していることによって特徴づけられる。この経験には絶え間のない変動が含まれているのだ。こういった家《ホームプレイス》のような場所が欠如していることは、本章のエピグラフで引用した『メディア』の窮状に接して合唱隊が歌うように、深刻な不安を引き起こし、トラウマを植え付ける経験となりかねないのである。

しかしすでに指摘したように、旅というメタファーは実り豊かな多義性を持つものだ。いくつもの世界の間を何とか切り抜けようとする活動を、ルゴネスが（「対処する」あるいは「切り抜ける」といったどれも作業を含意する言葉とは対照的に）「旅」として記述するのは、そういった作業の価値ある瞬間、創造的な瞬間、さらには楽しくさえある瞬間も熟慮するよう、私たちに促そうと意図しているからだと思われる。なんといっても旅というのは楽しいものなのだ！ たとえ旅が楽しくないときでも、目を開かせるものではあるだろう。旅は、私たちを様々な場所へと連れていき、異なる生き方やあり方、旅をしなければ出会うことがない人々や文化に私たちを触れさせる点で、価値ある取り組みである。実際、こういった出会いはしばしば、私たち自身の暮らしやいくつもの世界を見直す心機一転した新しい観点をもたらし、私たちを変容させる影響を及ぼしうる。人が巻き込まれている家《ホーム》や世界からまさしく隔たっていることによってこそ、物事に対してこれまでとは違った仕方で試み、見てとり、経験するゆとりが、私たちに与えられたりするのである。別の言い方をすれば、他者の目（さらにはまなざし）を通して、私たちは自己を新たに見直すことがあるということだ。このように、旅は、いくつかの条件のもとでは、旅する者とその人が訪れた世界のどちらにとっても、価値ある取り組みとなる。まさにこのような精神に基づけば、ルゴネスにとって旅は、新しい倫理的可能性を開くことができるものなのである。

しかし私たちが愛情を持って旅をすることができる「いくつもの世界」が存在し、そこへと旅することは、そこにいる住人たちの少なくとも何人かを愛することの一部をなす。誰かの「世界」へと旅することはその人と同一化する手段の一つである。そのように私が考えるのは、誰かの「世界」へと旅することによって、私たちは、その人がどのような人であるのか、またその人の目からすれば自分がどのような人であるのかを理解することができるからである。[56]

したがって、家は確かに先に指摘した点で――出発地、身体的習慣を跡づける場所、休息場所として――重要な意義を有しているが、その一方で、家に対して過剰に愛着を持つことや家と過剰に同一化することには一定の危険性が伴うということもまた正しい。言いかえれば、世界があまりにもくつろげるものとなったり、世界があまりにも居心地良くなったりすることで、人が他者たちと出会うことをやめ、他人の目から自分がどのように見えるのかを考えられなくなってしまうということがありうるのだ。ルゴネスはこの問題を次のように捉えている。「私は、［一つの「世界」のうちで］最大限にくつろぐことはいくぶん危険なことであると思っている。なぜなら、それは「いくつもの世界」をまたいで旅する気質や「世界」を旅する経験を持たない人たちを生み出してしまいやすいからだ[57]」。ここで私たちは、白人性の経験に話を戻すことができるが、それは、白人性が自覚されないままどこであっても生きられるとき、このようなあまりにも居心地良く、あまりにもくつろいでいることのいくぶんかを体現しているからである。第二章での権限と白人の身体性に関する議論で述べたように、白人の身体は、人種化された図式のうちにあり、習慣的身体であり、居心地が良く、自らに対して問題として現れない身体である。このことは確かに、多くの利点と特権をもたらす（その多くは蓄積され、極めて分かりにくいものとなっている）。しかし、ルゴネスが行った分析は、こういった存在様式の危険性と相対的な貧しさを指摘しているのだ。このことは、白人性についての批判的運動に携わる人たちにさらなる次元――過小評価されがちな次元――を加えることになるが、そうした運動においては、白人の特権を否認する「人種への反逆」という戦略が有色人種との連帯という名のもとに展開されている。エミリー・リーは、そのような戦略の政治的目的や有効性に異議を唱え、その戦略は努力すべきところを誤っていると主張している。[58] 私はさらに、こういった戦略によって反人種差別の闘争のなかで、白人と非白人が真に連帯する機会が逸せられることも付け加えたい。具体的には、白人自身の存在もまた、人種差別的な差異化と従属化のシステムのうちで危機に瀕しているという点が見過ごされているのである。ルゴネスの分析が示しているように、白人性を特徴づける、ある種あまりにも居心地良くあることには、それなりの落とし穴がある。つまり、「世界」を巡る旅をすること、あるいは他人の視界から自分自身を見つめることが不要であるために、より一層貧しい倫理的な存在様式になりかねないのだ。[59] 反人種差別的な研究という文脈において、このような様々な意義を持つ家と旅の分析は、政治的連帯のより完全なモデルを生み出すことができると私は主張する。その連帯の精神は、ガングル人女性でオーストラリアのアボリジニ活動家であるリラ・ワトソンが、一九八五年の国連で行った演説において痛烈に捉えられている。「もしあなた方が私を助けるためにここに来たのであれば、私たちの時間を無駄にしています。しかし、もしあなた方の解放が私の解放と結びついているためにあなた方が来たのであれば、一緒に働きましょう[60]」。

最後に、ルゴネスの分析は、白人性のシステムに無自覚に加わっている人たちだけに当てはめるべきではない。その分析は人種化された身体に住み込んでいる人々にも等しく関連している。すなわち、そこで作動している権力の力学は、人種化された人たちにとってみれば疑いようもなく決定的に異なっているが、家を理想化し、物象化することに対するルゴネスの警告は、オルテガが「家の戦略――自己の位置づけ、所属、家《ホーム》の問題」という論考でより一層詳細に取り上げているように、政治的な場面では、何であれ一つの種類の存在や観点で同質化してしまうことに対する警告へと翻訳される。言いかえれば、人種化された身体が自分自身を居心地が悪いものとして経験する世界において、家を見つけ出したり、自らを家にしたりするという政治的な対応が、新たな「他者」を締め出す新しい要塞を築くことになってしまってはならないのだ。オルテガは次のように述べている。

国境を超える者たちや世界を旅する者たちにとってさえも、家がなお問題であり続けることは否定しようがない。おそらくこうした人々にとっての家は、見つけることがより困難であるように見えるがゆえに、より骨の折れる問題ですらある。しかし、所属しようとする意志決定が安全と快適さを感じさせてくれるとしても、こうした安全には限界や落とし穴があることも認めざるをえない。その落とし穴とは、真正な所属の一形態に合致しない人々を物象化してしまうというものである。(61)

抑圧的慣習を刻み直す可能性があることから、オルテガは、様々な場面で「所属しようとする意志」とみなされるものに対して、一定程度の疑念を抱き続けている。しかし、本章の第三節において論じるように、ひとたび家をより機微に富んだ仕方で理解するようになれば、家へのこういった愛着を放棄することは必然的でもなければ、理想的でもないことが判明する。すなわち、ここで提示されている家と旅の弁証法は、家の経験に関連づけてなされる人種化の標準的分析について考える際に、いくつかの重要な異論を提起するものであるとはいえ、私の考えでは、このことは私たちのここまでの用語法では十分に解決することができる問題ではないのだ。それゆえ次節では、家と身体の考察を、今度は両者の多孔性について明示的に言及することでさらに進め、人種化された身体にとって居心地良くあることの意義をより一層十分な仕方で考察することを可能にしてくれる、新たな用語を導入することにしたい。

第二節　家の多孔性、身体の多孔性

私たちがこれまで行った家についての議論は主に一つの特徴に限定されていた。その特徴は実り豊かでそれ自体多様である一方で、同時に内向的性格や囲われていることを連想させやすいものであった。このような特徴づけは、家となる場所から得られる自己の安定した感覚やアイデンティティについての問いを強調できるようになる限りで有益であった。また、人種化される経験に居心地悪さが持続するという感覚が伴っている場合、それはこれらのアイデンティティや自己の安定した感覚を失った状態として捉えられる。すでに指摘したように、家と住まうことの問題は存在とアイデンティティの問題でもあり、家が安定し保護されていることで、実存的で現象学的な安定と安心が一定程度もたらされる。しかし同時に、家のこうした諸特徴が公私の区別を植えつけ、家が私的領域とつながっているると、ことさら誇張してしまう危険性もある。こういった考え方は、哲学においても当然広まっている。ハンナ・アーレントが『人間の条件』で行った公的、私的、社会的という概念的区別はこの一形態である。〔著作〕より親密な形では、その名も『四つの壁の内で』としてまとめられることになる、彼女の夫ハインリヒ・ブリュッヒャーと交わした手紙のなかでも、このことが述べられている[62]。ジェイコブソンでさえも、家をこういったものとして扱っていることは明白である。けれども、ルゴネスやオルテガが、居心地の良すぎることの危険性やある人の政治的で倫理的な方向づけが島国的になりすぎることとの危険性に懸念を抱くようになるのは、まさしく私的で内向きなものとして家が特徴づけられてきたからにほかならない。ジェイコブソンが次のように述べるとき、彼女による家の記述にもこうした特徴づけが幅をきかせていることが見てとれる。

私の考えでは、家とは、自己に属する自己のための場所として、私たちの避難所という状況、つまりそこでは「私たちのもの」が特権化され、「異邦のもの」がはっきりとは現前しないような場所やあり方である。

私たちの経験のなかでこの種の不可侵な自閉的囲いこみを維持する場所は、私たちの有機的身体を除いて事実上存在しない[63]。

ジェイコブソンにとってみれば、家が囲いこみと避難所をもたらす限り、それは他者（「異邦のもの」）に背を向ける――あるいはそれを排除しさえする――ことも含意している。家‐身体は、彼女の言葉を借りれば「不可侵」なものである。このような特徴づけは、安息としての身を引くことを意味しているのではなく、撤退としての身を引くことを強調することになる。ルゴネスが先に述べていたことと関連して私が論じたいのは、内向的であることがより一層「世界」を旅する気を起きなくさせるかもしれないという点で、この特徴は（とりわけ、白人の身体性の場合において）危険なものとなりうるということだ。家は、このように内向的なあり方ばかりから表されると、ある種の倫理的島国性へと導きかねず、そうした島国性は何らかの懸念事項になりかねない。

　とはいえ当然のことながら、まさしくこの種の撤退が求められる状況もあるだろう。例えば、ベル・フックスは「家となる場所《ホームプレイス》（抵抗の場）」のなかで次のように述べている。「黒人女性は家を作り出すことによって［人種差別に］抵抗した。そこでは、黒人は対象ではなく主体になろうとする努力ができ、貧困、苦難、権利の剥奪があろうとも、自分の考えや気持ちが認められ、公共世界という外部で否定された尊厳を取り戻すことができる」[64]。しかし、ジェイコブソンの撤退としての家という特徴づけは、もっと一般的なものである。それはフックスのいう家とは違い、黒人の身体性の場合のようにある人の自分が存在してるという感覚が「外部」世界によって絶えず攻撃されて、分断させられてしまうような状況に限られるわけではない。さらにフックスの論考が見事に記述しているのは、黒人女性たちがどのようにして「家となる場所」を人種差別的な世界からの撤退ではなく、そうした世界への創造的な応答として育んでいったのかである。このような家となる場所は、彼女の考えでは抵抗する場にほかならない。このとき重要なのは、家は常に「外部」世界との対話のうちにとどまり、実際にはその「外部」世界の一部を形作っているということである。結局、家が一つの場所（さらには複数の場所）である以上、場所自体が関係的であり、意味と実践が織りなす生態系のうちに埋め込まれていることを忘れてはならないのだ。以上のことを念頭におきながら、私は次に家と身体につきものである「多孔性」の考察に進み、多孔性が家と身体を構成していることを論じていく。

住宅の多孔性

家の場合、この多孔性をいくつかのやり方で確かめることができる。家《ホーム》と住宅《ハウス》のなかなか消えることのない結びつきゆえに、住宅の孔《あな》は多様であるという点から、住宅の考察を開始することができる。建築物としての住宅はドアや窓で区切られている。ドアは出入りを可能にするが、玄関口から出なくとも、あるいは出ようと思わなくとも、さらには出ることができないときでも、窓は世界と繋がっている。ドアと窓はどちらも日照や天候、通りの騒音を中に入れるが、その代わりに準備中のご馳走の匂いやラジオから流れる夕方のニュースのかすかな音がそこからもれ出る。住宅の多孔性は世界との交流を促す——それどころか交流へと誘っている。このような促し《アフォーダンス》は構成的である。つまり、窓もドアもない住宅は住宅ではない（ましてや家ではない）——それは地下牢、監獄、地下倉庫といったものであり、人間の居住に適さない構造物とみなされる。六×八フィート〔約一・八×二・四メートル〕の独房での監禁は「生ける屍[65]」のための場所となっている——そう受刑者たちが判を押したように語っていることを、リサ・ガンサーが著書『独房——社会的死とその後の人生』で記録している。これほど極端な形ではないにしても、ニューヨーク市などの司法組織が、窓のない部屋を寝室として用いることを法的に禁止していることは示唆に富む。一戸建て住宅のような最もありふれた例をとってみても、家《ホーム》は多孔的な構造をしているのだ[66]。

　しかし、多孔がもたらす交流こそ真の関心の対象であるならば、多孔性というモチーフを文字通りに捉えすぎるべきではない。なぜなら、ドアや窓という住宅の「孔」だけが交流を可能にするわけではないからだ。交流は浸透という仕方でしか生じないというわけではない。むしろ、もたらす〔bearing〕といったような概念を持ち込むことができるかもしれない。住宅全体は世界の現前をもたらす、つまり（その語の語源を思い起こせば）それを運ぶと同時にそれを産み出すとともに、住宅の方も世界に自らをもたらすのである。身近な環境——日差し、気候、交通網——がどれも住宅の設計、配置、構造と関連していることはすぐに思いつく。法律や人口密度、プライバシーの考え方や、経済的・技術的・美的な慣行でさえも、住宅において浮き彫りになっている。それらは住宅の「多孔」と同じように多くの交流を促している。また、多孔的な表面が双方向の運動を可能にしているのと同様に考えると、住宅がその文脈や周囲環境によって構成されているのなら、住宅もまた文脈や周囲環境を構成していると言える。様々な場所はそこに集まる数々の住宅を通して、清潔、貧困、退屈、物騒などといった特徴を獲得している。したがって大雑把ではあるが、とはいえそれにもかかわらず重要な仕方で、家は（それが住宅と結びついたままでいる限り）、完全な撤退という考えと両立することのない多孔性を示しているのである。

家と同じ語源であり、またそのメタファーともなる、住宅の多孔性は示唆に富んでいる。すでに述べたように、家は孤立したもの、あるいは自閉したものとして特徴づけられるにもかかわらず、実際には家も多孔性によって構成されているということの重要な意味が残されている——そしてここには何の矛盾もない。家とは、例えば出発地（あるいは帰る場所）として完全に閉じた、自己充足的なものでなければならない、といったふうに定めるものなど何もないのだ。空間とは対照的に、場所にとって本質的なのは、それが決定的に画定されることは決してなく、むしろ境界によって印づけられていることである。ただし、境界はその本性上、固定されたものではないために、その正確な位置は捉えどころがない。(67) 第二に、身体的習慣は身体の極めて特異な表現であり、それゆえこの意味で個人的なものであるが、そうであるにしてもそこには、文化的で歴史的な慣習、科学技術による促《アフォーダンス》し、さらには個人間の（またとりわけ世代間の）[68]影響さえもが徹頭徹尾、介在している。身体的習慣が個人的であること、またそれらが家という「閉じたドア」の向こうで培われるという事実さえも、それ自体ではそれらが世俗的な慣習に無関係だということを意味しないのだ。むしろその逆である。最後に、私たちはおそらく通常、休息することが退避ないし撤退という、排他的意味での身を引くことを伴うと考えるだろうが、これは厳密にいうと正しくない。例えばハイデガーに目を向けてみれば、住まうことが留まることや休息することとして概念化される場合でも、家がいかに世界と多孔的な仕方で交流し続けているかがわかるだろう。その分析のなかでハイデガーは、たんに留まることや自己を保存することを語っているわけではなく、むしろ四方界という概念を通じて、[69]物と共に、また場所と共に留まることを語っている。「死すべき者たちが存在するとは、彼らが住みつつ、物と場所のもとで留まることにもとづいて空間を耐え抜いていることである」[70]（引用者による改訳）。ハイデガーの説明に基づけば、留まることは常に何かと共に、また何かのもとで留まることである。そしてジェフ・マルパスが論じているように、このように描写されることで、住まうことは完全な撤退には決してなりえないのである。

しかしながら、このような保存と自制は私たちが諸物から撤退することではない。このことは事実、一九三〇年の論考「真理の本質について」のうちでハイデガーが「放下」［Gelassenheit］を語ったときにはすでに明白なことだ。そこでハイデガーは次のように述べている。「存在者を存在するがままにするとは［…］無視や無関心を意味しているわけではなく、むしろその逆である。存在するがままにするとは存在者と関わるということである」[71]。

行為と無活動との間にある「中動態」で表現されているように、場所のうちに、あるいは諸物のもとで住まうとは、場所としての場所に、諸物としての諸物に合わせながら住まうことを意味する。そうすることで、住まうことは、それが世界に対する感受性と受容性を構成する限りで多孔性を反映している。このとき世界は住人に対して繰り広げられ、また住人は世界に対して繰り広げられることになる。そのもっとも静止した瞬間でさえ、住まうことには往来が伴っている。つまり住まうとは多孔的なのだ。

身体の多孔性、あるいは間身体性

家が——前項では主に、私たちが住まう構造物を通じて分析したように——多孔的であるならば、生きられた身体も多孔的であるとする強力な論拠があることになる。実際、多孔性のイメージは、ジャン＝リュック・ナンシーが「皮膚露出〔expeausition〕」[72]という概念——身体のもっとも外側にある層、つまり皮膚（le peau）が身体と世界との間の何らかの境界空間を示している——でもって強く喚起していた。このことは、まさに文字通り身体の孔が身体と世界をそれぞれ互いに対して露出させること、すなわち私たちは皮膚のこのような孔を通して呼吸していることを思い起こさせる。本書のこれまでの分析にも、こうした哲学的仕草が現れている。住まうことを様々なものや場所と共に留まることと解する先の引用部に加えて、ハイデガーの現存在もまた——身体を欠いていることで悪名高いものの[73]——常にすでに何かと共にあること、つまり共存在〔mit-sein〕である[74]。本書の目的により適う点を挙げれば、メルロ＝ポンティの現象的身体に特有の「生きられた」という特徴は、「生きられた」

身体が人々、場所、慣習、状況、プロセスへの応答性（またそれらによる影響）によって構成されたものであるという点で、すでにこういった多孔性を帯びている。メルロ＝ポンティが提示する無数の具体例は、こういった身体が多孔的であることが実情に即していることを示している。空間レベルでの反転に対して身体的に適応することに関する研究や、(75)身体補装具の使用および身体化に関する研究などが例として挙げられている。こういった例は、身体のダイナミズムや柔軟性を一般的に実証すること以上に、身体の流動性や不断に変容する経験を示すのに役立つ。これらによって、私たちが「身体《ザ・ボディー》」と言うときに用いる定冠詞「the」が、時間、場所、状況による影響を受けない不変的で自己と全く同一であるとみなしうるような身体を、誤って喚起させてしまいやすいことが明らかとなる。(76)言いかえれば、生きられた身体による（状況に応じて限りなく多様なあり様を呈する）世界の常に変わりゆく知覚と、状況による影響を受けてそれに応答する能力は、生きられた身体としての地位を構成している。先の分析において指摘したように、「孔《あな》」のない住宅はもはや家としての役割を果たさず、むしろそれは地下牢や地下倉庫や監獄にふさわしいものである――それと同じような意味で、もはや世界と交流するための孔がなく、世界から影響を受けて応答することのない身体は、ある重要な意味で生気のない身体、つまり死体となってしまっている。(77)(78)したがって、身体的多孔性の問題は存在論的に重要なものなのである。

　私がここで暫定的に「多孔性」と呼んできたものを、ゲイル・ワイスはその著作において「間身体性」と名づけている。メルロ＝ポンティと精神分析家ポール・シルダーに依拠しながらワイスが論じるに、私たちの身体イメージは「一連の進行中の間身体的交流を通じて構築され、再構築され、脱構築される」(79)。彼女いわく、こういった間身体性は身体の自律性を主張することによって克服されねばならない不足というわけではない――たとえ身体の（人種やジェンダーにまつわる）対象化という望ましくない慣習において間身体性が表現されている場合でも。なぜなら、間身体性は、生きられた身体の根源的な社会性と状況性を示しているからだ。第一章で考察したヤングの論考「女の子みたいな投げ方」[80]を読解する際にワイスが批判するのは、女の子の身体的表現を抑制し、女性的な身体表現を内在的なものの領域に追いやってしまうという理由で、ヤングが家父長制の対象化するまなざし（ワイスの言葉を借りれば、「身体的実存の社会に準拠した特徴」）を非難しているという点にほかならない。ワイスは、家父長制がこのような影響力を持ち続けてきたことを否定しているわけではない。むしろ彼女の論点は、女性的な身体性のこのような「社会に準拠した特徴」をもっぱら否定的に評価することは、超越論的主観に重きをおくデカルト主義にあまりにも縛られたままでいることになる、ということだ。それというのも、彼女は、私たちが他者と世界との関係によって共同的に構築されているとする関係的存在論を主張しているからであり、それにしたがうと私たちは、抑圧的な実践を通じて共同的に構築されるときもあることになる。こういうわけで彼女は、他者のまなざしを乗り越えるべきものとして拙速に捉えるべきではないと論じるのである。ワイスにしてみれば、ヤングが行うような非難は、私たちを超越と内在という疑わしい分割へと送り返してしまうものなのだ。彼女は次のように述べている。「身体的実存の社会に準拠した特徴を、本質的に否定的なものあるいは必然的に内在へと導くものとみなすことには抵抗したい。それというのも、私たちの（女性のと同様男性の）行為の一切は、それが社会的状況に対して応答するという形で生じる限りで、社会に準拠した特徴を持つからだ[81]」。ワイスの議論は、キアスムの問題を論じる次章でより詳細に取り上げるが、ここでは、構成的多孔性はたんに否定的な観点でのみ捉えられるべきではないということを示唆するために、この問題を取り上げる。なぜなら、多孔性こそがまさしく家と身体双方を特徴づけるものにほかならないからである。つまり、まさに身体と家の多孔性を認めることによってこそ、私たちが身体と家の重要性を保持することができるという点で、そしてそれは身体と家を整合的・自己構成的・自己充足的な実体として価値づけるという罠に陥らないでそうできるという点で、私はワイスに同意する。また、実際にはこの多孔性や「社会への準拠」が有害な様態や度合いとなることもある（人種やジェンダーによる対象化は数多くある例のうちの二つにすぎない）が、私たちはこのことと、「他者」や「外部」によって構成されることは常にそれ自体で有害であるという考えを、混同するべきではない(82)。ワイスが論じるように、こういった考えは、現象学のいう生きられた身体が構成的かつ必然的に間身体的であるという重要な側面を消し去ってしまうことになる。したがって、実存的現象学へと滑り落ちていくことは容易なことであるとはいえ（ヤングとメルロ＝ポンティの両者は、成功の程度は異なるもののこの枠組みを超え出ていこうとする）、それはまたワイスが（そしてひいてはヤング自身が(83)）私たちに警告していることでもあるのだ。

　人種化と「世界」を巡る旅の問題へと戻るなら、身体と家を構成する多孔性に関する議論は、家 vs 旅という疑わしい形で問題を立てる枠組みを、よりきめ細やかな言葉でもって見定めるのに役立つことになる。さらにこの議論は、居心地が良すぎるのは危ういということに関して、先に提起したいくつかの懸念に取り組む一助となる。具体的には、ある人があまりにも「居心地が良い」ことへの懸念は（白人性の場合であろうと、自身の家の欠如《ホームレスネス》を埋め合わせるために、アイデンティティとなりうる特徴に執着してしまう場合であろうと）、デカルト主義的立場に深く囚われ続けている実存的枠組みを密輸入してしまう危険を孕んでいる。家が構成的に多孔的であるのなら、最も静寂である休息や撤退の瞬間でさえも、住まうことは世界やその他者たちが現前するなかで、それらとともに繰り広げられるということになる。住宅のなかで居心地良くあるからといって、完全な孤立や撤退になることは決してない。同様に、自分の身体のうちで居心地良くあることは、他者の存在や一瞥（とまなざし）を完全に払拭することにはならない[84]。以上のことは、第四章で検討するように、人種化されたまなざしについての本書の分析と密接に関連している。とはいえ、このような家の構成的多孔性は、ルゴネスによって明らかとなった「世界」を巡る旅の価値を損なうわけではない。なぜなら、家が多孔的であるからといって、私たちが常にこの多孔性に気を配り、同調し続けているということにはならないからだ。したがって、旅はこのことをより明示的に主題化させるための一つの方法にすぎないのだ。別様に言えば、身体に関してワイスが論じているように、ある人の身体の意図的な対象化を明示的に行うことが生産的かつ価値あることとなる状況もありうるということである。スポーツのトップクラスの場面では、筋肉に対して細やかな注意を向けているが、それもこの一例である。しかし当然のことながら、アスリートが自分の身体を対象化すること（あるいは、コーチがアスリートの身体を対象化すること）は、彼らの努力が競技力の向上という、明示的かつ互いに理解され共有された目標に向かって進んでいるという点で、人種やジェンダーによる対象化の場合とは異なっている。人種やジェンダーによる身体の対象化の事例においては、このような有意味となる文脈や共有された理解はもちろん存在してもいない。したがって、こういった例を取り上げることで私たちは、居心地良くあること《ビーイング・アット・ホーム》の「理念的な」レベルを規範的に価値づけることにとって、権力関係（政治的・歴史的・経済的・社会的・文化的文脈を含む広義の権力関係）がなお重要であるのはどうしてかを検討することへと導かれるのである。

権力、および「旅すること」の批判的な見直し

権力の問題は間身体性と多孔性についての私たちの規範的評価の「要因」以上のものだ、というのが私の実際のところの主張である。〈家と旅〉という用語の内部にとどまることで、どのように権力がたんに評価基準だけでなく、より顕著に定義的基準を与えているのかが見えてくる。それというのも、ある活動を例えば「強制移住」と対比して、「世界」を旅することだと記述することは適切なのかという問題は、まさにこの権力の問題にかかっているからだ。有色人種の女性がいくつもの世界へと赴き、それらの間を旅しているとルゴネスが特徴づけるとき、この活動の非自発的かつ必然的な性質は、いくつかの問いを投げかけている。すなわち、それは本当に「旅すること」であるのか、それともそれは強いられた放浪ないし家無し《ホームレス》の状態なのか、といった問いである。言いかえれば、「旅すること」は選択や意欲に発することをどの程度前提しているのだろうか。「旅」という語は、とりわけ簡単で安全な商業輸送が整備されている時代にはおそらく、それにほぼ限られているとまでは言えないものの、レジャーと結びつけられ、そのため少なくとも世俗的な好奇心と同様に、ある程度の経済的・社会的・政治的自由に結びつけられてきた。これら最低限の条件（自由）が満たされないとき、その人は「世界」を旅していると言えるだろうか。例えば政治的庇護を求めて海を渡る人たちは、その旅程とその後の適応が文字通りの意味でも比喩的な意味でも旅することからなるとしても、その人たちが旅する者であるとは普通みなされない。むしろ反対に、このような人たちは旅する者ではなく、難民や亡命者であるという方が、その人たちをより適切に理解していることになる。なぜなら、この人たちが立ち退くことになる状況——家に留まることがもはや生き続けるための選択肢にはならないとき——には、選択や意欲を問う余地など与えられていないからである。それでは、どのような意味

で、人種化された人たちは社会的・歴史的・政治的・経済的立場のせいで旅を強いられることになったのだろうか。第二章では、人種化された人々が人種差別的投影を回避したり、それに対処したりするために、自らの身体的な運動や行動や振る舞いを適応させる負担を負う、ということを論じたが、この議論を思い起こしてみれば、以上のことは、そのような文脈での「旅」という語の使用が問い直される権力関係の相違を示す一例だと言える。「選択」の問題は、不利益や差別といったものから身体的危険性に至るあらゆるものに人種化された人を晒す人種差別的な身体的習慣を前にすると、意味をなさない[85]。こうした具体例はいくらでも挙げられる――「専門家」に見えるように、アフリカ系アメリカ人に特有の英語を矯正することや、報道局でのキャリアを積むために白人の美的基準に従うといったものだ。これらは先に指摘したように、旅することに伴う作業や努力と共通の特徴を有するが、ここでの私の主張は、こういったものが多かれ少なかれ必要不可欠な行動である点で、旅することの定義を超え出ているということだ。

しかし、「旅する」という呼称が完全には正確なものでないとしても、それはこういった努力を行う人たちの敏捷さ、柔軟さ、創造性を称賛するやり方として役立つ限りで、少なくとも理解可能である。(このことは、第二章で議論したように、自分の経験が人種化によって枠組みを与えられてしまうような人たちを病理化する傾向を考慮すれば、特に重要な点である。)ルゴネスは、こういった作業や技法に敬意を表したいという意思を明確に示している。後で論じることになるが、退去や疎外といったしばしば痛みを伴う経験からも生産的な契機が生じることは確かにあるのだ。この点で、ルゴネスの旅するという概念は退去の多次元性を引き出すのに一役買っている。さらに、権力の問題が人種化された身体の場合に(あるいはルゴネスが述べた「新しいメスティーサ」〔複数の文化的背景を持つラテンアメリカの混血女性〕の場合に)、

「旅すること」という呼称を脅かすとしても、だからといって人種化の経験が、もう一方の極端としての、家の欠如や難民化となるわけではない。人種化というわが家にいない経験に、これらの経験と共通する側面があるとしても、いくつかの重要な点においてそれらは異なっているのだ。ホームレスの人々（フランス語でＳＤＦ（sans domicile fixe〔定住地がない〕）と呼ばれる）の経験が証し立てているように、あるシェルターから別のシェルターへと、あるいはある寝所から別の寝所へと物理的に転々とすることは、そこから出発してそこへと戻ってくる決まった家や安定した家がないのだから、まさしく家の欠如と呼ばれる。これはある種の強いられた放浪生活である。しかし、黒人男性は「自分の同類」のうちで居心地の良さを感じることができるというファノンの示唆を思い起こせば、人種化された人々が一切の家の感覚を欠いているとは必ずしも言えない。実際、フックスによる先の家となる場所《ホームプレイス》に関する記述は、黒人コミュニティ内の家の豊かさと重要性を物語っているのであり、これに加えて、連携した集団の成功に目を向ければ、人種化された人々が自らの環境や集団的プロジェクト次第では、いかに居心地の良さを感じることができ、そして実際に感じているのかを見てとることができるだろう。

以上の考察はほかにも、不気味さという人種化された経験の内部にある、より細かな区別を熟慮することを促しているかもしれない。例えば、移民と退去の問題は、これまで明示的に扱ってこなかったとはいえ、この議論に立ちはだかるものだ。とはいうもの、多くの人にとって人種化された不気味さの経験は、移住の経験とも密接に結びついており（移住の第一世代にせよ、第二世代にせよ）、またたいてい強制移住の経験とも密接に結びついている。退去の直接的な原因——戦争、紛争、貧困、迫害、環境破壊——は、それ自体しばしば植民地主義の遺産や西洋の経済的帝国主義の慣習に由来していることを踏まえれば、影響を受けやすく強制移住へと追い込まれやすいのは、有色人種の人々なのだ。ここでは不気味さの経験が二重化され、その居心地の悪い《ノット・アット・ホーム》状態がより文字通りに、政治社会的な成員資格の外部にいることを表現することで、新たな層が追加されることになる。もちろん、こうした不気味さの複数の様態は共犯関係にあり続ける。このことは、移民排斥の言説が常に人種差別的含意をもっている点や、そうした言説が市民権の有無にかかわらず有色人種に対する新たな人種差別的感情を必ず生み出すことになる点——「イギリスのEU離脱《ブレグジット》」の直後やアメリカ合衆国におけるドナルド・トランプの大統領選に証明されているように——を鑑みれば、明白である。人種化における不気味さと移民における不気味さは絡まり合っているが、とはいえ、移民の問題が私たちに対して示しているのは、もう一つの領域における深刻だが、〔人種化の場合とは〕異なる不気味さの経験であるということだ。その経験は、故郷《ホーム》から離れるよう強いられ、戻ることのできる故郷がないという経験であり、このことは、本書の人種化された不気味さについての分析のなかに移民（とりわけ強制移住）の経験を組み込んでしまわないよう警告しているのである。

くつろいでいること

「世界」を巡る旅という概念に存する複雑さを踏まえれば、私たちが目を向けるべきは、ハイデガーの『存在と時間』の実存論的分析からオルテガが引き出した〈くつろいでいること《ビーイング・アット・イーズ》〉という概念の探求かもしれない。不気味な（unheimlich）ことおよびわが家にいない（unheimisch）ことと、〈居心地悪くあること〉（das Nicht-zuhause-sein）の間に、より細かな区別を求めることで、オルテガの探求は、不気味さについての本書の探求をより確かなものにするうえで役立つだろう。オルテガは、「家の戦術」

および彼女が「複層自己〔multiplicitous selves〕」と呼ぶもの（メルロ＝ポンティの流れを汲んでいるワイスの「複数身体イメージ」とほぼ等しい概念）を論じた論考で、〈くつろいでいること〉というハイデガー的概念を用いて、レズビアンであるラテンアメリカ系女性の周縁的経験を記述している。ここでは、こういった女性たちに家が欠如していることはさして重要ではない。なぜなら、彼女たちの多次元性によってたった一つだけの家について語るということは意味をなさなくなるからだ。むしろオルテガの主張では、「複層自己」[86]について語ることのほうがより意味のあることだ。この図式の内部において、基準が（家の欠如から、わが家にいないこと、つまり〈くつろいでいないこと〉に）変化しているにもかかわらず、いかに権力の問題が残り続けているのかを見てとれるようになる。例えばオルテガが述べているように、「私たちはみな複層自己であるという感覚がある」（複層自己という概念は、私たちのいう多孔性という概念と親和的である）とはいえ、「世界のうちでほとんどの場合くつろいでいる」人々とそうでない人々との間には重大な区別があるといえよう。[87] オルテガにしてみれば、これは権力と文脈の問題へと帰着するのであり、権力と文脈の組み合わせ次第で多孔性、間身体性、複層自己が、ある人には問題となり、他の人たちには問題とならないということがありうるのだ。彼女は次のように述べている。「例えば、権力関係や南北問題に関連する他の経済的・社会的・文化的な問題が、新たなメスティーサの自己に影響を与え、彼女が自分自身の矛盾した側面と境界上にいるという感覚を感じるように導かれるのはどのようにしてかを考えてみよう[88]」。

　したがって、このような自己意識ないし二重意識は、公平でない仕方で、経験される現象であり、家が問題となる文脈でこの現象が意味しているのは、家はそれ自体で構成的に多孔的であるとしても、私たちが状況づけられている諸関係のネットワークを踏まえれば、ある人による経験が他の人よりも一層多孔的となる――しかも不本意にそうなる――ことがありうるということだ。言いかえれば、家の多孔性が島国性や自己準拠というロマンチックで理想化された考え方の可能性から守ってくれるとしても、このことで、私たちはみな同じ程度にあるいは同じ仕方でこのような露出（つまり皮膚露出）を経験していることになる、と解釈するべきではないのだ。ところで、この分析を多孔性と間身体性の問題とより直接的に関連づけてみるなら、どの時点で世界と他者に対する私たちの構成的開放性はむしろ〔行き過ぎた〕汜濫のようなものになってしまうのだろうか。人が実際に他者によって構成されている場合に、あるいは、以前使った言葉をもう一度思い起こすなら、人が他者によって「過剰規定」されている場合に、なお多孔性や間身体性について語ることに意味はあるのだろうか。自己を他者にとって異質であり、また（自己を対象化しないまでも、自己に対して距離を取った態度を取るように誘導される限りで）自分自身にとっても異質なものとして経験すること、このことは、私の考えでは、すべての身体経験にこうした可能性が構造的に埋め込まれているという重要な事実でもって消し去られてしまうことでもなければ、またその事実と混同されるものでもない。すなわち、私たちは誰もが何らかの仕方で、自らの身体、その差異やその異質さに明示的な注意を向けるよう求められることがありうるだろうが、だからといってこのような事実によって、特に人種化された身体が規範的白人性の図式を課せられて、注意を向けるよう体系的に要求されているときに生じる深刻な苦悶の重要性が低下する、ということにはならないのである。

第三節　家は必要なのか

ここまで二つの節にわたって、人種化された身体性の経験はそれ自体（異質さかつわが家にいないことという意味で）不気味さの経験であると主張してきた――ただし重要なのは、これは、存在するもの一般は常に構成的な多孔性によって特徴づけられるという条件つきのものであるということだ。もしこの議論が成功しているならば、このような人種化された不気味さについての主張に意義をもたらすような分析が最後に求められる。つまり、人種差別と人種化の過程が人を（様々な意味合いにおいて）不気味なものにするならば、私たちは（居心地良く感じるという術語的な意味で）小気味が良い〔canny〕ことや、そのように感じることの価値ないし効用を探求するべきである。より直接的に述べると、私たちはそもそも家を必要としているのか。あるいは、居心地良く感じることは必要なのか。なぜ必要なのか。本章を締めるこの第三節では、メルロ＝ポンティとハイデガーの著作を通じてこれらの問いに対する二つの対照的な応答を探求していく。最初にメルロ＝ポンティに目を向けて、彼の習慣的身体論がいかに、自分の計画を遂行する際の〈わが家にいるあり方〉（慣れ親しんでいる）という感覚に依拠しているのかを検討する。彼の議論では、家－身体は私たちを方向づけて、「私はできる」という身体的感覚に根拠を与えているがゆえに重要である。私たちが行為を始められるのは家－身体からであり、またそれを通じてである。次に、本章が「家路」へ向かうことを最初に促してくれたハイデガーへと目を向けかえ、本章の最初の応答に微修正を施す。場所と場所性についての先駆的思想家としてハイデガーは、家とともに、これまで見てきたような家と密接した住まうという営みに大きな価値を置いている。とはいえ、彼の思想を再検討することで私たちは、不気味さについてのハイデガー自身の論述が彼の思索の過程でいかに多彩な色合いを帯びているのかがわかるようになる。特にハイデガーの講義『ヘルダーリンの讃歌『イスター』』の詳細な読解を再び行うことで、（異質さと居心地悪くあることという完全な意味での）不気味さがいかに実存的に重要なものでもありうるのかがわかるだろう。

メルロ＝ポンティと、習慣的でわが家にいる身体における「私はできる」

〈居心地良くあること〉《ビーイング・アット・ホーム》や〈くつろいでいること〉《ビーイング・アット・イーズ》に価値があるのかどうかという問題は、習慣的身体とそれと結びついた運動性の様態をめぐる本書の先立つ考察のうちに、ある意味ですでに示唆されていた。ヤングの「女の子みたいな投げ方」に関して行った検討を思い出してほしい。そこでヤングは、対象化されず性別化されない男性的身体の方がずっと流動的かつ自由に動いており、それによって自らのより一層の奥行をもった身体的空間を生み出し、その空間を快適に満たしている様を跡づけている。このような男性的身体は、家父長的社会のうちで生きている女性的身体とは対照的に、性別化や対象化から生じる意識や二重（あるいは自己）意識[89]によって抑制されているわけでも、（身体的な「か弱さ」を理由に）きちんとした格好をしたり用心したりするようにという命令に縛られているわけでもない。こうした意味のある文脈を欠くことで、男の子の身体的運動性は、居心地良くあるという感覚やくつろいでいるという感覚が、メルロ＝ポンティによる習慣的身体の「私はできる」をもたらす事情を示す適切な例となっている。習慣的身体を肯定的に価値づけるこのような議論は、何かをできるようにし、先を見据えるものとして習慣的身体を捉える本書の先行する議論とも呼応している。メルロ＝ポンティの描写に登場する習慣は、獲得された運動や身体的傾向性が歴史的に沈殿してきたことだけでなく、私たちの身体がいくつかの可能性に方向づけられるようになるのはどのようにしてかも説明するものであることを思い出そう。オルガン奏者というメルロ＝ポンティが挙げる例は、パルクール競技者という本書の例と同様に、身体が習慣を通じてどのように方向づけられるようになるのか、そしてその結果、そうした習慣によって行為や創造性の可能性の領野がいかに開かれることになるのかを描き出している。こうして、私たちには家が必要なのかという問いに対して、さしあたりはまず、「必要だ」という答えが与えられることになる。すなわち、私たちは家を必要としているが、それというのは、家のおかげで私たちは動き出すことができるようになり、対象化する――しまいには抑制する――まなざしによって妨げられることなく、私たちの日々の計画に取りかかることができるようになるからである。そして実際、習慣が身体的な慣れ親しみや身体的方向づけとして理解される限り、習慣それ自体が行為や創造性の土壌や発射台をもたらしているからなのだ[90]。

このとき、本章前半の家の考え方とも共鳴していることに注目したい。すなわち、習慣的身体における「私はできる」というのは、ある意味で、出発地として家を特徴づけることと連続的である。このことは、例えばリクワートによる発射地点としての家、つまり私たちが始める場所としての家という概念と呼応するものだ。同様にジェイコブソンも、家の馴染みや安全基地というあり方は私たちが行為することを可能にしたり、後押ししたりすると主張している。ジェイコブソンは、身体と家の並行関係をもう一度主張し、身体が空間を生み出しているというメルロ＝ポンティの主張を明示的に参照することで、家に関しても類似した議論を展開している。

したがって私たちを世界全体に広げ、私たちがこの世界の背景から具体的な事物を取り出して、それを世界の内に特別な場所と位置を占めるものとして経験するようにしているのは身体である。それゆえ、「私の身体は私にとって空間の一断片にすぎないどころか、逆にもし私が身体を持たなければ、私にとって空間など存在しないことになるだろう」（メルロ＝ポンティ『知覚の現象学』Ⅰ－一七九頁）。私たちは通常、このような身体の構成的役割に気がついていないが、それは私たちが能動的な注意を向けるあらゆる可能な活動をあまねく形成している。身体――より具体的には、その受動性における身体、あらゆる経験の背景に与えられた核となって受容する能力における身体――は、根本的に行為の土台をなし、このことは家にも等しく当てはまっている(91)。

すでに先に指摘したように、ジェイコブソンによる家の特徴づけと私は立場を異にしているが、この点に関しては意見が一致している。すなわち、根本的に生産的である家には私たちの基礎となる何かがあるということだ。私たちは誰もが何かを始めるための「ここ」を必要としている点で、家はありきたりな場所の一つにすぎないわけでなく、むしろそれ以上のもの、つまり所属と方向づけの模範的な性質を備えた特別な場所なのだ。こうした性質は、理論家たちがより一般的な形で場所に帰してきたものだが、家とはある意味で模範的な場所なのである。

家を美化し、その本質的に政治的な性格を奪い取ってしまう傾向に留保を示しつつ、ヤングも次のように同意している。「このような「フェミニズムの側からの」批判の多くには同意しつつも、私がまた主張してきたのは、家の核心には肯定的な意味があり、それは行為者性の感覚と変化する流動的なアイデンティティにとっての物質的な拠り所《アンカー》となるということだ。このような家の概念は、個人的なものを政治的なものと対立させているわけではない。むしろその代わりに、政治的なものを可能にする諸条件を記述している」[92]。ヤングの批判的な解釈が示しているように、主に島国性や包囲性という観点から家を特徴づけることには懸念を抱いたまま、産出性と創造性への特権的な関係に家を置くことは事実可能である。この見解に立てば、私たちは家についての伝統的な考え方を批判しながら、同時に家の重要性を認めることができるのだ。これまで論じてきたように、ジェイコブソンの議論はまさにこの点において困難に直面しているが、この点をさらに掘り下げていきたい。そのために、ハイデガー自身の思想のうちにある緊張関係へと目を向け、不気味さと住まうことを論じる際に現れて来るような家についての彼の論述を検討していくことにしよう。

ハイデガーの不気味さ、再訪

『存在と時間』において、不気味さは現存在の不安の経験に付随して現れるものであったことを思い出してほしい。このとき、世人への頽落から自らを引き離すことで、現存在はいまや「本来的な」あり方に入ることができるようになる。このように、現存在は基本的に不気味さによって特徴づけられ、このような不気味さから逃れたり、先延ばしにしたりするのは「世人」に加わっているときである。現存在は自己から「逃避」し、世人の「落ち着きを与える親しみやすさ」のなかに避難場所を求める。これは、不気味《アンキャニー》なものから（親しみのあるものという意味で）小気味《キャニー》が良いものへと、すなわち〈居心地の悪い〉《ノット・アット・ホーム》ところから家《ホーム》への運動である[93]。繰り返しになるがハイデガーは、世人へのこのような没入、つまりこのような「居心地良くあること」を、逃避することであり、かつ現存在による非本来的な「自己でありうること」のしるしであると特徴づけている[94]。しかし、以上のこうした特徴は後期ハイデガーにおいて変化することになる。一九五一年の「建てること、住まうこと、思考すること」において、住まうこと（家と最も深く結びつけられている活動）は一種の存在することであると主張されていたことを思い出そう。ここでは、「詩人的に人間が住まう」といった他の作品と同様に、家と居心地良くあることに、それまでとは異なった評価が下され、むしろ人間の模範的な活動として取り上げられてさえいる。「住むことの真の困窮とは、死すべき者たちが、住むことの本質をいつになっても繰り返し探し求めていること、彼らが住むことをまずもって学ばなければならないこと、ここにある」(95)（原著者による強調）。確かに当然のことながら、ハイデガーの探求の主題がこれら複数の著作を通して同一であるというわけではない（現存在はたんに「人間」や「死すべき者たち」ではなく、また必ずしもそうである必要もない。とはいえ私の考えでは、これらの語は現存在に十分相当していると主張できるものである）。しかし、中期の著作、とりわけ一九四二年の講義『ヘルダーリンの讃歌『イスター』』に目を向けることで、この変化をよりよく理解することができると私は提案したい。その講義では、不気味さの問題がはっきりと姿を見せるとともに、異なる仕方で語られている。

『ヘルダーリンの讃歌』においてハイデガーは、『アンティゴネー』冒頭の聖歌隊の頌歌を繰り返し読解している。それによってハイデガーは、ソフォクレスの deinon――彼はそれを das Unheimliche（不気味なもの）と訳している――が、人間であるとはいかなることかの根幹をなすものを捉えていると主張している。「不気味なもののなかでも最も不気味なものが人間である」(96)。いくつかの点で『存在と時間』の議論を繰り返しつつ、ハイデガーは不気味さが人間の避けがたい特徴であると主張する。しかしながら、この不気味さがどのようにして取り上げられるようになるのかという問題が出てくると、重要な相違点が浮かび上がってくる。なぜなら、以上の特徴は、私たちが不可避的に不気味だということをたんに意味しているだけでなく、わが家に《ホームリー》いるようになるためにはその不気味さを通り抜けなければならないことも意味しているからである。「したがってわが家にいることへと至るのは、わが家にいないことを通過することである[97]」とハイデガーは述べる。これには二つのことが含まれている。第一に、ハイデガーは、人間存在を、それ自身に関係なく常にわが家にいることへと向かっていくものだと捉えている。根本的に不気味な生き物である私たちは家を渇望しているのだ。とはいえ、『存在と時間』での見解とは異なり、私たちは（世人への現存在の頽落のように）わが家にいることへとぼんやりと「転落」したり、「没入したりする」ようになるわけではない。むしろ私たちは、自らを明示的にわが家にいることへと方向づけ、私たちはそれへと手を伸ばすのだ。「この場合、ソフォクレスの言葉［deinon］は、人間を最も不気味な存在者として語るものだが、これは人間が唯一の意味においてわが家にいないこと、人間が気にかけているのはわが家にいるようになることだと言おうとしているのである[98]」（引用者による強調）。人間であること――本来的に人間であること――には、わが家にいることから離れるのではなく、むしろそれに向かっていく運動が含まれている。他方でハイデガーの主張には、私たちの目的と関連している第二の重要な点も含まれている。すなわち、不気味なものこそ、わが家にいることへと向かう私たちの道行において本質的な出会いを構成している、ということだ。つまり、わが家にいるようになるのは、馴染みのないものを克服したり、回避したり、拒絶したりすることを意味しているのではなく、むしろ、それを通して旅すること、またそれと対峙することを意味しているのである。ハイデガーは次のように述べている。「わが家にいないことは、ただたんにわが家にいることから逸脱しているということではない。むしろ逆に、時として自己を知らずにわが家にいることを求め、探し出していることなのである。この探求はどんな危険や冒険も厭わない。どこであってもそれは行き渡り、あらゆる方向にあっても途上にあるのだ[99]」。それゆえ、アンティゴネーが「この上なく」不気味なものとして取り上げられることは少しも不思議なことではない。彼女はたんに彼女の汚れた家族の歴史、国家との関係、一貫した窮地のために、不気味であるというのにとどまらない。彼女はこうした事柄の意味を理解しようと懸命になって、もともと汚れ切った状況に直面しながらもテーバイの埋葬の儀式に（頑固とも言われうる仕方で）[100] 突き進んでいくのだ。これこそまさに、「わが家にいないあり方のなかでわが家にいるようになる」[101] 彼女の努力なのである。

以上のことは、考察してきた不気味さとわが家にいるということに関するハイデガーの当初の議論から逸脱していることを表している。しかし私の考えでは、それは必ずしも彼の思想のなかでの分裂を意味しているわけではない。むしろ、これらの著作の間に見られる不気味さの扱い方の違いが示しているのは、不気味さという概念自体が、こうした多様な方向で使用されうるゆとりを与えていて、いくつかの強調点を引き出すことを可能にしている——おそらくはそれを求めてさえいる——ということである。したがって、ハイデガーが『ヘルダーリンの讃歌』において異質で不気味なものを重用していること（また『存在と時間』では一層不承不承ながらも重用していること）が見てとれるとしても、このことは、家と場所の中心性やそれらの重要性が、彼のどの時期の著作においても、とりわけ「建てること、住まうこと、考えること」において強調されていることと矛盾するわけではないのだ。むしろ反対に、不気味さの二重の意味、つまり異質なものとわが家にいないという意味の啓発的な分岐点を見てとることは可能であり、それは、それらの二つの意味のもつれ合いに最初の注意を促したのがハイデガーその人であるという事実にもかかわらず可能なのである。一方で、ハイデガーの著作の中で住まうことが肯定されていることは、場所一般の重要性だけでなく、留まり、休息し、所属するための模範的な特定の場所としての家の重要性を強めている。しかしながら他方で、ハイデガーの不気味さに関する多様な説明を一緒に読解してみれば、このようなわが家にいることが、一抹の固有性や馴染みに私たちを閉じ込めることができるわけでもないし、また実際に閉じ込めているわけでもないという印象を抱くことになる。異質さは他者、環境、場所、慣習との出会いを通じて経験され、様々な相貌を呈する。そのため、わが家にいることの中心には関係性が保存されているのだ。これら二つの分析の間の相互作用は、「わが家にいないあり方のなかでわが家にいるようになる」という、ハイデガーの唯一の原則にぴったりと集約される。家の重要性を主張しながら囲いこみという観点から家を特徴づけ続けたジェイコブソンとは対照的に、ハイデガーには、家（ないし住まうこと）の力を思考するのと同時に、居心地の良くないものへの私たちの根本的な晒されとそれとの関係性を手放さずにおくという方途が開かれているのである。

人種化された不気味さに戻ってきて

私たちは人種化された身体性の問題からいくぶん離れたところまで旅してきた。とはいえ、ここで取り組まれた家の規範的価値の研究は、人種化は不気味さの経験を伴うという私たちの主張に、政治的で倫理的観点からの重要性と緊急性を与えることになる。第一に、習慣的身体の議論を通してメルロ＝ポンティは、私たちが世界へと参入するうえでの基礎として、家の必要性とわが家にいる仕方で方向づけられていることの必要性を把握させてくれる。習慣的なものとわが家にいることとの密接な結びつき（先述したように wohnen〔住まうこと〕と die Gewohnheit〔慣れること〕という組み合わせを通してほのめかされた結びつき）を探求したことで、〈居心地悪い〉ものとして人種化された身体を特徴づけることが、その不気味さの記述にさらなる次元を付与することが見えてくる。とりわけ、第二章における身体の断片化と身体の疎外に関する分析は、いまや〈居心地悪くあること〉の分析を通じて方向を変えることになる。人種化された身体性は空間的な断片化だけでなく、家からの退去も伴う。このことによる帰結が、例えばヤングのような思想家によってすでに引き出されていたことは見てきた。ハイデガー的な分析を通して見ると、この議論にはさらなるニュアンスが付け加わることになる。これまでに論じてきたように、ハイデガーの中にはより深くより意味のある仕方で不気味さと出会う余地がある。つまり、不気味さは私たちの身体化された存在を抑制したり、妨害したりするものには限られないのだ。確かに、著作の大部分でハイデガーは、私たちの存在の構成とその経験に関して、空間と場所に優位性を与え、身体および身体的方向づけを場所の力とその促しよりも軽視している（等閑視さえしている）。また確かに、家と住まうことは、存在論的形象においても詩的形象においても、彼が存在について考えるときの重要な礎石となるものだ。しかし同時にハイデガーは、不気味なものを、わが家にいることないしわが家にいるようになることが意味することの、除去しえない典型的な部分の一つとして保持し続けている。以上のことから、人種化された身体性をめぐって現在行っている検討――そこでは、（異質なものかつ／あるいはわが家にいないこととしての）不気味さの経験は、ほとんどもっぱら否定的あるいは妨害的な用語でもって表現されてきた――は、大きく見直される。

例えば、ハイデガーによる不気味さという概念の多面的な読解は、ある人の人種化がこのような力を奪われる形でしか経験されないのだ、と拙速に断言することを防いでくれるように思われる。このことによって私が言わんとするのは、人種差別の経験を共有することで生まれる深い仲間意識や豊かな共同体だけではなく、よりピンポイントには、ある人の人種化された不気味さについての直接的な経験が、権力のメカニズムや、自己の感覚を形成する際の歴史、言説、間主体性の役割を直に照らし出すということだ。これは、白人性のおかげで自身の人種的アイデンティティが「不可視」になっている人たちには、大部分が（意図的であろうと、なかろうと）曇らされた状態となっている事実である。言いかえれば、人種化された二重意識は、その断片化し干渉してくる作用にもかかわらず――そしてこれらが数多くある、現実の作用にもかかわらず――それでも、文字通り付加された意識の獲得である。すなわち、世界のうちでの自分の場所や世界との自分の関係を考察するための新たな認識的立脚点を獲得することなのだ。例えば、（フェミニスト哲学やクィア哲学と同様に）批判的人種哲学に携わる人たちの多くがより一層、関係的な自己理解や歴史的に状況づけられた自己理解を論じているように思えるが、これは偶然の一致ではない。周縁的経験から生まれた理論的研究にはしばしばこのような哲学的姿勢が共有されているのだ。なぜなら、排除と周縁化の経験は同時に、支配的な概念図式の問題を批判し照らし出すために、人をよりよい立場に位置づけるからである。[102] とはいえ、知的な洞察や知的な貢献以上に、このことはこういった経験の豊饒さや産出性を語っている。よりハイデガー的な用語でこのことを表すなら、私見では、人種差別の悲惨さをためらうことなく批判する一方で、[103]（異質さかつわが家にいないということとしての）不気味さの経験に何らか独特の豊かさや洞察を含んだものがありうると主張することができる。たとえこのような不気味さが人種差別的な習慣や行為や歴史の深い傷によってもたらされている場合でも、そうなのだ。

もちろん、以上のことにはどれも、権力の問題や、またその問題が人種化された不気味さの生産的な契機についての本書の分析にどう入り込むかという重く深い条件を課される必要がある。実際、私たちが「世界」を巡る旅について分析したときと同様に、権力の問題は干渉してくるというよりはむしろ、その分析に枠組みを与えるものだ。なぜなら、自分自身が不気味であると経験する人たちが自らの意志でそう経験することなど滅多にないということが、これ以上なく重要だからである。それゆえこの点に、ハイデガーにおける不気味さ〔die Unheimlichkeit〕についてのより共感的な読解との決定的な違いがある。なぜなら、ハイデガーは正しくもすべての存在に本質的で根本的な存在論的不気味さを同定したが、他方で人種化の場合には、人種化された存在に特有の不気味さが新たな種類として付け加わるからである。世界のうちに投げ込まれ、世界を理解するという責務を課せられてきたために、私たちがみな経験する一般的な方向の喪失や出生の状態以上に[104]、人種化された不気味さは人種差別的抑圧や支配をめぐる社会的・歴史的に構築されたシステムから生じるものだ。そのシステムが、人種化された身体にもともと備わっていなかった不気味さ、さらに白人の抑圧者の利益となる不気味さを押しつけているのである。第一章でみたように、人種化された身体の習慣的知覚（例えば、ヴェールを纏ったムスリム女性の事例）は、白人の身体が規範化されて不可視なものになることを一層強固にするのに役立っている。それは、本書の第二章の議論が明らかにしたように、人種化された身体における（人種差別的世界のなかを進んでいくときに受けるストレスによる）時間的・空間的な断片化が白人の身体性のスムーズな動きと空間的な拡張を保証しているのと同様である。別言すれば、人種化された身体をこのように周縁に押しやっているおかげで、白人性は規範的な中心に位置づけられるということだ。つまり、白人の身体が小気味が良いことは、人種化された身体の不気味さに基づいているのである。したがって、ハイデガー的な不気味さについての私たちの分析は、このような重大な点で人種化された不気味さから区別される必要がある。しかし、彼のより繊細な読解が人種化された不気味さに関する本書の議論に寄与するとすれば、それは、この不気味さを生産的で産出的な形で取り上げることができるからだ。それは例えば、人種化された存在の豊かさがたとえ痛みや不正から生まれて来たものだとしても、そうした豊かさを明確に表現する方途をもたらす。それと同時に、ハイデガーの読解は、不気味なものを呼び出して、白人性という不可視的な特権（そして「小気味が良いもの」）を体系的に問い直すよう促すいくつかの政治的洞察も与えてくれるのだ。

最後に、本章を閉じるにあたって指摘しておきたいことがある。それは、本節の終わりで私はハイデガーをメルロ゠ポンティに（ここでは、メルロ゠ポンティの習慣的身体の分析に焦点を当てることで）対決させたが、このような仕方でメルロ゠ポンティを位置づけることは、私も認めるように、彼の研究の眼目を充分に評価したことにはならないということである。メルロ゠ポンティの思想は、不気味なものへと直に開かれているわけではないにしても、少なくとも他者や他者たちの根源的な出会いへと、つまり実存的現象学の中心から私たちを同様に引き離してくれる概念図式へと開かれている。実際、私たちはメルロ゠ポンティとハイデガーが再び合流する地点を見つけ出すことは容易であり、それは次のように述べるハイデガーの思想における不気味さの重要な位置づけに、メルロ゠ポンティの思想が呼応するときである。

このことすべてが真となるのは、人間が最初から、決して「自己自身で」固有なもののなかに存在するのではなく、決してどんな形であれ自己を作り出すことを通じて固有のもののなかに至るのではない、という前提のもとにおいてだけである。しかしこの場合、自らに固有なものの内に住まうというのは、最後に生じること、ほとんど成就しないこと、常に最も困難であり続けることでもある。とはいえ、もし流れがわが家にいることの所在を規定するものであるならば、流れは自らに固有なもののうちでわが家にいることになるときの不可欠な助けとなる。[105]

次章で論じるように、メルロ＝ポンティのなかにもこのような「自分自身で」存在するのではないことを孕んだ議論を見出すことができる。しかし、この時期のハイデガーにとってこのような「非固有性」の源泉が不気味なもののうちに見出されるのに対して、メルロ＝ポンティの場合は、このことは肉についての議論によってより一層際立って展開されることになる。これから論じていくように、このような議論は、他者および世界との私たちの関係性と絡み合いを思考する空間を切り拓くものなのである。

原注

（1）私がときにUnheimlichkeit（不気味さ）を文字通りに「わが家にいないということ《アンホームリネス》」と翻訳するのは、ハイデガーが熱心に強調している「家《ホーム》」との関連を引き出すためである。しかしそのようにすることで、unheimlich（不気味な）という語がunheimisch（わが家にいない《アンホームリー》）へと瓦解する恐れがあり、後者はハイデガーにとって前者と密接に関連しているが、明確に区別されるものでもある。それゆえ、私が「わが家にいない《アンホームリー》」や「わが家にいないということ《アンホームリネス》」を喚起するのは、ただこの重要な結びつきを強調したいというだけのことであって、unheimlichをunheimischに包含させようとしているわけではない。ハイデガー自身のunheimlichとunheimischの緊密な対関係に関する議論については、Richard Capobianco, *Engaging Heidegger* (Toronto: University of Toronto Press, 2010), 58を参照。

（2）とはいえ、このような難しい問題は、私がここで述べている以上に検討を要することに異存はない。明確に記録されているハイデガーの反ユダヤ主義は、伝記的観点からだけでなく哲学的観点からも懸念材料となっている――このことから私たちは、彼の思想には人種差別に汚染されている側面があるのかどうか（この問いはあまりにも露骨なものであるが）を問うだけでなく、存在と世界内存在の本性についての彼自身の深い思索はなぜ民族根絶を積極的に企てる政党を支持することを妨げることにはならないのか、について問わなければならなくなる。すなわち、それは哲学的探究の本性と生きられた世界との関連――そして世界の内で生きること――についてのより深い問題を提起しているのだ。注意すべき点は、こういった問題はハイデガーに対してだけでなく、哲学の古典となる他の思想家に対しても等しく問われるべきだということである。

（3）マルティン・ハイデガー『存在と時間』熊野純彦訳、岩波書店、二〇一三年、II－三五四頁。

（4）同上、II－三七三頁。

（5）同上。

（6）同上、II－三七四頁。

（7）ファノン『黒い皮膚・白い仮面』、一三四頁。

（8）この非所属という感覚は、オーストラリアでよく見られる人種差別的嘲り、例えば「国に帰れ！」や「私たちはここで育ったが、お前はここに流れてきた」にも反映されている。外国人嫌いや（結局のところオーストラリアは植民地化された国であるという）歴史についての無知を露呈しているのに加えて、これらの嘲笑は、「私たちvs彼ら」という人種差別的な考え方において家や所属の感覚が強力な役割を果たしている様を、はっきりと物語ってもいるのだ。

（9）「身体」という言葉の本書での使い方については、本書の序論ですでに述べたことを思い出してほしい。私はそれを「自己」といったようなものを指すために、極めて広い意味で用いている。したがって、この文章は、人種化された身体はそれ自体において居心地が悪いということとほとんど同じようなことを述べていることになる。

（10）Yancy, *Black Bodies, White Gazes*, 2.

（11）Edward S. Casey, *Getting Back into Place: Toward a Renewed Understanding of the Place-World* (Bloomington: Indiana University Press, 2009 (2nd ed.)), 299.

（12）Joseph Rykwert, “House and Home,” *Social Research* 58 (1991): 51.

（13）Rykwert, “House and Home,” 54.

（14）Iris Marion Young, “House and Home: Feminist Variations on a Theme” in *On Female Body Experience: ‘Throwing Like a Girl’ and Other Essays*, 139.

（15）Ibid.

（16）とりわけヤングとケイシーの二人は、居住というものが伝統的な住宅の外で生じていることを実際に認めている。「多くの社会で「家」とされるのは、村や広場、そこでの家々であり、居住というものはドアの内外で生じている［…］。近代資本主義の都市であっても、人々は自分たちの住宅よりも近所や街区に「住んでいる」。彼らは、広場や住居前の階段、バーや喫茶店に座り込んでいて、家にはほとんど寝るためだけに帰っている」（Young, "House and Home," 131-132）。また「公園というのは、普通の意味での「建物」ではなく、ときにただの避難所や家庭的な快適さをもたらしたりはしないが、居住場所になりうる。実際、人々が自然と集まってくる街角や住居前の階段といった場所が、真の居住場所なのである」（*Casey, Getting Back into Place*, 115）。「第三の場所」への参照を促してくれたブライアン・アーウィンにも感謝する。

（17）この論考におけるリクワートの目的のなかには、建築家は住宅を建築することが仕事であって、家をつくることではないことを思い起こさせるというものがある。彼によれば、建築家たちはこのことを考えるときに迷いがあった。「建築家たちは「典型的な」家庭のなかで行われるあらゆることを、ぎっしりと詰まった棚の中にぴったりと収めようとしていた。それはまるで建築家たちが自分たちの仕事を、住宅を供給することではなく、家を囲いこむこととしてみなしているかのようである。［…］都市自身が水道、ガス、電気や道路を供給することを期待しているとカール・クラウスが述べることで、彼がかつて建築家たちの心の内に植えつけようとした重要な教訓を、彼らは忘れてしまっている。「die Gemütlichkeit besorge ich」――私は安楽さ［homeliness］を提供する、と彼は付け加えているのである」。リクワートの説明で住宅と家の違いが僅かばかり断言されているように思われるのは、恐らくこれが理由であろう。Rykwert, "House and Home," 60.

（18）このことの理解しやすい例の一つは、都市計画と障害者の利便性《アクセス》の問題である。場所（家あるいは他のもの）が設計される方法が根本的に形成することができるのは、当該の身体が居心地の良さ、あるいは居心地の悪さを感じるようになる仕方であり、歓待されている、あるいはされていないと感じるようになる仕方であり、受容されている、あるいは排除されていると感じるようになる仕方である。したがって、身体図式と身体習慣の問題は家と密接に結びついている。われわれの探求とより関連しているものの例として、ジョージ・リプシッツも『いかにして人種差別は起きるのか［*How Racism Takes Place*］』（Philadelphia: Temple University Press, 2011）において、共有された都市空間で生じる人種隔離の現代的形態に着目している。

（19）マルティン・ハイデガー『技術とは何だろうか――三つの講演』森一郎編訳、講談社、二〇一九年、六三頁。ここでは、この箇所でハイデガーが名づけている住まうことと宿泊することの様々な様態をより明確に指示するために、元のドイツ語の用語を挿入している。

（20）同上、六五頁。

（21）マルティン・ハイデッガー『ヘルダーリンの讃歌『イスター』』第二部門　講義（一九一九－四四）』ハイデッガー全集第

五三巻、三木正之・エルマー・ヴァインマイアー訳、創文社、一九八七年、三三頁。
(22) Rykwert, "House and Home," 52.
(23) Young, "House and Home," 139.
(24) Ibid., 142. 実際、ヤングが論じるところでは、建てることが持っている二つの意味のうち、ハイデガーは保存するということを十分に探求しておらず、むしろその代わりに、表面上ずっと「能動的」なもので対概念となっているもの——構築すること——に特権性を与えるという、よくある罠に引っかかっている。ヤングによれば、「保存すること」はハイデガーの言う建てることが持つ二つの意味のうちの一つをなしてはいるものの、第二の概念である構築することを過剰に強調して語ってしまっていることで、惜しくもその重要性が隠されてしまったのだ。それに続けて彼女いわく、このような動きは、西洋哲学の伝統が一見したところ、受動的なものに思えるものや伝統的に女性の仕事に結びつけられていたものの重要性や創造性を軽んじるという傾向が大雑把に言えばあるということを示しているのである。
(25) Casey, *Getting Back into Place*, 114.
(26) Ibid., 115.
(27) Ibid., 115-116.
(28) Rykwert, "House and Home," 54.
(29) 対照的にフランス語は、本書の第二の意味での休息することを表すために別の動詞(reposer)を必要としている言語の一例であり、フランス語の動詞resterは、純粋に物理的な留まることを指している。興味深いことに、英語の場合にある二重の意味は、異なった二つの語源に由来しているようである。restの第一の意味、安息するは、ゲルマン語のrastonあるいはrastenに(「連盟《リーグ》」や「マイル」[これらは人が休息するための距離を指している]を意味している語源に)由来している。他方で、留まるというrestの二つ目の意味はラテン語のrestareに由来しており、これは古フランス語のresterに組み込まれたものである。
(30) ハイデッガー『ヘルダーリンの讃歌『イスター』』、三三頁。
(31) ここには重要な性格づけがある。私は家《ホーム》を「実質的には」休息する場所として描き出したが、しかしそれは「排他的に」そうであるということではない。それというのも、ある人が休息することがかなわず、またそうすることができない家《ホーム》というのも、当然のことながら多く存在しているからである。家庭内暴力であったり、精神的虐待ないしは性的虐待であったりが生じる家庭《ホーム》や、不幸な人間関係によって規定されている家庭《ホーム》は、どれも現実におこっている実例であり、そこは休息する場所とは程遠い。さらに、われわれはこの「休息を与えること」をロマンチックに語るべきではない。外からは休息を与えるように見えるものであっても、家庭のなかで行われている多くの「見えない仕事」に言及するまでもなく、内部では退屈で息の詰まるようなものに感じられていることはよくある。私はここで、伝統的に女性が家庭や家事活動に閉じ込められ、彼女たちの労働がそれとして認められていなかった（それどころか搾取されてさえいた）ことを念願においている。こういった事例では、ある種家庭に住まうことは第一の意味での「休息」に近くなり、留まる場所、あるいは留められる場所となる。こういった考察は、家を賛美する衝動に対する重大な警告をも示している。また、私が行った探求の図式としては、こういった考察を通じて、三つの意味（出発地、身体的習慣、休息）を切り離すことなく家を考える必要があるということが際立ってくるのである。

（32）Casey, *Getting Back into Place*, 121.

（33）ガストン・バシュラール『空間の詩学』岩村行雄訳、筑摩書房、二〇〇二年、四八頁。バシュラールは著書を通じて主に「住宅」(la maison) について語っているが、実際に彼が語っているのは「家」についてだと思わせるような仕方で語っている。もちろん、バシュラールの母語であるフランス語には、英語の“home”と完全に等しい一語がないことに注意しなければならない。フランス語の La maison は物理的構造物を指す傾向がある（そのため、「住宅《ハウス》」に近い）。それに対して、フランス語の foyer は家《ホーム》を意味しうるが、英語の“foyer”の意味と同様に、廊下や集会所を指すこともある。フランス語の être chez soi という表現を用いればもっと意味を近づけることができる（例えば、“make yourself at home”〔くつろいでください〕は、フランス語で faites comme chez vous と言う）。しかし、これは home という名詞形から離れてしまい、home が持っている建物や構造物への言及を失うことになる。

（34）メルロ＝ポンティ『眼と精神』滝浦静雄・木田元訳、みすず書房、一九六六年、二五三頁。これの原文は次の通り。“*La science manipule les choses et renonce à les habiter.*”

（35）メルロ＝ポンティ『知覚の現象学』、I－一六二頁。

（36）メルロ＝ポンティ『知覚の現象学』、I－一六二頁。

（37）Casey, “Habitual Body and Memory in Merleau-Ponty,” 218.

（38）Kirsten Jacobson, “A Developed Nature: a Phenomenological Account of the Experience of Home” in *Continental* Philosophy *Review* 42 (2009): 355-373.

（39）Ibid., 361. 彼女はまた、それに先立つ359で、「家は私たちの身体と現象学的に同種である」と記している。

（40）Ibid., 361.

（41）Casey, *Getting Back into Place*, 120.

（42）Drew Leder, *The Absent Body* (Chicago: University of Chicago, 1990), 34.

（43）Brian Irwin, "Architecture and Embodiment: Place and Time in the New York Skyline," *Architext* V (2014): 23-35. しかしながら、この直立性は、人間以外のほとんどの身体性の様態に比べて、より人間の身体的経験に関連していることを指摘しておきたい。加えて、直立性を強調していない構造以上に、建物の直立性を人間の形態と過剰に同一視することは、男根中心主義に陥る危険性があることも指摘しておきたい。

（44）Casey, *Getting Back into Place*, 120.

（45）ハイデガー『技術とは何だろうか』、六六頁。

（46）メーガン・クレッグが本章の最初のバージョンに基づいて発表した論文に応答してくれた際に、この問題を考察するよう促してくれたことをここで感謝したい。また、私はここで「母親」という語を生んでくれた母親という意味で用いているが、このとき、これが子どもを出産し、世話し続けている身体だけではなく、また必ずしもそうである必要はないことを認めている。（ここで私が念頭においているのは、養子縁組の場面や出産後の「育児」の様々な可能性である。この点に関する議論については、Sara Ruddick, *Maternal Thinking: Toward a Politics of Peace* (Boston: Beacon Press, 1989) を参照されたい。

（47）胎児が身体図式を発達させる際に、生みの母親の身体とその母親の運動習慣や反応などが果たす役割に関して、いくつか興味深い研究がある。例えば、ジェン・ライマーは身体の運動や身体的癖について必ずしも生物学的説明に頼ることなく、このような親密な結びつきを説明している。彼女は次のように述べている。「したがって胎児の初期の運動パターンは、母親によって構造化され、制御されている。また、このパターンは妊娠している時期に一貫して観察されるものである。本質的にこのことが意味しているのは、私たちの最も初期の神経構造を形成する胎児の運動パターンは、メルロ＝ポンティが対化と呼ぶようなもの——身体化された運動とともに、あるいは連動する運動——を通じて母親の身体によって形作られ、実存するようになるということである。その機能的なスタイルは、子どもがどのように神経学的に発達するのかに影響を与える。」Jane Lymer, "Alterity and the Maternal in Adoptee Phenomenology," *Parrhesia* 24 (2015): 189-216, 196.

（48）もちろん、子宮のなかにいる胎児に「世界」があるのかというより広範で複雑な問題があるのだが。

（49）バシュラールは『空間の詩学』において、（ヤングによって論じられた）「建てること、住まうこと、考えること」におけるハイデガーと同様に、この過ちを犯していると私は考えている。

(50) 私がこのことを考察するためのきっかけを与えてくれたアリア・アル＝サジに感謝する。
(51) バシュラール『空間の詩学』、四九頁。
(52) 同上、四五頁。
(53) María Lugones, "Playfulness, 'World'-Travelling, and Loving Perception," *Hypatia* 2 (1987): 11.
(54) Mariana Ortega, "'New Mestizas,' "World'-Travelers,' and '*Dasein*': Phenomenology and the Multi-Voiced, Multi-Cultural Self," *Hypatia* 16 (2001): 9.
(55) ファノン『黒い皮膚・白い仮面』一二九頁。
(56) Lugones, "Playfulness, 'World'-Travelling, and Loving Perception," 17.
(57) Ibid., 12.
(58) リーの議論では、「人種への反逆」の戦略は、批判的介入の契機を白人の特権システムからの個々の白人の離脱に見てとっている。彼女はこの離脱の可能性について（私が第一章で指摘したように）懐疑的であるだけではない。このようなやり方では、人種差別を形成し続ける政治的で社会的な支配構造への注意を逸らしてしまう点にも彼女は批判的であり、それはこの構造が、ただ個々人だけでなくそれ以上のものが白人の特権（それは個々人の態度に関係なく与えられてしまっている）から目を背けるということを要求するものだからである。
(59) もちろん、第二章で論じたように、白人の存在論的な膨張性を反復しているだけの「世界を巡る白人の旅」というシャノン・サリヴァンの批判についても注意しておく必要がある。Sullivan, "White World-Traveling," *Journal of Speculative Philosophy* 18 (2004): 300-304.
(60) リラ・ワトソン、一九八五年の「国連女性の十年」会議での演説。ただし、ワトソン自身が主張しているところでは、この発言は彼女の功績とされているものの、一九七〇年代にクイーンズランド州のアボリジニ活動家から集団的に生まれたものであることに注意されたい。
(61) Ortega, "'New Mestizas,' "World'-Travelers,' and '*Dasein*,'" 180.
(62) この点について教示してくれたアン・オブリンに感謝する。
(63) Jacobson, "A Developed Nature," 357
(64) bell hooks, *Yearning: Race, Gender, and Cultural Politics* (Boston: South End Press, 1991), 42.
(65) Lisa Guenther, *Solitary Confinement: Social Death and its Afterlives* (Minneapolis: University of Minnesota Press, 2013).

(66) 私は「ありふれた」と述べたが、これはもちろん、ある特定の文脈――典型的には、西洋の先進国の資本主義社会――において戸建て住宅（ないしアパート）が「最もありふれた」ものとなっているという事実を表しているにすぎない。したがって、住宅と家についての私の分析の大部分はこのモデルに基づいている（またそれに限定されている）ことに留意しなければならず、私はこれが最も自然な生活様式や、さらには理想的な生活様式を表すなど主張しているわけではない。またここで、住まうことの異なる様式の一例として、ロマの人々の遊牧民的な生活様式を挙げるとともに、ヨーロッパの歴史を通じて彼らにガジェ（非ロマ）の「定住習慣」を押し付ける傾向があったというシャノン・サリヴァンの議論に注意を促しておきたい。Sullivan, *Revealing Whiteness*, 151-158.

(67) ケイシーによる国境〔border〕と境界〔boundaries〕の議論については、"Walling Racialized Bodies Out: Border versus Boundary at La Fontera" in Emily Lee (ed.), *Living Alterities*, 191-193を参照。

(68) 注の48を参照。

(69) このような四方界は天空、大地、神的な者たち、死すべき者たちから成る。

(70) ハイデガー『技術とは何だろうか』、八三頁。なお、ドイツ語では次の通り。"*Die Sterblichen sind, das sagt: wohnend durchstehen sie Räume auf Grund ihres Aufenthaltes bei Dingen und Orten.*"〔「死すべき者たちが存在するとは、彼らが住みつつ、物と場所のもとで留まることにもとづいて空間を耐え抜いているということだ。」〕ドイツ語の「オルテン〔Orten〕」が「場面、現場〔locales〕」と翻訳されていたが、「場所〔places〕」と表現する方がふさわしいと思われる。

(71) Jeff Malpas, *Heidegger's Topology: Being, Place, World* (Cambridge: MIT Press, 2006), 270.

(72) ジャン=リュック・ナンシー『共同‐体《コルプス》』大西雅一郎訳、松籟社、一九九六年、二七頁。

(73) この点に関してハイデガーを擁護するものとして、例えば、Kevin A. Aho, *Heidegger's Neglect of the Body* (Albany: SUNY Press, 2009)を参照。

(74) ハイデガー『存在と時間』、II‐六一頁以下。

(75) メルロ=ポンティ『知覚の現象学』、II‐六七‐七一頁。

(76) この点については、ゲイル・ワイスもその著書*Body Images: Embodiment as Intercorporeality* (New York: Routledge, 1999). 1で指摘している。アイリス・マリオン・ヤングが妊娠中の身体性についての論考のなかで同様に論じているように、西洋医学における健康の考え方は変化することのない身体という観念にもとづく傾向があるが、しかし実際のところは、大人の（ただしまだ年老いていない）男性の身体を除けば、ほとんどすべての人は自分の身体を継続的に変化する過程として経験している――このことは、子ども、高齢者、月経のある女性、月経を終えた女性に当てはまる。Young, "Pregnant Embodiment: Subjectivity and Alienation" in *Throwing Like a Girl*, 57.

(77) 興味深いことに、硬皮症のような皮膚疾患は皮膚が硬くなり、皮膚の穴がふさがり――皮膚が呼吸できなくなる――、極端な場合には、命にかかわることもある（画家パウル・クレーの場合のように。Hans Suter, *Paul Klee and His Illness: Bowed but Not Broken by Suffering and Adversity* (Karger, 2010)）。この点に気づかせてくれたエド・ケイシーに感謝する。

(78) 本書を通じて採用してきた「身体」の使用法からすれば、この点はすでに明らかだろうが、誤解の恐れもあるため付言しておきたい。当然のことながら私は、本書の目的に沿うと、重度の身体障害者や麻痺患者といった、「物理的な体」を動かしたり、反応させたりすることができないように見える人たちは「死んでいる」ことになると言いたいわけではない。それというのも、（一）本書では一貫して「身体」をメルロ＝ポンティ的な意味で、つまり（人間の身体の場合）生きている人格を指す語として用いているからであり、（二）応答しているように見えない人たちであっても、その人たちの身体の表現様態に対する注意の向け方次第では、応答していることが分かる場合もあるからだ。この第二の点は、エヴァ・フェダー・キテイ『愛の労働あるいは依存とケアの正義論』〔新装版〕岡野八代・牟田和恵監訳、現代書館、二〇二三年、二七八頁の個人的なエピソードに力強く描き出されている。

(79) Weiss, *Body Images*, 165.

(80) フェミニスト哲学に目を向けることが、このような多孔性と間身体性に関する議論では適切である。なぜなら、「個人的なものは政治的である」ということを主張する最初のフェミニスト運動が、ついに政治的批判と政治的探求の完全に新しい領域と方法を切り拓くことになったからである。

(81) Weiss, *Body Images*, 46. なお、ヤングはその後に発表した "Throwing Like a Girl: Twenty Years Later" in Welton, *Body and Flesh*, 286-287 において、これらの批判を取り上げ、自身の説明が断定しすぎていたことを認めている。

(82) 例えばワイスは次のように論じている。「さらに、ある特定の状況における個人の運動、振る舞い、行為に文脈を与える、ある特定の種類の社会の準拠に訴えることによって、社会への準拠であるのは内在と超越のいずれかだとすることを避けることができ、また社会への準拠の事実そのものではなく、むしろ作動している社会的参照軸の種類に焦点を当てることができるようになる」。Weiss, *Body Images*, 47.

(83) 例えばヤングの "Pregnant Embodiment" を参照。

(84) この点は、私たちが監視カメラとデータ収集の時代において、プライバシーといった別の問題をどのように考えるのかについても示唆を与えている。この分析にしたがえば、公共の場での自分自身のイメージをめぐる「権利」や、公共の場で写真やビデオに映らないでいられる権利が私たちにはあると主張することが難しくなってきている。なぜなら、このような空間にいることは、同じ場所にいる他者たちに自分のイメージ（や存在）の一部を明け渡すことになるからである。

（85）ミズーリ州のファーガソンでの最近の事件〔二〇一四年のマイケル・ブラウン射殺事件〕は、この点に関してぞっとさせるような洞察を与えるものだ。すなわち、黒人の身体が（自己呈示という形で）旅するのは、銃撃されるといった最も基本的な被害を避けるためなのである。

（86）オルテガがこの点に関してルゴネスから離れているということを指摘しておきたい。ルゴネスの議論において描かれた「自己」はオルテガにとって問題含みなものだ。ルゴネスが旅する自己の問題を記憶と「自己の複数性」という概念を通じて取り上げているのに対して、オルテガは、「〔複数の自己の〕差異について私が判断できる観点があるべきだ」と論じ、「そのようにしてこの観点を与える存在として記憶に訴える」。それに続けて、「上記の問題を踏まえれば、私たちの自己は複雑で、複層的で、曖昧で、ときに矛盾していることさえもあり、また、私たちというのは複層的であるとしても、私たちの複数性にはなおもまとまりがあるということを示せるならば、よりよくことが運ぶはずだ」。Ortega, "'New Mestizas,' 'World-Travelers,' and '*Dasein*,'" 16.

（87）Mariana Ortega, "Hometactics: Self-Mapping, Belonging, and the Home Question" in Lee (ed.), *Living Alterities*, 176.

（88）Ibid., 176-177.

（89）とはいえ、ここでなされている指摘というのは、「女の子みたいに投げてはだめ」という期待によって、男の子はそれに応えなければならない（さもなければ「男らしさ」が仲間たちに疑われる）というプレッシャーに晒されている以上、ジェンダー的な規範と期待は、女の子だけでなく男の子にも有害な影響を与えるということである。そのため、男の子が一切の自己意識の感覚をも抱かずに動けるというのは、厳密にいえば正しくない。しかし、私が主張したいのは、それは別種の自己意識だということである（例えば、それは二重意識というよりかは自己意識に近い。それというのも、対象化するまなざしはないが、自己反省的まなざしがあるからである）。この点についてさらなる考察を促してくれたブライアン・アーウィンに感謝する。

（90）ここで、住宅の真の役割は「白昼夢」のための空間を作り出すことであるというバシュラールの主張を思い起こそう。

（91）Jacobson, "A Developed Nature," 360.

（92）Young, "House and Home," 149.

（93）ハイデガー『存在と時間』、II‐三五四頁以下。

（94）確かに、居心地良くあることの種類は、これまでわれわれが考察してきた種類のものとは異なる。例えば、現存在が世人のうちに没入することの小気味が良いことは、「公共性の「居心地の良さ」」である。同上、II‐三七五、三五四頁。

（95）ハイデガー『技術とは何だろうか』、九一頁。

（96）ハイデッガー『ヘルダーリンの賛歌『イスター』』、一〇〇頁。

（97）同上、七二頁。

（98）同上、一〇四頁。

（99）同上、一〇八頁。

（100）アリー・C・ローリンソンは、このような批判を"Beyond Antigone: Ismene, Gender, and the Right to Life"（Tina Chanter and Sean Kirkland (eds.), *The Returns of Antigone* (Albany: SUNY Press, 2014), 101-122）で行っている。

（101）「この詩的な作品において詩にすることに値するのは、わが家にいないあり方のなかでわが家にいるようになることにほかならない。アンティゴネー自身は、わが家にいないあり方のなかでわが家にいるようになることの詩である。アンティゴネーは固有な、そして至高の意味でわが家にいない状態であることについての詩である。」ハイデッガー『ヘルダーリンの賛歌『イスター』』、一七六頁。

（102）この主張の条件として、こういった「認識上の特権」は（すでにフェミニスト哲学やクィア哲学に言及する際に指摘したように）人種化の対象となる人々に限定されないし、また周縁的経験をもっている人たちだけに限られている認識論的地位でもないと述べておきたい。第二章におけるヤンシーの認識上の特権に関する指摘に倣って言えば、それは支配的集団に属する人たちも当然取り組むことのできるものである（例えば、反人種差別の哲学や理論に重要な貢献をしている多くの白人の学者によって証明されている）。

（103）本書で私は人種差別を基礎的な形でとはいえ、かなり限定的な形で見てきた。しかし、人種差別が世界史のなかでいくつもの植民地計画を支えてきた点も含めてより広い視点で人種差別を見れば、人種差別が人類にとって悲惨なものとなってきたことを誇張なしに言うことができる。

（104）被投性と出生の議論に関しては以下を参照されたい。Anne O'Byrne, *Natality and Finitude* (Bloomington: Indiana University Press, 2010), 23-26.

（105）ハイデッガー『ヘルダーリンの賛歌『イスター』』、三四頁。

第四章

人種差別のまなざし

——サルトルの対象存在とメルロ＝ポンティの絡み合いとの間で

すでに白人のまなざしが、それだけが真のまなざしである白人のまなざしが私を解剖する。私は固定される。

——ファノン『黒い皮膚・白い仮面』
〔海老坂武・加藤晴久訳、みすず書房、二〇一四年、一三六頁〕

「見て、ニグロだ！」。拍子抜けするほど単純なこの呼びかけは、人種差別の生きられた経験と働きについて多くのことを語っている。「見て、ニグロだ！」[1]。見て〔Look〕という言葉が示すように、人種差別にはそのもっとも基礎的な構造において指し示すことが伴っており、この指し示しは視覚的領域で圧倒的に生じている。この最終章では、私が人種差別と人種化された身体性の経験の最も際立った特徴の一つとして論じるもの、つまり見られる経験、より正確に言えば、まなざされる経験に目を向けたい。どんな形式であれ――暴力、発言、差別行為であれ、あるいは私がこの本を通じて考察してきたもっと陰湿な具体例（車のドアを施錠する、ハンドバッグを引き寄せるなど）であれ、――人種差別は、もっとも一般的には[2]、一種の目を向けることから始まるのであり、その目を向けることとは私が人種化するまなざし、人種化されたまなざし、あるいは人種差別的なまなざしと呼ぶものである。私は本章において、この人種化するまなざしについてのいくつかの問いをもう一度取り上げる。第二章では、その現象とそれに付随する分析の存在論的な基礎と諸前提を具体化するために、手短にこれらの問いに向き合ってきた。私が以下で論じるように、人種化するまなざしをめぐる多くの言説は「目を向けること」についてのサルトルの論述に類するものに基づいており、そのサルトルの論述自体は、主体と対象、見るものと見られるものという大雑把にデカルト的と言える区別を通して見取り図を描いている。しかしながら、第三章における多孔性と間身体性についての議論にしたがって、私はそのような存在論的枠組みが、人種化するまなざしに関する分析を、主体と対象、内在と超越、自己と他者というあまりに二元論的な観点に否応なく制限してしまう点で限界があるということを論じる。ここにおいて私は、人種化された身体性をその複雑さにおいて考える、より豊かで繊細なやり方を切り拓くために、メルロ＝ポンティの絡み合いの分析、そして特に彼の肉の存在論についての論述に目を向ける。そのような論述は、人種差別的なまなざしについての私たちの分析をいっそう鋭くすることを可能にするし、人種化された身体性の本性について、そして人種差別の深い存在論的暴力の本性についてのさらなる洞察を切り拓くことを可能にすると私は論じる。

第一節　対他的身体、対象性、人種差別のまなざし

人種化された身体、問題から対象へ

オーストラリアのアボリジニのリーダーであり活動家でもあるマイケル・ドッドソンは、アボリジニ・トレス海峡諸島民社会正義委員として行った演説のなかで、かつて次のように述べたことがある。

彼らの最初の侵食的なまなざし以来、植民地化する文化は、「アボリジニ」とアボリジニ性を観察し、分析し、研究し、分類し、レッテルを貼ることに専念してきた。そのまなざしのもとで、アボリジニ性は、日々の実践から「解決されるべき問題」へと変わってしまったのだ。(3)

植民計画の重要な手段であるとともにその正当化でもある人種差別的なまなざしは、まなざしを向けられた人々、この場合にはオーストラリアのアボリジニの人々を「問題」に変える役割を果たした。ドッドソンの演説は、植民者との最初の接触以来、オーストラリアの「アボリジニ」(4)に向けられて

きた様々なまなざし――司法的・教育学的・民族学的・宗教的・芸術的まなざしが含まれている――の長い歴史について例示していく。「そうだとも。彼らは私たちについて言うことがたくさんあったのだ」[5]と彼は述べる。当然ながらドッドソンの考察は、彼とは別の文脈から著述しながらも非常に似通ったつながりを描いていたW・E・B・デュボイスの考察を強く思い起こさせる。デュボイスは、白人について語りつつ次のように述べる。「彼らは半ばためらいながら私に近づいてくる。好奇心に満ちた目か、哀れみ深い目で私を見ながら」（引用者による強調）、それも内面では「問題になるってどんな感じ？」と聞いてみたい衝動と闘いながらそうするのである、と[6]。時代も場所も政治的な歴史も大きく隔たっているものの、同じ人種化するまなざしの仕草がそうした隔たりを乗り越えて見られるのだ。

もちろんこのようなまなざしについては別の例を挙げることもできる。エドワード・サイードが主著『オリエンタリズム』で行った論述は、西洋の東洋に対する憧れとまなざしを見つけ出している。そのような好奇なまなざしも憧れのまなざしも親切さとは程遠く、サラ・アーメッドが論じるように、一種の「異邦人フェティシズム」[7]へとすぐさま転じかねない。仏頭像を陳列したパリの骨董品市場で私が出会った礼儀正しい微笑みと好奇心に満ちた詮索好きな目つきは、ヴィクトリアの田舎町の路上で私に投げつけられた「おい、中国人」という不躾な叫び声に劣らず、人種化されたまなざしの一表現だったのだ。しかしながら、まなざしについてのこれらの異なる例示と先の事例に共通しているのは、エメ・セゼールの言葉で「物化〔thingification〕」、あるいはファノンの言葉で「対象化」と呼ばれる過程の含まれ方である。ファノンにとって、まなざしを向けられるという経験は、対象に変えられるという経験であったことを思い出そう。〔『黒い皮膚・白い仮面』の〕「黒人の生きられた経験」[8]の章の冒頭での運命を決する呼びかけに続けて、彼は次のように述べている。「私は事物に意味を担わせるつもりでこの世界に生まれて来たのであった。私の心は世界の根源に到達したいという欲求に満ち溢れていた。ところが私は他の数多くの対象のうちの一つの対象にすぎぬ自分を発見したのだ」[9]。この対象性はファノンによって、「非存在〔nonbeing〕」もしくは（具体的には白人という）「他者たちを通した」[10]存在という様々な言い方で記述されている。しかし、それ以上のことがある。先立つ一節においてファノンが示唆しているのは、白人というフィルターを通されているのがある人の黒人性への接近や黒人性の経験だけではないということ、そして実のところ、黒人のアイデンティティそのものが白人によって作り出されたものであるということだ。マークマンによって「白人の加工品《アーティファクト》」と訳されているとはいえ、ファノンの描いた黒人の魂なるものは加工品以上のものであり、「白人の構築物」（引用者による強調）（"une construction du Blanc"）[11]である。

こうした契機（サイードの『オリエンタリズム』のフランス語訳でも「西洋によって創り出された東洋」という副題がついていることを指摘しておこう）のうちに、私たちは、一九四六年のサルトルの「反ユダヤ主義者こそが、ユダヤ人を作るのである」[12]という有名な声明のまぎれもない反響を聞き取る。第二章でも指摘したように、ファノンによる黒人の身体性についての「過剰に規定されていること」という描写もまた、サルトルから直接借用されたものだ（当のサルトルもこの用語をフロイトから借りている）。このような参照は哲学の系譜学の意味で興味深いだけでなく、ファノンの著作や、より一般的には批判的人種理論とポスト植民地主義理論の学問の多くが依拠する何らかの存在論的前提を明らかにするという理由で興味深い[13]。私が主張したいのは、人種化するまなざしについての数々の分析が頻繁に、サルトル的な主体－対象関係という観点から形作られた概念を支柱とする存在論の枠組みに依拠しているということである。この理由から、そしてこれらの分析が批判的人種研究とポスト植民地主義研究という分野に多大な寄与をなしてきた点に鑑みて、私は次項で、まなざしに関するサルトルの存在論的立場を綿密かつ批判的に検証する。特に、サルトルの論述には、人種化するまなざしについての分析をむしろ制限してしまうような限界があるのではないかと問う。反対に、人種化するまなざしには、サルトルの論述を拡張する側面や、それに異議申し立てをする側面があるのだろうか。ファノンの『黒い皮膚・白い仮面』は当然ながら、非常に近い主題を扱ったサルトルの『ユダヤ人』での著述から大いに影響を受けたものだ。そして、ファノン自身の著作に見られる『ユダヤ人』というテキストの遺産については後に考察するが、まずは、これらの著作の存在論的な支柱を掘り起こすために、主著『存在と無』におけるサルトルの成果に目を向ける。

サルトルのまなざしにおける主体 - 対象関係

この著作において、サルトルは身体の三つの存在論的次元について素描している。第一の次元は、対自的な身体である。この対自的な身体は、それ自体は背景に退き（あるいはサルトルの言い方では、世界へと自らを超越し）つつも、私たちの世界への開けの土台となり、またはその開けをもたらす、現象学の一人称的な観点としての身体である。この身体は、私にとって目につきやすくなっているものではなく、むしろ、「内側」[14]から直観され、経験され、感じられる身体、私がたんにそれを「実存している」[15]身体である。しかしながら、第二の存在論的次元において身体は、主題化される仕方でまさに現れる。ここで私たちがもつのは対他的な身体である。対他的な身体とは、他者に対して現れている私の身体であり、（サルトルによれば[16]）同じく、私に対して現れている他者の身体である。この次元こそが目下の研究との関わりのなかで最も重要なものであり、それというのも、この次元は私にとっての他者の現れと、他者の対象としての地位との関係を描いているからである。「まなざし〔Le Regard〕」――しばしば英語では「目を向けること〔The Look〕」と訳されるが、彼の分析の文脈においては、「まなざし〔The Gaze〕」[17]と訳す方がより適切であると私は主張する――と題された節において、サルトルはまなざしとある人の対象としての地位との明白な相関関係を描くことによって議論を始めている。

こちらへやって来るのが見えるあの女、道を通るあの男、窓から歌声が聞こえてくるあの物乞い、それらは私にとって、対象である。そのことは疑うべくもない。それゆえ、私に対する他者の現前の、少なくとも一つの様相が、対象性であるということは、確かである。[18]

身体のこの第二の存在論的次元において、ちょうど他者が私に対して一つの対象として現れるように、私もまた対象というあり方で他者に対して現れる。マーティン・C・ディロンが「サルトルによる現象的身体の議論とメルロ＝ポンティによる批判」という論考で推測しているように、「「目を向けること」の現象を通じて、私が自分の身体が他人の意識の対象であると気づくとき、私の身体に対する他人の対象化するまなざしを私が感じるとき、私の経験は対象化されるという経験になる」[19]。身体のこれら最初の二つの様態ないし「存在論的次元」、つまり対自存在と対他存在は、大まかにはデカルト的な主体と対象の二元論上に位置づけられる。それはディロンが述べるように、サルトルがデカルト的な内在と超越の区別の一バージョンを持ち込むことに起因しており、サルトル自身がこの区別を乗り越えようとしているると述べているにもかかわらずそうなのである。その場合、目を向けること

（あるいはまなざし）は、ある人の経験を主体としての自己か、対象としての他者のどちらかに規定する決定的な役割を果たすことになり、このことが対象としてまなざされたり、指さされたりする黒人の身体についてファノン自らが行う分析に反映されているのを見てとることができる。

近づいてくる女や通りの物乞いをまなざしが対象に変えるというのは、サルトルによれば、ある程度、視覚の空間的次元の一機能である。サルトルにとって、距離の空間的関係はまなざしを通して変容を被る。彼の言葉では、他者のまなざしは「距離をおいたまま私をつかまえる」[20]、あるいは反対に、私のまなざしは距離をおいたまま対象としての他者をつかまえる。ここで、車のドアを施錠することについてのヤンシーの分析との共鳴を指摘しておきたい。ヤンシーによればこれは、通り過ぎる黒人（男性）の対象としての身体、つまり計測可能な物理的距離が変化していないにもかかわらず、いまや安全に感じられる距離ないし生きられた距離をとってつかまえられる身体から身を守るために、白い身体の内に閉じこもる仕草なのだ。そして、対象が「そこで」つかまえられているため、そのような距離は近くに住まう〔near-dwelling〕可能性を締め出してしまう。対象とは、私たちから遠く離れて住まう（留まる）人であり、その人との間に多孔的な交流が生じる可能性はごくわずかしかない。このような可能性の除去は、サルトルが先立って主体性を、まさしくそのような空間に関わる用語で記述してきたことから、彼にとって重要である。主体であることとは、自分自身を中心として組織化され方向づけられた空間を持つことであり、自分からのびる空間を持つこと、サルトルの用語では、自分から「繰り広げられる〔unfold〕」空間を持つことである（これは、初期ハイデガーとメルロ＝ポンティの空間経験についての議論にも同様に見られる）。しかし、サルトルが詳述しているように、対象であることとはそれゆえ、そのような空間的な特権を剥奪されることであり、空間的に空虚にされるということである。

特に、他者のまなざし――それはまなざしを向けるまなざしであって、まなざしを向けられるまなざしではない――は、諸対象に対する私の距離を否定し、他者自身の距離を繰り広げる。他者のこのまなざしは、距離を世界に到来させるものとして、距離をもたない一つの現前のふところにおいて、直接的に与えられる。私は後退する。私は、私の世界に対する距離をもたない私の現前を奪われ、他者に対する一つの距離を当てがわれる(21)。

これに続けて、他者が他の諸対象とは別様に、それらから区別できる形で私たちに現れるのはどのようにしてかをサルトルが考察しているように、他者の方も世界を自分の距離に引き寄せる重心を持つ以上、確かに、状況はより複雑なものとなる。「かくして、突然一人の対象が現れ、それが私から世界を奪い去った。すべてのものはもとの場所にある。すべてのものはいまなお私にとって存在する。けれども、すべてのものは、一つの見えざる逃亡によって貫かれ、一人の新たな対象の方へ向かって凝固する」(22)。これは、立場がいつでも逆転しうるという現象を通して、他者が（私に対して）対象としての地位と主体としての地位の間で変動することの始まりである。そして、後で見るように、サルトルの存在論的図式において主体と対象というこれら二つの様態を切り替えることは可能であるとはいえ、私たちはそれを同時に経験することはできない。それゆえサルトルは頻繁に、リフレインのように、「けれども、他者は、やはり私にとっての対象である。他者は、私の距離に属している」(23)というフレーズに立ち戻るのだ。距離は他者との関係において生じ始めるのであろうが、究極的には他者の空間は静止したものであり、サルトルによれば「私の空間でもってつくられる」(24)のである。

まなざしによる他者の対象への変形における第二の重要な働きは、権力という総合的な概念であり、これは〔第一の〕距離の機能と密接に結びついたものである。他者を距離をおいてつかまえることで、まなざしは非対称な権力関係を経由して対象化を遂行する。見る者は、対象としての他者に、自分の距離、自分の空間的方向づけを押しつける、あるいは距離や方向づけのもとに他者を組み込む。視覚に伴う距離化は、力と押しつけという問題となる。人は見る者の空間的領野に引きずり込まれるのだ。さらに、サルトルによる羞恥の分析には、まなざしによって対象としての他者が暴露され晒された状態におかれるという明確な意味がある。鍵穴から覗いている人がそれをしているところを見つかる〔目撃される〕というサルトルの例において、その瞬間、窃視者はその剥き出しのあり様を暴露されるがゆえに、羞恥の感情を引き起こされる。次いで、その窃視者は見ている自分を晒され見られるようになる。サルトルは羞恥について、「羞恥は、私がまさに、他者が見て、評価しているこの対象である、ということの承認である。私は、私の自由が私から逃れ出て、〔他者に〕与えられた対象になるかぎりでしか羞恥を持つことができない」[25]。この「視覚－権力－対象」の三つ組は、おそらくミシェル・フーコーの『規律と処罰』〔邦訳は『監獄の誕生』〕において最も説得的に論じられている（そして興味深いのが、英語で「規律〔Discipline〕」と訳されている語は、フランス語の原題では「監視する〔Surveiller〕」という動詞、つまりすでに視覚的な枠組みを想起させる言葉であるということだ）。一望監視方式の核心をつく章において、フーコーは、どのようにして可視性の秩序《エコノミー》が規律型の権力を遂行し維持することに資するかということを論証している。この規律型の権力様式は、一望監視施設《パノプティコン》の構造上、中央の監視塔にいる看守は囚人からは見えないようになっているのとは対照的に、囚人は原則的にすべてが丸見えになっているということを利用したものである。この一方通行の視覚的なシステムによって、囚人たちは、次のように言われるほどに自分自身の監視を内面化するようになる。「囚人は監視者にたえず見張られるだけで充分すぎるか、それだけでは全く不充分か、なのだ。まったく不充分と言うのは、囚人が自分は監視されていると知っているのが肝心だからであり、他方、充分すぎると言ったのは、囚人は現実には監視される必要がないからである」[26]。フーコーの分析がサルトルの論述のなかでほのめかされていたものを拡張することで示すように、権力[27]についての問いは可視的な関係に深く結びついているのだ。

人種差別のまなざしと人種化された対象

そうだとしたらサルトルのまなざしの存在論（そしてフーコーによるその拡張）と人種化された身体性の経験との間には、疑いようもなく力強く響き合ういくつかの点が存在することになる。実際、「見て、ニグロだ！」というとっさの叫び声は、サルトル的なまなざしを多くの点で体現している。ファノンは彼の黒人の身体のうちに黒人の身体として探しあてられ、そしてまさに見られた瞬間（「見て！」）、彼の存在は対他存在へと結晶化させられる。彼は白人の男の子に大声で呼ばれ、指さされ、恐れられる対象になる。特別なこともなく電車で移動しているときに、サルトルの言い回しを借りると「彼の身体を実存していた」だけの対自存在の様態から、まなざされるや否や、ファノンは一括りにされ、他者のまなざしの対象に変えられてしまった。そして、サルトル的なまなざしが距離化を伴う限りで、私たちは容易に、人種化するまなざしの場合にも距離化の契機を見てとることができる。ヴェールを纏ったムスリム女性についての西洋的な表象のかたくなさは、第一章で論じたような知覚の習慣化された様態だけでなく、こうした女性たちが距離をおいてつかまえられる仕方のせいにもできる。アル＝サジがより最近の論考で論じたように、「ヒジャブを纏うムスリム女性たちと共に暮らすこと、そして彼女らとの愛着を形成すること」は、議論を行うことや認知が変化することでは生じえないような形で、私たちの「情動的な地図」を描きなおす可能性をもたらす。[28] 言いかえれば、ヴェールを纏ったムスリム女性たちのなかで、彼女らと「共に暮らす」こと（そしてこれは一緒に住むこと、交際すること、一緒に組織づくりをすること、共に働くことといった形をとりうる）に伴う親密さは、彼女らを対象化することを困難にするが、それらは彼女たちとの距離を維持することが難しくなるからだ。

さらに、第三章における家についての検討で見たように、人種化された身体性は、一種の居心地の悪さ《ノット・アット・ホーム》として特徴づけられうるのであり、それにはとりわけ、存在、住まうこと、主体性の中心から退去させられることが伴う。居心地悪く感じるということは、まさに、「家」にいる〔居心地が良い〕と感じられるようなどんな場所からも追い出され、そこから距離を隔てたところにいるということであり、ハイデガーが「〜のなかにある〔Being-in〕」つまり「内存在〔In-sein〕」[29]と呼んだものから追い出されているということである。〈距離を隔てたところにいる〔being-at-a-distance〕〉というこの繰り返し現れる感覚は、したがって、人種化された身体によって経験される対象性の感覚と合致しているのである。

最終的に、権力が人種化するまなざしの本質的な要素をなしているという点で、サルトルによるまなざしの記述とその存在論的枠組みは、私たちの説明と噛み合っている。権力が徹底的に目を向けること／目を向けられることの力学に関与しているということは、ルイス・ゴードンが著書『自己欺瞞と黒人に対する人種差別』で語った物語において説得的に裏づけられている。指摘しておかねばならないが、この著作は明らかにサルトル的な枠組みの内にあるものである。

白人の身体は黒人の身体から見られないということが期待されている。それというのも、もし黒人がまなざしを解放することができるとすれば、観点を持たない存在という黒人の身体の状況が維持されえなくなるからだ。

アメリカ南部では、黒人が白人を直視することがリンチされる危険を伴う時代があった。カルヴィン・ハーントンは例えば、一九五〇年代にミシシッピで起きた、「むこうみずな凝視」による悪名高いレイプ事件について次のように報告している。「ニグロは通りの片側にいて、〔白人〕女性は通りの反対側にいた。彼女は叫んだ。何が起きたのか。「あの「ニガー」が私を襲おうとしました」。「しかし彼は反対方向に行こうとして通りを挟んだ向こうにいるではありませんか！」。「じゃあなぜ襲おうとするかのように彼は私を見たのですか」。ニグロは逮捕され、裁判にかけられ、刑に処せられたのだ！」。この事件が馬鹿げたものだとしても、この例の中の白人女性は一つのポイントを、つまりまなざしが加虐的であることを例示している。それゆえ、そのニグロは実際に、たんに彼女に目を向けることによって襲ったということになる。(30)

私は、目を向けることが必然的に加虐的であるというゴードンの主張には賛同しないが、権力が常に、人種化するまなざしを構成する次元をなしていることには賛同する。オリエンタリズムのフェティッシュ化するまなざしは、加虐的ではないにもかかわらず植民地化するまなざしの一例であり、それはサイードの『オリエンタリズム』の中で引用されているエジプトの社会学者アンワール・アブデル・マレクが次のように説明している通りである。

> 東洋と東洋人とは、［…］他者性を、ただし構成要素としての、つまり本質主義的性格の他者性を、刻印された研究「対象」である［と、オリエンタリズムによってみなされる］。［…］この研究「対象」は、通例、受動的・非参与的・「歴史的」主体性という性格を賦与され、とりわけ、自己との関係において非能動的・非自律的・非主権的である。[31]

人種化するまなざしは、その根底にある、自分の認識や観点が権限を持つという感覚を表現している。そのため、ゴードンが語る事例においては、［白人からは］黒人男性がそうした権力を主張ないし行使しようと試みたとされるわけだが、そうした試みがどうして件の白人女性にとってそれほど攻撃的で暴力的であることになるのかがわかる。さらに、白人たちが人種差別的なまなざしの反転――映画、ブログ、コメディー、さらには学術的な研究を通してなされるものであれ――に、怒り、軽蔑、そしてもっと極端な場合には、個人的な暴力による脅しによって応答するということが起きる際に、現代社会でこの話が繰り返されているのを見る。そのような反転の作業がときに死の脅迫にあうことは、白人のまなざしが不本意に反転させられたときに生じる感情の残忍さと激しさを物語っている（そしてここには、二〇一四年の「ゲーマーゲート」[訳注1]論争が示しているように、オンラインゲームのような男性優位の分野に対するフェミニズムの批判と重要な平行関係が存在する）。非白人についてのこうした一般化と戯画化が日常的な文化的想像力を飽和させているにもかかわらず、先に見たような反応が白人の側から生じることに変わりはない。サリヴァンが「世界を巡る白人の旅」という論文でベル・フックスを引きながら述べたように、「白人が黒人のまなざしを管理してきた歴史があるがゆえに、通常白人は自らが黒人の視線や評価の対象になっているとは思わない。白人たちは「ただただ自分たちが見られたいように黒人の人々から見られていると思って」しまいがちである（hooks, 1992〔*Black Looks: Race and Representation*, 169〕）」[32]。サルトルの論述におけるまなざしの力学が権力の二つの極と直接的な関係をもつ限りで、なぜまなざしの反転がそのような強い反応を引き起こしうるのかを理解することができる。羞恥についての彼の分析を思い起こせば、のぞき見するために鍵穴にかがみ込んでいるとき、不意に自分が見られていることに気づくことは、剥き出しにされ晒されている自分に気づくことであった。だとすれば、〔羞恥によって〕傷つけられる瞬間とは、力を奪われることとして、あるいはサルトルの用語で、凌辱されること〔deflowering〕として経験される。「見られるものは所有されるのであり、見ることは凌辱することである」[33]。したがって、まなざしの地勢図における人種化された身体の可視性は、サイードとファノンが様々な仕方で論じたように、このような権力関係によって根底から構造化されているのである。

（訳注1）ゲーマーゲート事件とも呼ばれる。ビデオゲーム産業における女性嫌悪的なオンラインでのハラスメントのキャンペーンおよびビデオゲーム文化におけるフェミニズム、多様性、進歩主義に対する右翼のバックラッシュ。ビデオゲーム産業の女性のフェミニスト批評家やゲーム開発者などを標的とし、個人情報の晒し行為、レイプ、殺害の脅迫も行われた。

第二節　まなざし‐対象の存在論を複雑化すること

――目を向けることの様相、見られている自分自身を見ること、そして身体の両義性

サルトルのまなざしに関する論述について、そしてそれが人種差別と白人のまなざしに関する分析においてどのように用いられてきたかについて、大まかで図式的に概観してきたので、ここからは、私たちの研究に沿って、この概念的な枠組みの諸側面についてのより込み入った見方をすることにしよう。例えば、ここまで私たちがサルトルの論述について見てきたことは、人種化するまなざしの企みと共鳴するように見えるものの、人種差別と人種化の身体的経験についての、分節化されねばならないもっとニュアンスに富んだ論述もあるのではないか。まなざしによるある人の身体の対象化は、確かに人種差別の経験の持続的な部分を構成しているが、主体的な経験がこの人種差別という契機において完全に影を潜めると言うのは言い過ぎであるように思われる。なにしろ、人種化された身体は見られているが、自らが見られていることをも見ているのだ。ここにおいてこそ私たちは、サルトルによる身体の三つ目の存在論的次元に立ち返って、彼の論述がこの問題を十分に先取りし、検討しているかどうかを問うことになる。関連して、ゲイル・ワイスによる間身体性の論述と、人種化するまなざしについての私たちの論述をずっとニュアンスに富んだものにしてくれる、サルトルの『ユダヤ人』についての批判的読解を参照しつつ、私たちはまた人種化された身体における両義性についての疑問も取り上げる。しかしこれらの疑問に戻る前に、このように、サルトルと、ファノンのようなポ

スト植民地主義的な思想家の双方から手がかりを得つつ行った分析を通じて私たちが「まなざし」として名指していたものが、実際のところそのようなものとして適切に主題化されてきたのか、あるいはさらなる概念的な正確さが求められるのかについて問う時間を設けることは意義のあることである。

目を向けることの諸様相――まなざし、一瞥、そして凝視

エドワード・ケイシーは著書『一瞥した世界』において、目を向けることの本性についての一連の現象学的な探究を通して、目を向けることの様々な様相の境目を注意深く描いている。彼はそこで、まなざしと一瞥が「じっと途切れなく目を向けることから、ちらちらと目に入ること〔seeing〕まで広がる軸全体の二つの両端を表している」[34]ことを指摘している。まなざしがほとんど多くの場合に、見ている対象の「深さを測る」、つまりゆっくりと、忍耐強く、じっくり見つめることである（例えば、恋人同士がお互いの目を見つめ合うこと）という特徴に結びつけられているのに対して、ケイシーは、一瞥がより移り気な様相を表しており、注意散漫な傾向があり、「表面に降り立つ」[35]と論じている。彼は「一瞥は文字通り表面的な活動であり、それこそがその強みなのだ」と述べている。彼は例えば、ある人がちょっと一瞥しただけで、ある状況――例えば家庭内のいざこざのような場面――の概要や重大さを見てとることができる仕方を指摘している。にもかかわらず、これらの分類法は、人種化するまなざしについての本書の記述とは完全には一致していない。ケイシーの記述に沿って、人種化するまなざしが人種化される身体を「だらだら見続ける」ものだ――ファノンを大声で呼んでいるとき、白人の男の子のまなざしは、彼の母親の決まりの悪さが増していくにもかかわらず、簡単には逸らされないものだった――ということが正しいとしても、このまなざしが主として表面とやり取りしてい

るというのも事実なのではないか。なにしろ、少年のまなざしを惹きつけたのはファノンの皮膚の表面なのであり、そのまなざしは決してファノンの「洗練されたマナー、文学的教養、量子論についての知識[36]」を発見するほどには深さを測ろうとはしていない。だとすると、ケイシーの分析によって私たちが、サルトルのまなざし関係の地勢図を超えて思考するように促されるのは、目を向けることの質である。例えば、どのような仕方で、人種化するまなざしは目に入れないこと〔non-seeing〕を伴っているのか。そのような特徴づけは、アフリカ系アメリカ人のラルフ・エリソンによって力強く記述された人種化された不可視性という現象を説明する手がかりとなる。エリソンは、「私が不可視であるのは、単に人々が私のことが目に入れないようにしているからだと思われる[37]」と述べている。同様に、オーストラリアでの植民地化を正当化するためにイギリスが発行した（そして法的に撤回されるのはようやく一九九二年になってからである）無主地〔terra nullius〕という法的な原則は、アボリジニの人々と彼らの高度に発達した文化と社会慣習を目に入れないことを等しく伴うものだった。このような例は、直観的には人種化するまなざしについての私たちの分析に反するように見えるだろうが、実際のところ、目に入れないことがまなざしの歪んだ形として理解される限りで、これらは連続的なものである。ヤンシーがエリソンについて書いたように、「このような仕方で「目に入れられる」ことは全く目に入らないことである[38]」。

同様に、私たちは、人種化するまなざしに伴うある種の目を向けることを凝視と区別したいと思っている。凝視という見ることの一種は、批判的障害学のような分野などで多くの分析の主題となってきた[39]。ローズマリー・ガーランド＝トムソンは彼女の著書『凝視――私たちはどのように見ているか』において、凝視のいくつかのヴァリエーションを簡略に示しており、その中には彼女が「支配的な凝視」と呼ぶものが含まれている。それは、女性の身体と人種化された身体を見つめる場合において作動しているものである。（実際、こうした形での凝視に伴う権力の力学についての彼女の分析は、私たちが先に人種化するまなざしとの関連において簡略に示してきたことの多くと共鳴する。）しかし、支配的な凝視に対して、ガーランド＝トムソンは、彼女が「異様な凝視」と呼ぶ様相についても簡略に示しており、それは身体的な障害や逸脱の、目に見える目立ったしるしを身体に持つ人々によって最も強力に経験されている「あんぐり口を開け、臆面もなく凝視すること」[40]である。この凝視も権力と標準化《ノーマライズ》する視覚との関係に絡め取られているのだが、異様な凝視を他の様式から区別する点は、凝視する人が「風変わりなもの」に好奇心を駆り立てられ心奪われることで、社会的な礼儀作法の通常の規則に準じてそれを見つめることから自分を引き離すことができなくなるという点である。このことは、結合双生児のレバとロリ・シャペルの事例において例示されている。ガーランド＝トムソンはその双子について次のように述べている。

二四年間の施設生活から、自分たちとは全く異なる風貌をした人々の世界の中に飛び込んだロリとレバは、行く先々で人々から異様な凝視を浴びた。

二人を初めて見る無数の人々が、畏怖して、口をぽかんと開け、目線をコントロールできずにその場で立ち止まった。双子たちは［…］、凝視にぶつかることを予期し、しばしば凝視する人々に、どのように振る舞うのが適切なのかを知らせることでそれを捌く［…］。いくらかの迎合とたいていは強いられた忍耐によって、双子は私たちに教えてくれる。自分たちを凝視してくる人たちが落ち着きと社交上の礼節を失ってしまうのは、人間のヴァリエーションの複雑さと世界の中に存在することの別の仕方についてたんに知らないためであると、そう二人は理解しているということを。[41]

この事例における凝視者たちは、双子の明白な介入なしには目を逸らすことができなかったのだが、これと異なるとはいえやはり関係する現象は「視線の回避」の現象である。ガーランド＝トムソンはここで人類学者ロバート・マーフィーの証言に言及する。その著作『ボディ・サイレント』[訳注2]では四肢麻痺患者としての彼の後半生の経験がいくつか詳述されている。「人々はマーフィーを見ないようにする［…］。その理由の一端は、彼らは彼を凝視すべきではないが、彼と関わるのが容易ではないことも彼らが知っているからである［…］。四肢麻痺になったばかりのマーフィーは、知人たちが「［彼の］方に目を向けておらず」、彼が「群衆の中で長い間ほぼ無視され、時おりそれが恩着せがましい態度によって破られる」[42]ことに気づいた」。興味深いのは、ロバート・バーナスコーニが報告しているように、サルトルは（『存在と無』の出版の後の）一九四五年の初めての訪米中に、黒人のまなざしに対する白人の嫌悪感に関して、類似した観察を行っていることである。サルトルはパリの新聞に、「あなたは路上でいつでもこれらの除け者《アンタッチャブル》とすれ違いうるが、彼らのまなざしに出会うことはない」[43]と書いている。バーナスコーニはさらに詳しく次のように述べる。

サルトルはこのとき、黒人はあなたに関係ないし、あなたも黒人に関係ない、という白人のアメリカ社会の原則を発見した。黒人に関係があるのは、エレベーターやあなたの荷物、あなたの靴だ。「彼らは機械のように彼らのタスクをこなし、あなたは機械に寄せる以上の関心を彼らに寄せるべきではない」[44]。

このとき、「異様な凝視」と「視線の回避」は、表面的には異なるにもかかわらず、いずれも規範的でない身体との遭遇をくぐり抜けようとする試み、より露骨に言えば、そうした身体の人間性を貶価《へんか》するような形でくぐり抜けようとする試みを表している。エリソンの人種化される不可視性が人種化される可視性の否定というよりはむしろそのヴァリエーションの一つであったのと同様に、この目を逸らすことは凝視することと類似した軸に沿って働いている。ガーランド＝トムソンが論じたように、

私たちを不快にさせる人々から目を逸らすことは、彼らに視覚的な匿名性を保証することとは異なる。目を逸らすことは、たんにお互いを気にしないという形で、仲間である一般市民たちに暗黙のうちに敬意を払うことではなく、むしろ相手を承認することを能動的に拒否することである。目を逸らすことはマーフィーにとって、彼の人間性の意図的な抹消である。(45)

この分析が示すように、目を向けること、または目に入れないことの様々な様式を掘り下げることによって、私たちはサルトルの（対象化する）まなざしの論述によっては得られないニュアンスを明らかにする。これに従えば、私たちはこのサルトルの論述によって排除された見ることの他の様式があるのではないかと問うことができるだろうし、その見ることの様式は私たちの目的に適ったものであ

（訳注2）ロバート・マーフィー『ボディ・サイレント』辻信一訳、平凡社、二〇〇六年。

るかもしれない。例えば、これまでの分析において注目すべきは、身体の可視性がほとんど消極的な用語でのみ表現されていたことである。しかし、このような枠組みでは捉えられない他の種類の目を向けること——人種化された身体に対するものですら——が存在するのではないだろうか。一九六〇年代の「ブラック・イズ・ビューティフル」運動は、黒人の身体を美しく誇りあるものとして取り戻そうとしたのであり、それは従来のまなざしの分類法を中断し、新たな見え方を打ち立てようとした例の一つである。ここで考慮されているサルトルの見る者‐見られるもの（主体‐対象）の存在論は、しかしながら、無力化し、暴露し傷つけるものとしての可視性の発想につなぎとめられている限りで、このような移行に対応していないように思われる。グレン・A・マジスのような注釈者が論じたように、このことはサルトルの側が他の種類のまなざし（マジスの用語では regards）[46]について真剣に検討することができなかったことを示している。サルトルのまなざしが「凌辱し、剥ぎ取り、暴行し、所有する視覚の権力に転じる」[47]ものであるのに対して、マジスは触覚（特に愛撫）という感覚とより調和した視覚こそが、見ることの異なる可能性を開くであろうと述べている。

> 愛のまなざしにおいて、人はその人の行為と可能性の網の中で見られる。したがって、人はこの剥き出し《ヌディティ》の状態によって心地良さや、喜びを感じうる。というのも、そのまなざしはその人のアイデンティティを剥ぎ取りはしないし、その人をたんなる対象に縮減してしまいはしないからだ。視覚〔sight〕は触覚的体験から教訓を得るのであり、ここでは人は視覚を、距離をおいて他人を記録したり、他人を凌辱し、暴行し、暴露したりするために用いるのではなく、他人に一瞥のまなざしでもって触れるのであり、他人の視覚的な外見が、その全体的な存在の雰囲気でもって自分に触れ

るようにするのである。[48]

この批判は、最初はたんにサルトルに対して、まなざしを扱う中で、見ることの範囲を広げるよう強く勧めているように見えるかもしれないが、実際には、主体としての見る者と対象としての見られるものという並列関係に疑問を投げかけることによってさらに深い批判を行っている。具体的に言えば、マジスが上で指摘したように、視覚的な見た目が私たちに何かを訴えてきたり、私たちに「触れ」たりする仕方があることを示すことによって、この批判は、見られるものが常に対象として特徴づけられるということに対して異議を唱えているのである。このようなことは、ダンサーのような芸術的対象（マジスの例）にのみ当てはまるのではなく、さらに位相が進むと、私たちが「何らかの光景に目を奪われる」時という日常的な状況にも当てはまる。私はマジスに同意して、サルトルは対象化するまなざしにあまりに大きな力を与えすぎているために、その分類法が彼の存在論を構想する力に影響を及ぼすばかりか、さらにはおそらくそれを方向づけることを許してしまっていると主張する。マジスの方では、触覚の構造——そしてとりわけ、私たちがこの章で後に検討するメルロ＝ポンティ的な論述——がいかにしてより洗練され、ニュアンスに富んだ存在論の可能性を提供するかに関心を抱いている。そしてマジスだけが思考する際に触覚をより中心的に扱うことを要求しているのではない——というのもエリザベス・グロスも『うつろいやすい身体』において同様の要求をしている——とはいえ、視覚的思考の力は簡単に払い落とせるようなものではないことも指摘しておかねばならない。例えば、マジスが触覚に基づく新たな存在論へと先導するためにメルロ＝ポンティに依拠するのに対して、（イリガライに追随する）グロスにとってメルロ＝ポンティは、視覚から触覚を十分に解放してはいない。実際、マジスがより触覚に基づいた存在論のためにサルトルに対してメルロ＝ポンティを対置するのに、グロスはメルロ＝ポンティが触覚について考察するとき視覚的分析に依然としてあまりに捉われていること、つまり彼が視覚の枠組みを十分に払い落としていないことを主張する[49]。グロスがこの不十分さ[50]から重要なフェミニズム的含意をいくつか考察していくのに対して、私がこのことにここで言及したのは、蓄積された概念的な図式から離れようとするなかで出会われる困難のいくつかを示すためである。そして私は次項でメルロ＝ポンティの触覚についての考察をするのだが、サルトルとの関係でマジスによって提起された批判のいくつかが、第二章における可視性と人種化された身体についての本書の議論においてすでに先取りされていたことは、ここに記しておく価値がある。

自分が見られていることを見ている人種化された身体、可逆性、そしてサルトルによる身体の第三の存在論的次元

主体としての見るものと対象としての見られるものの区別がさらなる探究を要求するという提言を引き継ぎつつ、私たちはここで人種化された身体性についての問いに立ち戻ろう。人種化された身体性がその生きられた経験という観点から考えられた場合、それはそのような両義性の契機とすでに結び合わさっていることを私たちは見る。例えば、私たちは第二章において、人種化された身体の可視性（そして過度の可視性すら）、見られていることを超えて、自分が見られていることを見るというところまで広がることを記した。ファノンはこのことを彼の経験を語り直すなかで、つまり彼自身が書くという行為を遂行するなかで力強く捉えている。「ニグロ」に対する幼い男の子の段々耐え難くなる

叫びは、彼が公共の場で一人だけ注目され、まなざしを向けられることに対するファノン自身の内的な反省と応答によって変化を与えられている。彼が呼びかけによって彼の感じた内的な動揺、憤慨、面白がること、不安を証拠として提供していることは、私たちにうわべ上は当たり障りのない、しかし極めて重要な点、つまり彼が自分の見られていることを見るという点を提示してくれる。デュボイスも「この二重意識、このたえず自己を他者の目によって見るという感覚、軽蔑と憐びんをたのしみながら傍観者として眺めているもう一つの世界の巻尺で自己の魂をはかっている感覚、このような感覚は、一種独特なものである」[51]（引用者による強調）と述べるとき、同様の点を指摘している。そして、第二章で論じた他の戦略のなかでも、ブレント・ステープルズの「ヴィヴァルディを口笛で」に関する記述にさえも、人種化するまなざしが、それ自体見られ、それを通して見られる範囲だけでなく、このまなざしが予期され、交渉され、鎮められ、逸らされる仕方を詳述している。もちろんこの「他者の目を通して自らを見ること」は身体の対象化に関するジェンダー化された分析と相関関係にあるものであり、有色人種の女性の場合において、このことはとても頻繁に、その二重意識の二重化を伴っている（その場合、人種化されることによって生じる二重意識の経験は、家父長的な社会における女性の身体の性的な対象化を通じて二重化ないし複合化される――そして、有色の女性の場合、人種的にコード化された仕方で性的に対象化されるのである）。そのとき、このことが意味するのは、人種化された身体性が豊かさと複雑性と両義性を持っており、それが主体であることと対象であることというきれいな区分けに抵抗するように見えるということである。このことはひるがえって、私たちがより境目なく、そしておそらく同時的にすらこれらの異なる存在論的次元に存在することができる、身体のより流動的でニュアンスに富んだ存在論的論述が可能なのではないかと私たちに問わせるのである。

＊まなざしの可逆性とサルトルによる身体の第三の存在論的次元

しかしながら、私たちのサルトルについての研究はまだ完了していない。サルトルが対自存在と対他存在という二つの区別された様態あるいは存在論的次元を示したことは確かだが、私たちの分析にとって特に関係のある身体の第三の（そしてデルモット・モランのような注釈者によれば、もっと「複雑で把握しづらい」[52]）存在論的次元が存在するからである。サルトルはこの次元に名前をつけていないのだが、ディロンは「対自 - 対他身体[53]」という用語を提案している。サルトルはこれを次のように記述している。

> けれども、私が他者にとって存在する限りにおいて、他者は、私に対して、主体として開示され、この主体にとって私は対象である。この場合にも、私たちがすでに見たように、問題なのは、他者に対する私の根本的な関係である。それゆえ、私は、私にとって、他者によって認識されるものとして、存在する。これが私の身体の第三の存在論的次元である。[54]（引用者による強調）

別の言い方をすれば、サルトルにとって、私たちが対象としての他者を把握するということが事実であるとしても、まなざしの関係において私たちが見られうるということ、つまり他者にとっての対象になりうるということもまた真である。サルトルの論述にはまなざしの可逆性という議論があり、そこにおいては他者と私にとってまなざしの関係における立場を交換することが可能なのであって、それゆえある人が主体と対象の極の間で移動する可能性が生まれる。実のところ、この可逆性はサルトルにとってたんなる可能性ではない。私が他者を――対象としての他者ではなく、主体としての他者として――理解するようになる方法を示してもいる。先立つ「まなざし」の分析の中でサルトルは次のように書いていた。

主体としての他者と私との根本的な結びつきは、他者によって見られるという私の不断の可能性に帰着しうるはずである。私が他者の主体としての存在の現前をとらえうるはずであるのは、〈他者〉にとっての私の対象としての存在の現れにおいてであり、またその現れによってである。[55]

しかし私たちが「対自‐対他身体」において経験するものは、たんなるまなざしの反転（そしてそこに主体‐対象の立場が含まれている）以上のものである。そして、それは、サルトルがのちの『黒いオルフェ』において「今日では、これらの黒人たちが私たちを見つめており、私たちのまなざしは私たち自身の眼に送り返されてくる[56]」と述べたときにそれでも認めたものである。さらに、私たちがこの章でのちに見るように、可逆性の現象はそれ自体、人種化された身体性の経験を説明するのには十分ではない。なぜなら、ファノンのような思想家が論じていたように、白いまなざしはその覇権的な権力を伴って私たちの想像力にしっかりと埋め込まれているからである。（「黒人はたんに黒いだけではなく、白人との関係において黒いに違いないからだ。それはお互い様だと主張する者もあろう。私たちは答える、それは間違いだと。黒人は白人の目には存在論的抵抗を持たない[57]」）。身体の第三の存在論的次元は、それゆえ、私たちが自分の対象存在、私たちの「対象としての私[58]」に気づくようになり、そして実際それを実存するようになるのはどのようにしてかを考える一つの仕方を潜在的にもたらす。

このようなことを考慮してこそ、モランのような注釈者は、サルトルにしばしばそう認められているよりもさらに洗練された身体についての論述を彼が行っているとして、サルトルを擁護してきたのである。例えば、モランは次のようにサルトルの論述が関係性を身体の根本的な特徴として組み込んでいることを指摘する。「［サルトルは］私が私の身体を他者のまなざしにおいて体験することによって、私の身体を私にとってのたんなる対象にするのではなく、むしろ私は「私が実存している身体の逃避」を体験するのだと主張しているのだ。別の言い方をすれば、他者は私が本当にそうであるところのものを示しもすれば、私から離れた私の身体イメージを制御しもするのである」[59]。「私のありのまま」への他者の到達という論点は脇に置いておくとして、モランがここで注意を向けているのは、私たちの身体存在が他者に対して、また他者にとって開いたままであること、あるいは他者に対して、また他者にとって可傷的になることすら、関係性にとって必要とされることなのである。この点にはのちに戻ることにする。しかしながら、モランのより一般的な指摘は、とても頻繁にメルロ＝ポンティに（それよりは少ないにしてもフッサールに）帰せられるこの間主体的な間身体性が、サルトルにおいてはしばしば見落とされてしまっているということである。モランにとっては、身体の第三の存在論的次元において描かれたように、身体の対象存在（あるいは対他存在）がまなざしの可逆性という現象を通じて、どのようにその人自身の体験に折り返されるかということについてのサルトルの論述がすでに存在しているのである。

そこで人種化された身体性についての問いに戻ると、サルトルの論述におけるこの展開は一見、私たちが先に確認しておいた問題について――つまり、人種化された身体の対象としての地位がその身体に示されるという発想、そして人種化された身体がこの対象化を把握し生きるという発想――を直接語っているように見える。しかし、このことにはもう少し詳しい検討の余地がある。例えば、第三の存在論的次元は内側からの存在と外側からの存在という最初の二つの次元を調停したものであるように見えるのに対して、この調停は一つのものとして特徴づけられている。このことはサルトルによれば、他者に対して私の身体が対象であることについての私の把握が、「対象としての私」そのものの顕在的な把握ではなく、「その形式的な諸構造の特定の」把握にすぎないからである。この「対象としての私」はサルトルにとって、「認識されえない存在」、対象化された疎外[60]のままであった。言いかえれば、他者にとっての対象としての私自身に私が気づくことができるにしても、このことは、他者たちに対して私がどのように現れるかということに、あるいは私の「対象性」の実体や意味に、私を通じさせてくれるわけではないということである。サルトルにとって、身体が主体であることと対象であることの「交流不可能なレベル」[61]の間には、この第三の存在論的次元においてすら決して横切ることのできない隔たりがある。

> そのとき、私はこう言った。知覚すると同時に想像することは、私たちにはできない。それはどちらか一方でなければならない。この場合にも、私はこう言いたい。世界を知覚すると同時に、私たちのうえに注がれている一つのまなざしをとらえることは、私たちにはできない。それはどちらか一方でなければならない。というのも、知覚するとは、まなざしを向けることであり、一つのまなざしをとらえるとは、世界のなかにおける対象であるまなざしを把握することではなく（もっとも、このまなざしが私たちのうえに向けられていない場合は別であるが）、まなざしを向けられていることを意識することだからである。[62]

サルトルによれば、自分の見られていることとは、見られていることの外郭に気づくことにすぎないのであり、必ずしもその内容に気づくということではないのだ。しかしながら、このことは人種化するまなざしの場合には当てはまらない。第二章の終わりで、ダーウィンでドーン・アダムズが買い物をした時の遭遇の逸話とともに私たちが見たように、あるまなざしの詳細は、彼女がその意味を把握するためにはっきりと説明される必要はない。人種差別的なまなざしの重みは、見られているという事実だけでなく、その意味をも伝えるのだ。ファノンのまなざしを向けられるという経験について考えてみよう。彼はそれについて次のように記している。

汽車の中ではもはや私の身体の第三人称での認識ではなく、三重人格としての認識を行わなければならなかった。〔…〕私は私の身体、私の人種、私の父祖の責任を同時に負っていた。私は自分の身体の上に客観的なまなざしを注いだ。私の肌の黒さを、私の人種的な特徴を発見した。そして、人喰い、精神遅滞、物神崇拝《フェティシズム》、人種的欠陥、奴隷商人といった言葉が耳をつんざいた。そしてとくに、そうだ、とくにあの「おいしいバナニアあるよ」が。(63)

ファノンがここで理解したのは、目を向けられているという意識に加えて、まさにこの目を向けることの内容であるように見える。さらに、このまなざしの折り込み〔folding in〕は、「客観的な検討」という反省的なレベルにおいてあるだけでなく、前反省的でもあるのだと私は言いたい。例えば、人種化された美の標準（それはある種のまなざしを含んでいる）が自己知覚の前反省的な様態のなかに織り込まれうるかを考えよう。[64] 人種差別的な歴史、政治的言説そして社会実践が一緒になってある地平を提供し、その地平がまなざしの（そしてある人がまなざされていることの）意味を際立って把握可能にする。

加えて、サルトルの論述において、ある人が自分は他者にとっての対象であることに気づくことが可能であるのに対して、自分自身にとってその対象であることは自己欺瞞の中で実存していることである。このことゆえに、ディロンはこの様相を「対自‐対他身体」と呼んだのである。この第三の存在論的次元は、第一と第二の存在論的次元の仲介をするどころか、ディロンが論じたように、実際のところ対自存在と対他存在という最初の二つの様態の間には「いかなる接近も不可能である」ことを私たちに思い出させることに資する。[65] つまり、サルトルの論述によれば、私たちは対自的であるかあるいは対他的であるかのいずれかであり、決して両方であることはないのである。このことはひるがえって、彼の立場の深部に横たわる問題を引っ張り出す。第三章での居心地が良いこと〔家にいること〕についての私たちの分析、特に家との関連での多孔性についての議論を思い起こせば、私たちはそこで存在の様態がどれほどとても頻繁に二重化されているかに注意を向けていた。居住の場合に、私たちは居心地が良いことと居心地が悪いこと〔家にいないこと〕という異なる様態の間を行き来できるだけでなく、むしろ互いの経験がすでに他方にいかにして浸透されているかが問題なのである。私たちは同時に居心地良く、そして居心地悪く感じることができる。もちろん、任意の瞬間に、一つの様態が他の様態よりも顕著に私たちに印象づけられることはあるが、構造的には、同時に両方を経験することができるのだ。これこそが、人種差別の経験の二重意識が表現しているものである。しかし、これはサルトルの論述がはっきりと禁じているものである。まなざしの可逆性についての先の分析で、私たちはまだ、可逆性が、（私にとっての）対象の地位を超えた他者の運動の可能性を許すのに対して、その代償として、（他者にとっての）対象の位置を私が受け入れるようになるということを指摘しなかった。そしてそれゆえ、他者のまなざしの先に私自身を見つけることは、同時に私自身が私の主体性を奪われることに気づくということである。自己と他者の関係において、私たちのうちのどちらかは常に対象のままでいなければならない。モランが次に述べているように。

サルトルは、一人称の私によって（両義的に、そして非対象的に）経験されるものとしての私の身体と、他の人のパースペクティヴを占めている私によって知覚され知られるものとしての身体を峻別している。これら二つの見方は相容れないものであり、二つの次元を分ける存在論的な深淵を示唆している。これらの異なる「身体」は異なる相容れない存在論に基礎を与える。有名な二重感覚の現象に関するサルトルの分析は、これらの対立する「存在論的」次元の間のこの相容れなさを強化することを目指している。(66)

私たちはここで、サルトルの存在論のこの側面が、デカルト的な主体－対象、内在と超越という用語に確固として根ざしたままであることを見てとるし、そのようであるからして、彼の枠組みは、人種化された身体性の経験の特徴である二重の裏地のようなものを許容しない。ディロンが論じたように、この立場はサルトルの接触の分析に引き継がれる。「二重感覚」と古典的な心理学が名づけたもの――同時に触りつつ触られているという観念、したがってこの視覚的な可逆性にちょうど相関するもの――に対応して、ディロンは、サルトルによる二重感覚の拒否は、彼のデカルト的な主体と対象という位置づけに根ざしていると述べる。「身体は、触りつつある主体（対自存在）であるか、触られる対象（対他存在）であるかのどちらかである。一度に両方であることは不可能である。二重感覚のようなものは存在し得ない」(67)。

けれどもディロンは、次のように続ける。（のちに論じることになる）両義性の生きられた経験という基礎において、主体存在と対象存在という二つの「交流不可能なレベル」の明確な区別が疑わしくなっただけでなく、そのことによってサルトル自身の図式のなかでの内的な矛盾も明らかとなる。なぜなら、彼の羞恥についての議論のなかで、ディロンは、この感情的な反応は、見られている対象が、自分が見られているという瞬間に主体という資格《サブジェクトフッド》への期待を持っている場合にのみ理解可能になると主張しているからである。つまり羞恥という感情的な反応は、ある人が一定の主体性と不可視性についての何らかの期待を持っているという理由においてのみ生じるということである。ディロンはこの点について、羞恥の代わりに「疎外」という用語を採用している次の一節で説明している。

> 「疎外」は単なる差異、単なる他性以上のものを意味する。この語は疎遠さと排除という印象を与えるものであり、幻滅させられた期待という含みも持っている。異なることは必ずしも除け者《エイリアン》であるということではない。疎外は包摂と親しさという希望と望みが、排除と疎遠さによって挫かれ、欲求不満の状態に置かれたときに生じるのだ［…］。そして、今の文脈において、自分の生きている（そして非定立的に経験された）身体と（主題的な反省によって）自分の知っている身体の差異を見出すことは、そこにその人が連帯を期待していたところに他性が現れた場合にのみ疎外の経験になる(68)。
> （引用者による強調）

この分析は、羞恥と感情性という用語で行われているが、不気味さに関するハイデガーの後期の取り扱いを思い出させる。それは第三章で見たように、わが家にいないあり方のなかでわが家にいるようになるという運動を要請する。彼にとって、アンティゴネーは彼女の異質の（そして悲劇的な）運命を堅持しながら、家のような親しみあるその街の領域で承認されることを求めたというまさにそのことによって、不気味さのこの上ない象徴として際立っていることを思い出してほしい。私たちはまた確実に、ディロンの分析を人種化するまなざしの事例と関係づけることができる。私たちの先の引用において、ファノンがどれほど明確に希望と欲望を持って世界に入っていったか、そして人種差別的な、メデューサのようなまなざしが彼を対象の地位に固まらせたかを私たちは指摘した。これらの反省は、人種化された身体に関する限りで、まなざしの関係における両義性と二価性の契機を見過ごしてしまうように見える、そのような主体－対象の明確な区別が望ましいかについて、私たちに問うように仕向けるのである。

両義性、「過剰規定」、間身体性

この最終項において、私たちはゲイル・ワイスに目を向ける。ワイスは、彼女の「自負と偏見――ユダヤの身体の両義的な人種的・宗教的・民族的アイデンティティ」という論考の中で、サルトル（そしてファノン）との関連でまさに両義性についての疑問を取り上げている。彼女の批判は人種の問題をはっきりと主題とするサルトルの著作に向けられており、非常に密接に関連したユダヤ人のアイデンティティについての問いをめぐって組み立てられている点で、私たちの目的にとって重要である。

この研究において、ワイスはサルトルが提示し、ファノンが不適切に修正したユダヤ人アイデンティティの過度に単純な描像と彼女がみなすものに異議を申し立てている。特に、彼女は、サルトルが対象化と他者による構成についての論述を誇張していることに注意を払っている。その分析は二つの要素からなっている。まず、ワイスはサルトル（そして彼に追従するファノン）によって採用された「過剰規定〔overdetermination、多元決定〕」(訳注3)という言葉がフロイトの用語の誤用であり、身体的アイデンティティの本性についての拙速な結論につながっているものであると述べる。つまり、『ユダヤ人』の有名な「反ユダヤ主義者がユダヤ人を作り出すのだ」という明言において、サルトルはフロイトの用語を元の経験と対象に関する領域から、人々に移し替えている。（ドーラの夢のような）経験ではなく、（ユダヤ人のような）人々が「過剰に規定された」ものとして描かれるのは、ある人の自己アイデンティティの構成において他者にあまりに強い力を与えるものであると彼女は述べる。このアイデンティティの構成とは、実際はある人の自己の対象化であり、そのようなことをフロイト自身は決して主張しなかったし、それは、ユダヤ人が自分たち自身の身体的アイデンティティの経験において持つ

（訳注3）元はフロイトの用語 Überdeterminierung, surdétermination. 重層決定とも訳される。精神分析の文脈においては、この語は次の二つの意味を持っている。一つ目の意味は、無意識の形成物（症状や夢など）が、複数の原因が組み合わされた結果であるための、ただ一つの原因によっては十分に説明されえないということであり、二つ目の意味は、ある無意識の形成物は、多数の無意識的な要素に関係しており、解釈の水準の取り方によって、それぞれの水準に固有の一貫性のある意味を持つことになるということである。しかし、この箇所での議論を見る限り、サルトル、ファノンにおいて、この語はこれらの意味において用いられておらず、たんにある要素（肌の色など）によってある人が何かの属性に限定され評価され、他の属性を持たないかのように見なされること、といった意味で用いられている。

役割を十分に説明し切れていない。

この批判はもっと詳しく検討する必要がある。私たちが第二章と本章で見たように、ファノンの『黒い皮膚・白い仮面』に対する『ユダヤ人』の影響は明白である。他方で、ファノンが「ユダヤ人はユダヤ人であることをかぎつけられたときから嫌われ始める。ところが私の場合は一切が新しい相貌を呈する。私にはいかなるチャンスも認められない。私は外部から過剰に規定されているのだ。私は他人が私について抱く「観念」の奴隷ではなく、私の見かけの奴隷なのだ」[69]と述べることで、ユダヤ人と黒人との状況の間にいくつかの重要な区別をしているのもまた事実である。このようにしてファノンはサルトル版の「過剰規定」を、他者による黒人の身体の構成を検討する際に、まさに引き継いでいるのだが、彼の区別はユダヤ人のアイデンティティの場合に（ワイスによれば結局は不十分ではあるが）いくらかの両義性を導入し直すような区別である。[70] この一節においてファノンは、ユダヤ人たちは「パス」することができるのだから、ユダヤ人のアイデンティティが視覚的には固定されたり与えられたりはしていないということを示唆することで、この視覚的な過剰規定の経験を（おそらく黒人だけのためではないにせよ）黒人のためにとっておく。だとすれば、ユダヤ人の同定は、肌の色や形態的特徴の途切れることのない知覚において生じるのではなく、宗教的な服装、髪型、さらには「ナチスによって着用が強要された」黄色い星のような他の身体的特徴を通じて生じるということになるだろう。しかし、ユダヤ人のアイデンティティの場合に両義性がこのように導入し直されるとしても、ワイスは、ユダヤ性が肌の色（だけ）[71]に刻まれていないことを理由に、それが視覚的・身体的により少なくしか埋め込まれていないとするファノンの議論の含意に異議を唱える。彼女はそこで、ファノンの区別が導入したように見える、身体的な外見を「意志的」か「意志的でない」かのどちらかに拙速に帰属させる行為に異議を唱えているのであり、それが偏見同士を比較するという罠に落ち込むという意味で危険でもあり、分断を招くものであると論じつつそうしている。(72)

したがって、ワイスにとって、ファノンはサルトルの「過剰規定」という用語の使用にニュアンスを付け加えたとはいえ、彼女が生産的と思うようなやり方ではファノンはこれを行わなかった。このことの理由の一端は、ファノンが身体の他の可視的な側面よりも表皮的な層の可視性を一次的で意義のあるものとすることによって、ある特定の可視性の仕組み《エコノミー》にあまりに狭く焦点を絞ってしまったことにあると言えるかもしれない。そのような読解路線は硬直的な見方に関連する〔本書の〕先の批判に私たちを連れ戻すことになろう。しかしワイスの批判がファノンだけに向けられたものではなく、むしろ主に（なんといってもそのような使い方を始めた）サルトルに向けられたものであることを思い出そう。ワイスの主たる批判点は、サルトルとファノンの両方が、ユダヤ人と黒人の経験を過剰規定という語り方でそれぞれ描くことで、フロイトの元々の概念を誤用しているということである。しかしワイスの批判の二つ目の節に進むと、テキスト読解に関する誤りよりも、これらのアイデンティティを過剰規定されたものとして特徴づけることが身体的アイデンティティの間身体的本性を根本的に見誤ると彼女は論じている。彼女は「ある人のアイデンティティを定義する能力を他者に帰することは、他者による本質化する記述によって抑圧されている人々の行為者性《エージェンシー》を骨抜きにしてしまうだけでなく、これらのアイデンティティのそれぞれに常に伴っていると私が考える、いくつかの本質的な両義性を締め出してしまう(73)」と記している。別の言い方をすれば、サルトルとファノンは概念を誤用することによって、両義性と未規定性という批判の余地を見過ごすことになり、ユダヤ人と黒人のアイデンティティに害をなしているのだとワイスは述べているのである。まなざされる対象という言い方で語り直すならば、ワイスの論点は、まなざしの対象が、たんにそして完全に一つの対象となると言うのは言い過ぎだということである。

しかしながら、ワイスが両義性の議論の基礎に据えるのは、ユダヤ人のアイデンティティの本性とその複雑さだけということではない。ユダヤ人のアイデンティティが、人種、エスニシティ、宗教性、文化、歴史、国籍の複雑なモザイクを通じて生じているということが確かであるにしても、このことはまさにサルトルが一定程度認めていたことである。例えば、彼は、「ユダヤ人を、その人種によって規定できない今、私たちは、厳密にイスラエル的な国家的共同体の存在によって定義し得るだろうか[74]」と問うている。実際、ユダヤ人とは彼や彼女の状況のことであるというサルトルの主張は、ユダヤ人をユダヤ人と本質的に規定するものは状況以外に何も存在しないという発想を表している。しかし、ワイスにとって、サルトルはまさにここで過ちを犯している。ユダヤ人とは彼らの状況であると述べるとき、サルトルはユダヤ人の身体性が彼らのアイデンティティにおいて、さらに言えば実際に彼らの状況の形成において重要な役割を果たすことを否定している。モランが指摘するように、「サルトルは、何よりもまず私たちの経験は、そのようなものとしての身体そのものについての経験（あるいはさらに言えば私たち自身の意識そのものについての経験）ではなく、むしろ世界や状況についての経験であるという認識から出発せねばならないという主張をしている」[75]。しかし、ワイスにとって、もしも状況という言葉が意味するのが、ある人の状況が外的なもの以外ではあり得ない（サルトルにとって反ユダヤ主義者こそがユダヤ人を作るのだということを思い出そう）というような意味であるのならば、ユダヤ人はたんに自分たちの状況であるのではない。そうではなく、ある人の状況は、世界と他者との身体的な参与《エンゲージメント》にも由来するとワイスは論じる。ファノンの用語で言えば、人種化された身体はいくらかの「存在論的抵抗」を持っているのだ。しかし、たとえ抵抗という用語で語ることすらも、主体か対象かというゼロサム関係の中に私たちがいるということをあまりに重苦しく示唆することになってしまうかもしれない。第三章で検討したように、間身体性に関する彼女の議論の中において、ワイスの主張は、メルロ＝ポンティに沿いつつ、ある人のアイデンティティが身体化された形で状況をくぐり抜けることを通して到達されるものであるということであった。それはつまり、人は、諸制度や諸慣習、他の諸身体との間身体的なやり取りを通じて構成されるということである。なぜなら、ワイスが論じるように、いかなる身体も――人種化された身体のように他者との抑圧的な関係の中に埋め込まれている身体でさえ――他者によっては過剰規定されない、少なくとも決して完全には構成されないからである。別の言い方をすれば、彼女は、抑圧的で人種差別的な関係に直面しても霧散してしまうことのない、身体同士の構成的な間身体性を適切に考慮するような、人種化された身体性の議論を行っているのだ。

　私たちはここでもまた、今回はワイスの議論を通じて、サルトルの分析の背景をなすはっきりとした二元論に対する批判に出会った。これは彼の存在論的立場の限界について私たちが考えるときに終始生じる主題である。この繰り返し現れる主題は、人種化された身体性についての本書の論述を語り直したり、さらにニュアンスを付け加えたりする可能性を孕むものだが、そうした主題と可能性が与えられたので、ここからはキアスムについてのメルロ＝ポンティの論述に直接取り組むことにしよう。

第三節　メルロ＝ポンティの絡み合いと、人種化された身体性における主体－対象の溶解

メルロ＝ポンティの早すぎる死によって中断された最後の、しかし未完の著作である『見えるものと見えないもの』は、現象学の始まりを描こうとするものであり、その現象学はそこに入り込んだデカルト主義的二元論を伴った実存主義的残存物を振り払おうとするものであった。特に、彼は絡み合いやキアスム、ときに彼の「肉の存在論」として知られているものについて考察したのであり、この考察こそが、私たちがサルトル（と西洋哲学の根深い主体－対象の区別への彼の傾倒）において見たような実存主義の存在論的コミットメントからメルロ＝ポンティが離れて、主体と対象そして／あるいは世界がより十全に、そしてより滑らかに統合されている存在論的コミットメントに移行する鍵をなすものである。次項からは、メルロ＝ポンティの思想におけるこの転回が、生きられた経験における人種化するまなざしの本性を洞察可能にするという点で、人種化された身体性の分析にとって生産的な仕方でどのように活用されうるかを検討する。

キアスム

＊接触と視覚――二重化

『見えるものと見えないもの』の広く知られた章である「絡み合い――キアスム」において、メルロ＝ポンティは「肉の存在論」としてのちに知られることになる議論を展開した。彼の論述における

二つの中心主題によって私たちの分析を始めることができる。一つ目は、（フッサールにおいて考察されたことで有名であり、先に指摘しておいた古典的心理学の「二重感覚」として私たちが認識することになる）触れる二つの手という中心主題である。そして二つ目は、それ自体が見えるものである見ている目という中心主題である。これら二つはともに、メルロ＝ポンティが絡み合いについての論述を展開することに役立つものであった。

メルロ＝ポンティによれば、二つの事例において中心的なのは、互いの互いに対する本質的な二重化と折り返しである。最初の二つの手の事例――私の右手が私の左手に触れている――において、私たちがこの現象を注意深く見つめるならば、触られている手から触っている手を本当に区別することは難しいことに気づくだろう。実感として、いずれの手も他方の手によって触られていると同時に、他方の手を触っている。さらに、触るという状態と触られるという状態が、簡単に変わってしまう立場であることがわかる。「私の右手が物に触ろうとしている私の左手に触るとき、そこにおいて「触る主体」が触られるものの地位に移り、物の間に降りてくることになり、その結果、触覚は世界のただなかで、いわば物のなかで起こるようになるのである」[76]。両方の手が触れるということに参与していると言った方がよいのであり、そしてこの参与は固定された立ち位置によるものではなく、むしろ流動性と相互交換可能性によるものである。のちの一節において、メルロ＝ポンティは次のように述べつつ、別の例ではあるが関連している握手の例をついでに出してくる。「〔握手も〕また可逆的であって、私は触れていると同時に自分も触れられていることを感ずることができるのだ」[77]。ここには二つ指摘しておくべきことがあるように思われる。一つ目は相互交換可能性という意味での可逆性についてである。握手があまりに長く続くとき、例えば私が終わらせようとしているにもかかわらず握手から私の手が解放されないときには、いったい何が起こるだろうか。あるいは、私の手があまりに力強くつかまえられて、骨まできつく握られ、振り回されるときには、どうであろうか。そのような不手際は、私の手――かつて握手において、触りつつ触られるという能動的な参加者であった手――が「触られるものという地位に移行すること」を引き起こす。そして今度は、おそらく握手の激しさに疲れて、相手の手が無気力になってしまうときにはどうだろう。そのとき私の手は、不運な握手を続けるように取り残され、触るものという地位に戻る。やり取りへの私の参加はそれゆえ力動的なものであり、逆転と置換の余地があり、そして私の手は触っている様態と触られている様態の間で循環する。しかし、この相互交換可能性に加えて、私たちが握手において――物に触っている左手を右手で触るときよりもずっと強く――経験するのは、触っていることと触られていることの二重化である。握手において、私たちは触られているものという地位に移行する可能性だけでなく、この触っていることと触られていることを同時に経験する可能性もまた持っている。仮にこのことが生じるのが自己と他者のやり取りという文脈であるにしても。彼の（未完の）草稿においてこれ以上は展開されなかったにしても、握手の事例は同時性という観点から触覚――右手と左手がおそらく互いに触れ合っている（そして物には触っていない）、あるいは手がその手自身に触れているという場合の触覚――の可逆性をどのように考え始めれば良いかに関して大変示唆的である。これらを踏まえると、『見えるものと見えないもの』におけるこれらの探究は、接触の変わりやすさと両義性、そして肉へと向けられているのだ。

視覚的領域においても同様の分析が展開されうる。実際メルロ＝ポンティにとって（フッサールとは対照的に）、触れられるものと見えるものは連続的に扱われて然るべきものであった。というのもいずれも他方にとって「約束された」ものだからである。[78] それゆえ、メルロ゠ポンティにとって二重化されているものには、接触だけでなく、視覚も含まれている。彼にとって、視覚は見えるものの中で繰り広げられており、そしてそれぞれの見るという行為そのものが見られうるものであるとともに、見られることによって傷つけられうる。これは、「私は自分が物に見つめられているのを感じる」[79] といった画家のように、自分の見ているという行為に注意深くあるように訓練されている人々にはよく理解されている点である。この見る者の「ナルシシズム」はその人自身の身体の輪郭から、そして輪郭に沿って外部世界を見ていること（第二章において議論したような自分の身体によって押しつけられたパースペクティブ）にのみ本質を持つのではなく、その人の身体もまた世界から見られているという経験を含んでもいる。とはいえ、これは、ある人が「他者にとって」存在しうるというサルトル的な認識の契機以上のものである。メルロ゠ポンティの論述において、ある人が「外から」（ある人の身体的輪郭が表面的に見られるということを超えて広がる仕方で）見られているという状態は、私たちが参与しているとところの状態でもあるのだ。そのような仕方で見られることは、「その中で存在し、移住することであるり［…］、その結果、見る者と見えるものとが互いに逆転し、もはや誰が見、誰が見られているのか分からないようになる」[80] とメルロ゠ポンティは続けている。サルトルとは対照的に、ここには見られているという受動性の中に存在する能動性のしるしが見出されるし、目を向けることによる所有の内部に行為者性と作為性の痕跡が見出されるのである。

このことが『知覚の現象学』におけるメルロ゠ポンティの初期の論述からの離脱を示しているのは確かである。その著作においては、例えば、知覚について彼の探求は、ある人の固有の身体（le corps propre）という観点から最も顕著に考えられており、その固有の身体は知覚経験を枠づけたり投錨したりするものと認められている。そしてアル＝サジが彼女の「身体と感覚するもの――フェミニズム理論のためのフッサール現象学の活用について」という論文の中で論じたように、メルロ＝ポンティが『知覚の現象学』において接触の問いを取り扱った箇所で、彼はしばしば触ることと触られることの経験を相互に排他的な用語で、つまり対自と即自、能動性と受動性、という言い方に沿って扱い、そのことによってフッサールが推し進めることのできた二重化の契機を失っている[81]。他方で、ディロンのような注釈者は、メルロ＝ポンティとサルトルを比較するなかで、メルロ＝ポンティの『知覚の現象学』における「主体－対象」としての身体と「触る者であり触られるものであるというその決定的な状態[82]」への言及を指摘し、そのことによってこの初期の著作において絡み合いの痕跡がどのように先取りされているのかを示した。しかし、『知覚の現象学』が身体のパースペクティブ的な出発点に実際のところ深く結びつけられている――あるいはアル＝サジの分析によれば、未だ主体／対象の二分法に繋ぎ止められている――ことを考慮すると、メルロ＝ポンティの『見えるものと見えないもの』への移行は、彼の初期著作と完全に不連続であるわけではない。例えば、この後期の著作において、この自己中心的な現象学的出発点が拒絶されているかというとそういうわけでもなく（私の視野は、私の身体によって私に押しつけられたパースペクティブから常にすでに出発する）、むしろパラダイムの転換があったということであり、それというのもいまや私の視野は実在するもの全てではないし、また問題となるもの全てでもないのだから。多くの他の観点から生じる他のたくさんの視野が存在するし、実際、私はそれらのいくつかの視野の先に自分を見出す。したがって、これは〔主体と対象に〕分岐した視野の一事例であるどころか、むしろ一般性と匿名性において視野と可視性のより広範なネットワークの中に自分の視野を位置づける行為である。この図式において、誰が見ているかはそこまで重要ではなくなる。というのも私たちは、主体とその知覚的地平から、視覚の現象そのものへと強調点を移行させたからである。「ここには他我の問題などは存在しない。なぜなら、見ているのは私でもなければ彼でもないからであり、無名の可視性、視覚一般が私たち二人に住みつくからである」(83)。

＊可逆性と肉の存在論

触覚と視覚の可逆性から導き出された洞察は、メルロ＝ポンティの「肉の存在論」としてしばしば言及されるものを彼に展開させた。彼にとって、見る器官としての目がそれ自体見える存在であるということはたんなる事実的な真理ではなく、存在論的意義を持っている。触覚についても同じことが言える。身体の皮膚――肉の一番外側の層――の可感的で受容的な本性は、私たちに身体化した存在の構造について何らかのものを指し示す。これらのきっかけを得て、メルロ＝ポンティは、視覚の場合、見るためにはある人は世界に参加者としてすでに組み入れられているのでなくてはならず、可視性そのものの図式と秩序《エコノミー》の中に組み入れられていなければならないと主張する。実際、これこそが見ることとの条件なのだ。ここで触覚の領域において語っているワイスは、このことを次のように述べている。「私が触るからこそ私は触られうる、そして私が触られないのならば、私は触ることができない。いずれの経験も他方の経験に還元できないし、それでも互いが互いを可能にしているのだ」(84)。もちろんこのような立場はメルロ＝ポンティをサルトルとの際立った対照関係に置く。サルトルにとって、他者によって見られうるということはたんに可能性として、あるいは（触覚における二重感覚との関係において）偶然性としてのみ与えられる(85)。しかしながらメルロ＝ポンティにとっては、この可逆性は私たちが見ることとの条件である。私たちが世界に対して受容的であり、世界を受容するのは、私たちがすでに世界に埋め込まれている限りにおいてであり、彼の言葉で言うと、私たちがそれに属している（s'il en est）場合においてのみである。エリザベス・グロスはこれを「所属性《ビロンギングネス》」[86]として描く。他方で、このようにして組み入れられることによって、私たちもまた見えるようになるのである。私たちはたんに見る者としてだけでなく見られる実在《エンティティ》としても参加している。それらの二側面は、メルロ＝ポンティによれば、次のように交《まじ》わる。

さしあたっては、見る者が見えるものを所有しうるのは、見えるものに所有され、それに属しているからであり、［…］見えるものの一つになり、不思議な逆転によって、見えるものの一つである自分がそれらを見うるからにほかならない、ということを確認するだけで十分である。[87]

そしてグロスのような注釈者が論じるように、肉の可逆性に関連するこの存在論的主張は常に事実と合致するだけのものではない。というのもこの主張は「見る者と見られるもの、あるいは触る者と触られるものの現実的な可逆性ではなく、原理上の可逆性[88]」だからである。

可逆性についての問いに関するメルロ＝ポンティとサルトルの差異は重要なものである。私たちがすでに詳述したように、サルトルにとって見ることとの可逆性は可能的なものであるのに対して、メルロ＝ポンティの論述においてはたんなる可能性以上のもの、むしろ相互依存に近いものが得られる。私たちが見ることができるのは、私たちが見えるものに加わっているがゆえにのみであり、そしてこの参加は、原理的に私たち自身が見えるものであるということを義務づけている。したがって、メルロ＝ポンティにおいて、彼以前にフッサールにおいてそうであったように、この接尾辞〔revers*ibility*〕

が誤って能力や可能性を強調しているように、たんなる可逆性が重要なのではない。そこにはそれ以上のものがある。メルロ＝ポンティにとって問題であったのは肉の可逆性であったことを思い出そう。しかし肉は何を意味しているのだろうか。ある水準において肉は、たんに「相互内属」、見る者と見られるものの距離を仲介する空間である。それゆえしばしば、厚み、裏地、生地として、「それ自身は、物ではなく、可能性、潜在性である」[89]ものという風に、多様に記述される。このような記述は私たちの実際の肉、私たちの身体の外皮的な境界を画し、また身体を世界とその諸対象とつなぐ皮膚から借りられてきているのであり、皮膚はこのようにして、身体と世界のあいだの境界〔limbus〕として働く。グロスの読解において、メルロ＝ポンティの「肉」は時おり、イリガライの「間隔」という概念の先行物であるように見える。しかしながらもちろん、これら二人の思想家は重大な差異によって隔っている。イリガライの間隔という概念が性的差異の空間として、あるいは（少なくとも）二つの起源的な存在者の間の空間として機能しているのに対して、メルロ＝ポンティは自身の分析を、異なった身体性を帯びた存在者の間のいかなる実際の区別にも基づけていない（このことによって彼は批判にさらされることになる）。そしてまた、実際のところ彼の肉の概念はやはり相互内属としてのみ機能しているわけではない。

メルロ＝ポンティの場合、「折り返し」というモチーフを通して、あるいは彼が「陥入」〔動物の胚の発生において、胞胚の外表の一部が内側にくぼんでいく現象〕とも呼ぶもの――とはいえ、彼のこの用語の使い方はフェミニスト的観点からやはり問題含みなものであるが[90]――を通して、肉という概念について考える方が有益である。見ている人自身が見えるものであることによって、見ている人の視覚がそれ自体に折り返すという仕方で、私たちは肉を自らに対するこの折り返しとして考えることができる。生物学的で形態発生的な陥入においてそうであるように、このような陥入は臓器や有機体の外側と内側の境目を曖昧にする。そしてデリダがこの概念を後に展開してみせたように、境目が曖昧になることによってこういったものの同一性の安定性は弱められるのである。私たちが「内側」と「外側」について語りうるのは、私たちがそれらを、固定された実体《エンティティ》ではなく存在の束の間の様態や契機を表しているものとして理解する限りにおいてのみである。実際、この読解において、肉はたんに内側でもなければたんに外側でもなく、いずれでもあるのだ。このような〈同時に両方であること〉は、私たちがすでに触覚の例で、触っていると同時に触られているという同時的な可能性のうちに見たように、メルロ＝ポンティによって次のような記述において交互に引き合いに出されている。

もし比喩がお望みなら、感じられた身体と感じる身体は裏と表のようなものだとか、円環をなす一つの軌道の二つの弓形のようなものだと言ってもいいだろう。後者では、その軌道は、上の方では左から右に向かい、下の方では右から左に進むが、それは**二つの位相を持ったただ一つの運動にすぎない**のだ。(91)（引用者による強調）

このイメージは、彼の視覚と触覚の二重化への言及を理解可能にし、よりよく位置づけさせてくれる。サルトルが対立し相互に排除しあう様態として対自存在と対他存在を示したのとは対照的に、メルロ＝ポンティによれば、私の身体が「見ること」と「見られること」という異なる様態を経験するとき、それが意味するのは同じ運動であり、私の身体が見えるものに参与しているということなのだ。

最後に、後期メルロ＝ポンティにとってこの可逆性の、肉固有の両義性は、意味が生じるときの障害として現れるのではなく、むしろ、意味を生成させるものなのである。様々な注釈者が指摘しているように、両義性についての彼の際立った肯定は、彼を彼の同輩たちから区別するものであり、彼が曖昧さ〔obscurity両義性〕の概念を借りてきたフッサールからさえも区別するものである（ワイスが論じたように、フッサールの著作において、この曖昧さは障害になるもの[92]という否定的な用語の枠組みにおいて考えられている）。メルロ＝ポンティは他方で、肉の両義性を究極的に生産的なものとして主張している。「このことは、見る者と物との間の肉の厚みが、物にとってはその可視性を、そして見る者にとってはその身体性を構成しているということである。その厚みは、見る者と物との間の邪魔者ではなく、それらの交流の手段なのだ」[93]。別の言い方をすれば、存在者の主体的様態と対象的様態の両方をいずれも経験するという二義性だけでなく、両者を行き来できるようにしている両義性こそが私たちの遭遇に意味を与えているのである。

メルロ＝ポンティのキアスムと人種化された身体性

私たちがサルトルからの意義深い離反として指摘したこの論述は、人種化された身体性、人種化するまなざし、そして対象存在の生きられた経験、あるいは対象化されるということの生きられた経験についての本書のこれまでの論述にどのようにして異議を突きつけたり、あるいは拡張したりするのだろうか。以下で、メルロ＝ポンティ的な肉の存在論が本書の論述に主として三つの点で、さらなるニュアンスを付け加えるようになることを論じる。

＊自分自身が見られていることを見ること、そして主体‐対象の溶解

第一の点は比較的、直接的なものである。先に私たちは、サルトルのモデルが人種化された身体性のより込み入った諸側面を論述することに取り組もうとする際に、そのいくつかの限界に出会ってきた。私が論じてきたように、人種差別と人種化の生きられた経験は、見られることのみを伴うのではなく、自分自身が見られることを見ているということをも伴っている。それは、身体の対象化を伴うが、その対象化を生きることをも伴うのであり、このことはつまり、対象化の意味を理解し、対象化をくぐり抜けていくことである。実際、社会的・政治的・文化的世界、そして職業的な世界すらも自分のやり方でくぐり抜けていくために、人種化された図式の中で自分の身体がどのように現れるかを学ぶことは、ヤンシーの言葉を借りれば、「政治的で実存的なサバイバル」の問題になるのだ。一つの例として、少女たちと女性たちが、称賛されている白人のいくつかの特徴に近づくために、肌の脱色や美容処置さえも行っているという多くの報告を取り上げよう。それらの話によって、白人の美の基準が、有色人種の若い女性たちが自分たちの身体を見て自分たちの体と関わる際に、いかに圧倒的な影響を及ぼしているかを指摘することができる。白人のまなざしがあまりに覇権的であるがゆえに、人種化された身体はすぐさま自分たち自身をその白人のまなざしに従って、つまり自らを他者のまなざしに従って見るように仕向ける。しかし、サルトルの二元論が主体と対象という相互排他的な用語を超えていくことを妨げるのに対して、メルロ゠ポンティの後期の図式においては、まなざしとの関係における人種化された身体性の複雑さを分節化する方法が見出される。特に肉の可逆性と、伝統的な存在の両極の絡み合いについての彼の論述は、シャノン・サリヴァンの言葉を借りれば、私たちがどのようにして「触る主体と触られる対象としての［私たちの］立場を逆転させることによって、両義的な仕方で主体であると同時に対象でもあるのか」[94]ということをわかるようにしてくれる。私が主張したいのは、人種化された身体性とはこの絡み合いであるということである。私たちは、まなざされ、ステレオタイプ化され、差別され、虐げられ、拒絶され、模倣され、疎外されるなどすればするほど、〔それらに〕応答する。私たちは予期し、「世界」を巡る旅をする。人種化の生きられた経験は、複数化した意識と永続的な交渉についての経験なのである。人種化された身体性は、ルゴネスと他の論者が論じているように、洗練された実存的な体の動きのなかに終始巻き込まれることになる。私たちは主体存在と対象存在の様態の間を行き来するのであり、そして実に頻繁に、同時的に主体かつ対象である。それはつまり、主体と対象の区別は、コーネル・ウェストが「人生のゴタゴタ〔funk〕」[95]と呼んだものの中を私たちがくぐり抜けていく際には、意味深いものであることを止めるということである。このことが全ての人間存在にとってある程度真実である一方で、人種差別的な世界という文脈における人種化された身体性が、ある種の「分裂病的な」存在[96]を、生み出していると私は主張する。その存在とは、対自的でも、完全に対他的でもなく、居心地が良い《アット・ホーム》わけでも完全に家を失っているわけでもない――要するに、主体でも対象でもなく、しかし常にどちらでもあり、どこかどっちつかずであるという存在なのである。

＊人種化するまなざしの覇権と逆転の不可能さ

しかし、このことは、人種化された身体が対象存在や対他存在という様態に「囚われて」しまう非常にありありとした仕方を、曖昧にしたり洗い流してしまったりするものではない。また、鮮明でトラウマ的な経験の重みを些細なものにしてしまうわけでもない。先に指摘したように、まなざす主体とまなざされる対象というサルトル的なパラダイムは、まさに、ある人種差別的な世界において、あるいはそのような世界を通して人種化されて自らの身体を生きるということが何を意味するかということについての持続的な次元を描いているために、批判人種理論家たちと強力に共鳴する。ファノンが彼自身を「他の諸対象の中の一対象」として経験していることを思い返そう。他の人々も、人種差別的な行為や発言、仕草などに日常的に晒されている彼らの身体が著しく力を奪われる様を説明するために、このパラダイムを用いている。しかしながらこれらが表しているのは人種化された身体性の生きられた経験のただ一つの側面――それは確かに突出しており根本的に重要な側面ではあるとはいえ――にすぎないというのが私の見方である。さらに重要なことに、それらは、抑圧的なシステムにおける覇権的なまなざしが、キアスム的な存在の広がり――その含意についてはこの本の結論部分で私がより突っ込んで探求することになる――を排除し、私たちを対象存在のある特定の様態に「押し込め」うるのはどのようにしてなのかということを示してくれると思われる。原理的には可逆的であるにもかかわらず、白人のまなざしの覇権は、見えるものの可逆性によって簡単に振り払われることはない。それゆえバーナスコーニが、論争によって迎えられたサルトルの「黒いオルフェ」[97]において、千年単位で享受されてきた白人の「見られることなく見るという特権」を途絶させることによって、白人に対して鏡を掲げたということをサルトルの功績とするのは正しいにしても、この返ってきたまなざしが、黒人の（あるいは別の仕方で人種化された）身体に対する白人のまなざしと対称的な関係にあるというのは事実ではない。実際、ネグリチュード運動（「黒いオルフェ」は最初、サンゴールの重要な編著『ニグロ・マダガスカル新詩華集』の序文として記された）を支持することによってサルトルがもたらそうと願った「見られることのショック」は、せいぜい白人のまなざしという深い塹壕と不動の支配に「黒人たちが」反発した限りでの「ショック」であったし、そのまなざしは今日もその場所に留まっている。それゆえ、私たちに特定の存在様態を押しつけ、人種化された身体の場合においては対象存在の様態を押しつけるパラダイムへと私たちが陥ることがあるということから、可逆性という論点が目を逸らさせるのであってはならない。しかし、絡み合いの分析をしてきたことで、私たちはいまや次のように言うことができる。つまり、人種化するまなざしにおいて、白人という主体から人種化された対象へという覇権的な方向づけをする権力そのものが、曖昧で流動的に留まっているべきものの結晶化であるかのようだ、ということをである。人種化するまなざしを通じて、私たちは生産的な両義性と相互内属の両‐価性〔ambi-valence〕を見逃し、主体と対象のモデルに固定されてしまうことになる。興味深いことに、『見えるものと見えないもの』における可逆性〔の概念の強さ〕を緩和するメルロ＝ポンティの注釈のなかに、覇権的まなざしについてのこの問題に対する概念的余地を見つけることができるように思われる。高度に統合され絡み合わされた彼の肉の存在論についての論述にもかかわらず、手稿のある箇所においてメルロ＝ポンティは、収斂が決して完全に実現されることもなければ、実現可能でもないということを強調している。むしろ、おおよそ達成されるに過ぎないのが可逆性であり、それは最終的には常に私たちから逃れていくのだ。長文ではあるが引用しよう。

私たちは初めは概略的に、見る者と見えるもの、触れる者と触れられるものとの可逆性という言い方をしておいた。いまや、問題は、常にさし迫っていながらも決して実際に実現されることのない可逆性にあるのだ、ということを強調すべきときである。私の左手は常に、物に触れつつある右手に触れそうになっているが、しかし私が合致に達することは決してない。合致は、それが生み出される瞬間に消えてしまうのであり、実際に起こるのは、次の二つの事態のいずれか一方である。すなわち、本当に私の右手が触れられるものの地位に移行するか――だが、その場合には、世界に対する右手の支配力は中断してしまう――、それとも私の右手がその支配力を保持し続けるか――だが、そのとき、私は本当には右手に触れてはおらず、私はただ右手の外被に触れているにすぎないことになる――、そのいずれかなのである。同様に、私は、他人の声を聞くようには、自分の声を聞くことはできず、私にとっての私の声の音響的存在が、いわばうまく展開されないのだ。それはむしろ、私の声の構音的存在のこだまであり、それは外部というよりも、むしろ私の頭の中に響くのだ。私は常に私の身体と同じ側におり、私の身体は、私に、ある不変な観点のもとに与えられるのである。[98]

別の言い方をすれば、触ることと触られることという両方の様態に同時に私たちが完全に到達するということは、非常に接近するということはありえたとしても、決してありえないということである。私が思うにこのことによって、ある人の歴史的政治的環境の中心性について、また簡単には乗り越えられない厳粛さを特定の規範や人種化されたパラダイムが持っているその仕方について、私たちが主張することができるような重要な余地が残ることになる。つまり重要なのは、可逆性という観念が、これらの規範に由来する知覚や振る舞いの習慣化された様式が持っている権力を軽んじることはないということである。ワイスが「ちょうど、有名なアヒル＝ウサギ図形において私たちが両方を同時に経験することができないように」[99]と書いた際、特定の見る習慣がどれほど「こびりついて」いて、異なるパラダイム間を流れるように移動しようとする意図が、あるいはそれ以上に支配的なパラダイムから移動しようとする意図が妨げられることになるのかを私たちは思い起こされることになる。

人種化された「パッシング」と視覚の領域の執拗さ

ついに、視覚という分類法によって特徴づけられたある存在論から、触覚によって特徴づけられた存在論へと移行することで多くのことが得られた。すでに指摘したように、マジスにとって、このことはメルロ＝ポンティの存在論をサルトルの存在論[100]よりも実用的にしたが、グロスにとっては、メルロ＝ポンティは未だ十分に視覚的なものから触覚的なものへの移行をしていない。両註釈者の解釈は異なっているとはいえ、彼らに共有されているのは、それを通してよりニュアンスに富んだ存在論が発展するような、生産的なパラダイムとしての触覚の肯定である。（そしてこの点について、デリダとジャン＝リュック・ナンシーのような思想家の著作は、力強く触覚の潜在力に言及している。[101]）私は、私たち自身の人種差別と人種化の分析が視覚の領域の中でもっぱら展開している限りにおいて（本章はまなざしに焦点を当てているのだから驚くべきことではないが）、この移行が私たちにとっても有益な移行であり得ると主張する。ある意味では、メルロ＝ポンティにおける視覚の領域から触覚の領域への移行によって、リンダ・アルコフの用語を借りれば、西洋哲学の「視覚中心主義〔ocularcentrism〕」に私たちもまた屈して、人種についての私たち自身の分析においても視覚の領域を誇張してしまっており、あるいは視覚の領域に頼り過ぎているのではないかと問うように、促される。間違いなく、人種差別と人種化が作動する枠組みは多数存在するだろう。このように視覚的なものを強調することは、人種差別と人種化の生きられた経験の他の諸側面を見えにくくしてしまうだろうか。これに答えるために、私は「パッシング」〔否定的に評価されうる属性について、そうとは見分けられることなくやり過ごすこと〕の現象についての考察に手短に戻ろう。

実は、先にユダヤ人のアイデンティティの両義性についてのワイスの記述に取りかかったとき、私たちはすでにこの現象に出会っていた。彼女の議論は両義性の観念を人種化された身体のカテゴリーへとより一般的に拡大したのだが、とりわけユダヤ人の視覚的な両義性は（特に二一世紀において）[102]、パッシングの問題を思い出させる。サルトルは『ユダヤ人』のなかで、本人によればフランス人たちの中で簡単に見分けられるがドイツ人たちの中では見分けられることがない（というのも彼は「金髪で細く、粘液質」だったから）あるユダヤ人の友人の話を語る際に、この点について提起している。サルトルはこの友人のことを次のように想起する。「彼は、面白半分に、時々、武装警察の連中と出歩いたが、彼等も全く、その友達の人種など疑いもせず、そのうちの一人が、ある日彼に向かって、「俺は、ユダヤ人なら、一〇〇メートル先からでも、見分けられる」と言ったという」[103]。この事例が、他の諸事例（外見上はよりラテン的なアルコフの姉妹の経験と比べたアルコフ自身の経験についての考察が含まれる）[104]に加えて、人種差別的な世界における「パッシング」の利点のいくつかを証立てているのに対して、そのより不快な側面を探る語りも存在する。例えば、アリソン・ホッブズは彼女の最近の著作『選ばれた亡命者——アメリカ生活における人種的パッシングの歴史』の中で、「パス」している人々の個人的な苦闘のいくつかを調査しており、彼女の考察は私たちが先に行った家の欠如《ホームレスネス》についての議論のいくつかを強く思い出させる。

本書は喪失についての本である。人種的パッシングは一つの亡命である。それはときに選ばれ、ときに選ばれたものではない［…］。一八世紀末から二〇世紀半ばまで、無数のアフリカ系アメリカ人たちが、帰還のための一切の有効な見込みもなしに、家族を、友達を、共同体を後に残し、白人としてパスした。[105]

パスしている人々は、人種化するまなざしの視覚的経験を免れている一方で、それにもかかわらず、人種化の図式を直接的に参照する仕方で、また人種化の図式から生じている仕方で、身体的な断片化や不気味さについての生きられた経験を共有しているのかもしれない。それゆえ可視性という指標の強調は、私たちに、言わば同じように有害な他の人種差別の生きられた経験を見えなくしうる。

しかし、このことが人種差別についての私たちの分析において視覚の領域の中心性をなし崩しにするとは限らず、むしろ、「パッシング」が例外的なものになってしまうほどに、人種化された図式が視野に依拠していることへと注意をむけるのに役立つ。説明のためには以下の事例が有益だろう。盗まれた世代事件として知られることになった事件において、何千人ものアボリジニ系オーストラリア人の子どもたち——とりわけより色白で「明るい〔fairer、金髪、美しい、欠点のないなどの意味がある〕」肌と特徴を持った子どもたち——は、二〇世紀を通じて政府機関によって組織的に、そして多くの場合において強制的に彼らの家族と共同体から引き離された。これは数十年にもわたる慣例であり、その政策は多量かつ多様に正当化された。その中には、これらの子どもたちが「主流のオーストラリア」の生活において(多くの場合白人として「パス」することによって)より上手くやっていくだろうという考え方もあれば、何人かにとっては、このことがオーストラリアの「アボリジニ問題」[106]を都合よく解決するだろうという希望も入っていた。この事件が与えた苦悶や心痛はしっかりと記録されてきた。家族と共同体は引き裂かれただけではなく、長年の文化的で言語的な実践も彼らとともに失われたのである。数々の語りが、そのような子どもたちと家族の人生を飲み込んだ不安と恐怖の雰囲気を詳述している。

警察が来ても、遠くからは黒人の子どもたちしか見えないように、毎朝私たちは炭を砕き、それを動物の脂と混ぜて、私たちの全身に塗りつけました。私たちはいつも警戒して、もし白人が来たら茂みに駆け込むか、逃げて木の後ろに火かき棒のようにじっと立っているように、あるいは丸太の後ろに隠れたり、下水溝に逃げ込んで隠れたりするようにと言われました。

私たちが私たち自身であるために絶え間なく怯えさせられたことによって、私たちの生活周期は崩壊させられてしまいました。野営地への急襲の間、人々が撃たれるのは珍しくありませんでした。腕や脚を撃たれるのです。私たちが生きていた恐怖を理解できるでしょう。いつ不意に誰かが来て、私たちの家族生活、野営地生活を破壊するか私たちを撃つといったような無茶苦茶をするかわからないということの戦慄を。(107)

多くの点で、この事例は人種と可視性についての支配的な分析とは反対であるように思われる。というのもそれは、規範的に理想的な白人の身体として「パス」できる身体を持つ人々にとりわけ向けられた人種差別の危害の一事例を報告しているからである。(108) 別の言い方をすれば、これらの子どもたちの身体が持つ両義性〔曖昧さ〕こそが、彼らをより攻撃されやすくしたのだ。しかし私が述べるように、アボリジニの人々の身体を家族、文化、共同体にふさわしくなく、本人の人生の進路をとる基本的な権利にも値しないものとみなす広範な人種差別的図式の文脈において、この害は、視覚的領域を迂回するどころか、視覚的領域（例えば、注意を引かないように黒くされた身体）を通じて有効となっている。

それゆえ視覚的領域は、人種差別と人種化の謀略にとって、唯一ではないにしても、強力な立脚点のままである。これは、アルコフとアル＝サジのような主導的な人種研究者たちによって共有されている立場であり、ファノンとヤンシーの著作において明確に言外に含まれていた立場である。さらに言えば、他の身体的で感覚的な領域もまた人種差別についての立脚点である限りにおいて、それらはしばしば視覚的領域からヒントを得ている。私はかつて、ブルックリンの芸術家の隣人――であり
オーストラリア人仲間――と仲良くなったのだが、私が彼と同じオーストラリア人というルーツを持っていることに彼が気づいたのは何回も会った後になってからのことだった。彼の絵についての議論の最中に、彼が私にタスマニアの位置（「オーストラリア大陸の沖の小さな島」）を説明しようとすることに戸惑って、私はメルボルンの近くで育ったのだと言った。彼は面食らった。「でも、あなたの訛りは――ああ、今聴こえた」。どういうわけか、彼の訛りと全く同じ私の訛りがそれまでの私たちの会話中にはまるっきり彼の耳に入ってこなかったのだ。全く同じ訛りが別のときには二人のアメリカ人の同居人を面白がらせ、三人目の同居人である帰化した韓国系アメリカ人には大変な苦労をさせた。私のアジア人の身体の視覚的現れは、彼の聴こえ方を組み立て、ついには鈍くしてしまうほどになったし、私の広母音と音調の変化というヒントを彼に見逃させ、要するに、私たちの喋り方が目立ってしまう場所で二人の喋り方が類似していることを見逃させることになったのである。対照的な事例において、私の白人のパートナーが、彼のオーストラリア訛りの喋りと初級者レベルのドイツ語にもかかわらず、ベルリンに住んでいたとき、ドイツ人と間違われることは珍しいことではなかった。それは、私の方がもっと上達したドイツ語を習得しているにもかかわらず、私が決して直面すること

のない問題のように思われた。ある身体の視覚的な出会いは、身体の他の感覚的領域を横断して私たちの知覚を形作るように働くのだ。それゆえ、ファノンの話の中でマルティニックの男性がフランス語のR音の巻き舌（「ギャルルルソン」）[109]に苦心する必要などなかったことになる。彼の努力にもかかわらず、彼の身体は黒くあり続け、彼の声は黒人のものとして聴かれるのだ。植民地の主体にとって言語と喋り方が重要な通用口の役目を果たすという点に関して、もちろんファノンは正しいが、言語と喋り方によって視覚が、私たちの身体的な出会いを構造化する力を持った位置から追い払われることはどうしたってできない。

ここで私が述べたように、私たちを視覚の領域に縛りつける何かが人種化された図式については存在しており、そしてその執拗さは先の議論において辿っておいた通りである。しかしながら、このことは、私が「パッシング」の場合において論じようとしたように、視覚的領域がその固有の複雑性を持たないということを意味しない。それゆえ、見ることの多様な仕方について先になされた分析に沿って、そしてメルロ＝ポンティ自身による、視覚の二重化のダイナミックな叙述に沿って、人種化するまなざしの微妙な違いにもっと注意を向けることができると私は考えているのだ。

結尾――人種差別の存在論的暴力

視覚と可視性についてのサルトルとメルロ＝ポンティによるそれぞれ異なった論述、そして彼らの論述が持つ人種化するまなざしについての私たちの考察にとっての妥当さ、それらの間を行き来することによって、私たちは、異なる存在論的枠組みと、その存在論的枠組みが可能にした人種化された身体性についての別の論述を見てきた。そのことを経て、今こそ「人種差別の存在論的暴力とは実際のところ何なのか」という問いに立ち戻るときである。

本章の始めの方の節では、人種化された身体性の経験が対象存在の一種として最も顕著に描かれている様子について考察した。確かに、ファノンにおいて確認したように、対象存在であるということは、白人の想像に基づいて組織化された世界における彼の黒人の身体の生きられた経験の永続的な一側面であった。しかし、人種差別が何よりもまず人種化された身体を主体から対象へと対象化することであると理解される限りでは、人種差別の存在論的暴力をある人の主体性に対する暴力として概念化する傾向を私たちは持つことになる。私が思うに、このことは――人種差別が特定の人々を、彼ら自身の身体、アイデンティティ、共同体から疎外し、彼らから力を奪う限りで――政治的な領域においては明らかに理解できることであり、彼らの身体とアイデンティティを彼ら自身に取り戻させることへと努力が向けられることは、政治的に擁護できることである。例えば脱植民地化運動の文脈における自己決定と自治組織〔autonomous organizing〕という言葉は、この作業の決定的な重要性を物語っている。しかしながら、哲学の枠組みにおいて、私は何かもっと言えることがあるように思う。関係的で現象的な身体というプリズムを通して私たちが考えてきたように、身体は静的で、すでに与えられた、自己充足的なものではなく、むしろ自らの世界によって位置づけられ、活気づけられ、共同的に構成され、そして反対に自分の世界を共同的に構成するものなのだから、いまや私たちは、人種差別の慣習や習慣によって侵害されているものだけでなく、人種化された身体性をより複雑に分節化するための道具立てを用いて、人種差別について考えることができる。人種差別の存在論的暴力は、人種差別についての伝統的な論述が示していたような、私たちの主体性に対する暴力ではない。むしろ――そしてより切迫的に――それは私たちの間主体性に対する暴力である。私たちの身体化された共存在に対する暴力なのだ。私たちがメルロ＝ポンティによる肉の存在論の論述をより詳しく検討することで、もしある人の存在の意味が与えられていたり意志されていたりするのではなく、むしろ他者たちとの、場所との、状況との、そして実践との身体化された相互作用を通じて錬成されているのならば、頭上に張り出して上から押さえつけるような人種差別の力によって中断されるものは、世界との身体化された関わりを通じて自らの世界の意味を作り出すことを正確に行う可能性である。さらに言えば、人種差別は、私たちの主体－と－対象という必然的に乱雑で両義的な本性にもかかわらず、私たちを主体－対象の存在論のモデルへと押しやり、一つの世界を（白人の）主体と（人種化された）対象へと分裂させようとする。そうすることによって、人種差別は、二元論的な世界、つまり文字通りの、そして比喩的な黒（人）と白（人）の世界を代わりに作り出し、身体化された存在の流動性と両義性を消し去ってしまう恐れがある。

有色人種の哲学者たちはしばしば、未然に防がれた自発的運動――自分の存在の身体的で存在論的な領域が凍りつくこと――という用語で人種化された身体性の経験を記述してきた。例えばジョージ・ヤンシーは様々な機会に、人種差別を「存在論的に切り縮めること」としてだけでなく存在論的に麻痺させることとして描いている。[110] ファノンは本章のエピグラフにおいて、Je suis fixé「私は固定される」と記している。私たちはこれを、彼が彼の存在の内容において彼が実質的にあらかじめ規定されたということを意味しているだけでなく、彼が彼の存在の運動において凍りつかされたということ、つまり追い詰められ、動いたり広がったりするいかなる余地も残されていないことを意味していると捉えることができる。ハイデガーが反省的な存在、つまり現存在に属するものとしたことで有名な被投性とは対照的に、麻痺させられ凍りつかされた存在は、現存在に固有の力動的な時間性を受け取ることができない。そして私たちが第二章で指摘しておいたように、人種差別は人種化された主体たちに――アル＝サジの指摘を借りれば――そこで他者たちと共に生きるための共有された現在を全く残さない。世界の中の他者たちとの有意味な出会いの可能性が除去されてしまうことは、ガンサーのような哲学者が論じたように、一つの存在論的暴力に相当する。ガンサーの研究が、独房監禁での囚人の孤立という極限例がどのようにして私たちの存在の根底にある「開かれた関係性の構造」を傷つけるかについて考察したのに対して、[三] 私たちは人種化された身体の事例における孤立というテーマで（比喩的なものにすぎないとしても）、あるいは疎外というテーマで同様のものを引き出すことができる。このように根本的な共存在（ハイデガーの共存在であろうが、メルロ＝ポンティの間身体性であろうが、ナンシーの共にあること《エートル・アヴェック》であろうが）が否定されてしまうこと、そしてある人が自らの歴史性の重みのなかをくぐり抜けているにもかかわらず、世界への能動的参加のための運動性を否定されてしまうことは、人種差別の存在論的暴力性と私が認定するものである。

原注

（1）原書では、「Tiens, un nègre!」となっており、tenirという動詞は文字通りには「掴む」という意味である。だが、命令形において、「tiens!」という言葉は「見て［look!］」とうまく訳せるが、「待って」、「じっとして」、「さあ（どうぞ）」のように、様々な意味も持ちうる。tenirという動詞の時間的な側面は、休止や待機を意味しており、それゆえ、ある人の（しばしば視覚的な）注意を促すことで、中断のときを差し挟むよう働く。この理由から、「見て」という翻訳は適切である。しかし、保持すること、待つこと、さらには（人種化された習慣とためらいについてのアル＝サジの研究を思い起こして）ためらうことという他の意味も見失わないことが重要である。

（2）私は「一般的に」と言うのであって、「もっぱら」とは言わない。なぜなら私は、人種差別的なまなざしを直接的あるいは明示的に呼び起こすわけではない数々の人種差別的な表現があると考えているからだ。一つの例は、第二章で検討した白人の権限という事例である。これは他者のまなざしに基づいて機能するものではない。実際には、自己がまなざされないことを通じて機能するのである。

（3）Michael Dodson, "The End in the Beginning: Re(de)finding Aboriginality," delivered as the Wentworth Lecture to the Australian Institute of Aboriginal and Torres Strait Islander Studies, 1944. 文字起こし原稿は以下で入手可能である。https://www.humanrights.gov.au/news/speeches/end-beginning-redefinding-aboriginality-dodson-1994（二〇一五年一月一一日閲覧）。

（4）私はドッドソンにしたがって、その軽蔑的な語調を示すためにこの単語に引用符を付ける。〔先住民を表す〕名詞としては文法的に正しいにもかかわらず、現代のオーストラリアの文脈において、社会のほとんどのレベル——政府、民間団体、ニュース報道——でこの用語は避けられている。というのもまさにこの言葉には調査下にある標本という言外の意味があるからである。このことについてはいまだに論争があるが、より好まれている用語は「アボリジニ系オーストラリア人〔Aboriginal Australians〕」あるいは「オーストラリア先住民〔Indigenous Australians〕」である。

（5）Dodson, "The End in the Beginning: Re(de)finding Aboriginality."

（6）W.E.B Dubois, *Striving of the Negro People*, 194.

（7）まなざしの異なる事例は、私がこの本を通じて採用してきた「人種差別」と「人種化」の間の区別をより一層明確にできるということも私は論じる。特に、フェティッシュ化するまなざしは、そこまですぐには人種差別とみなせない（とはいえ私はそれをあくまでも人種差別的とするが）ものの、すぐに人種化とはみなしうる一例として役立つ。

（8）「黒人の生きられた経験」（l'Expérience vécue du Noir）という題名がついたこの章は、マークマンの英訳では「黒人性の事実」と不充分な形でしか訳されていない。

（9）ファノン『黒い皮膚・白い仮面』、一二九頁。

（10）同上。これはおそらくサルトルの「対他存在」の考え抜かれたバリエーションである。

（11）ファノン『黒い皮膚・白い仮面』、六九頁。

（12）サルトル『ユダヤ人』、八二頁。

（13）私はこの項で、まずはファノンに焦点を当てるが、それは批判的人種研究の領域における彼の重要性のためであると同時に、またサルトルから彼への明確な系譜を比較的容易に描くことができるからだ。しかしながら、（W・E・B・デュボイス、エドワード・サイード、ベル・フックス、サラ・アーメッドといった）他にも多くの重要な批判的人種研究者やポスト植民地主義的研究者がおり、彼らは（いくつかの場合にはサルトルの方が時代的に後に来るため）サルトルから影響を受けてはいないが、それでもなおサルトルの議論によって矛盾なく理論的基盤を受け取りうると私は考える。それゆえファノンとサルトルについての本書独自の扱い方は、人種差別、まなざし、対象という試金石をめぐって展開する人種差別についての他の共通の言説にも置き換え可能な形で機能する。

（14）これはモランの用語である。Dermot Moran, "Sartre's Treatment of the Body in *Being and Nothingness*", in Jean-Pierre Boulé and Benedict O'Donohoe (eds.), *Jean-Paul Sartre: Mind and Body, Word and Deed* (Newcastle: Cambridge Scholars Publishing, 2011), 15.

（15）ジャン゠ポール・サルトル『存在と無――現象学的存在論の試み』II、松浪信三郎訳、三三九頁。

（16）サルトルは、それらが結局は同じものであると述べている（同上、三〇九頁）。しかし、マーティン・C・ディロンはこれに反対しており、サルトルが両者（他者の対私存在と私の対他存在）を、本当はそうではないにもかかわらず、誤って相互的なものとして理解していると主張している。Martin C. Dillon, "Sartre on the Phenomenal Body and Merleau-Ponty's Critique" in Jon Stewart (ed.), *The Debate Between Sartre and Merleau-Ponty* (Evanston: Northwestern University Press, 1988), 127.

（17）私が思うに、「まなざし〔the gaze〕」がここではle regardの訳語としてうまくいく。というのも、サルトルが念頭に置いている目を向けること〔look〕の種類は、英語でまなざしと言われるものに最も近いということがすぐに明らかになるからである。しかしながら、このことは、彼が常に「目を向けること」よりも「まなざし」を扱っているということを意味しない。実際、フランス語のle regardという言葉の利点の一つは、「まなざし」と「目を向けること」という二つの意味の間でのより大きな移動や横滑りを許容する点にある。この文脈において、ラカンとフーコーのle regardに関する別々の研究が「まなざし〔the gaze〕」という形でしばしば訳されることを指摘しておくことも重要である（とはいえ、こうした根拠だけに基づいて「まなざし」という訳語に賛同する前に、ラカンとフーコーそれぞれのle regard論についてのより突っ込んだ検討が必要となるはずである）。

（18）サルトル『存在と無』、II‐九二頁。

（19）Dillon, "Sartre on the Phenomenal Body and Merleau-Ponty's Critique", 129

（20）サルトル『存在と無』、II‐一〇六頁。

（21）同上、一三五頁。

（22）同上、九九頁。

（23）同上。

(24) 同上、九八頁。

(25) 同上、一一三頁、強調原文。

(26) ミシェル・フーコー『監獄の誕生――監視と処罰』田村俶訳、新潮社、二〇二一年、二三二頁。

(27) 『監獄の誕生』におけるフーコーの分析は、彼の分析が監獄、学校（そして他の著作においては、医療と科学の文脈）といった制度的な文脈に関連している限りにおいて、制度的な権力について語っているということを強調しておくことは重要である。しかし、私はここで権力一般について語っている。なぜなら制度的権力に関する彼の論述と、視覚的領域との制度的権力の絡みは、制度的ではない文脈における権力にも一般化できると私は考えているからだ。

(28) とはいえ、これは、私たちみんなが共に暮らせば人種差別がなくなるという素朴な主張ではないと指摘しておこう。むしろ、論じられているのは、人種差別的な知覚の諸形式が私たちの「情動的な地図」の中に徹底的に埋め込まれているということであり、私たちの認知的な努力によって常に接近可能で変革可能であるわけではないということである。Al-Saji, “A Phenomenology of Hesitation,” 160. ルイス・ゴードンが情動性という点について賛同していることも指摘しておこう。「人種差別者が人種的に劣っているとみなす人々に立ち会ったときに、何らかの形での感情的あるいは情動的な反応しないということを想像することは難しい」。Lewis R. Gordon, *Bad Faith and Antiblack Racism* (Amherst, NY: Humanity Books, 1999), 78.

(29) ハイデガー『存在と時間』I、熊野純彦訳、岩波書店、二〇一三年、二六八頁。

(30) Gordon, *Bad Faith and Antiblack Racism*, 103.

(31) エドワード・W・サイード『オリエンタリズム』上巻、板垣雄三・杉田英明監修、今沢紀子訳、平凡社、二〇一七年、二三〇頁。

(32) Shanon Sullivan, “White World-Traveling”, 303.

(33) ジャン＝ポール・サルトル『存在と無――現象的存在論の試み』III、松浪信三郎訳、筑摩書房、二〇〇八年、三七一頁。

(34) Casey, *World at a Glance*, 132.

(35) Ibid., 140.

(36) ファノン『黒い皮膚・白い仮面』、一三八頁。

(37) Ralph Ellison, *Invisible Man* (New York: Vintage, 1980), 1.

(38) Yancy, *Black Bodies, White Gazes*, 76.

(39) この探求の路線を促してくれたエヴァ・キテイに感謝する。

(40) Rosemarie Garland-Thomson, *Staring: How We Look* (New York: Oxford University Press, 2009), 50.
(41) Ibid., 112-113.
(42) Ibid., 83.
(43) Robert Bernasconi, "Sartre's Gaze Returned: The Transformation of the Phenomenology of Racism," *Graduate Faculty Philosophy Journal* 18(2) (1995): 201-221, 201.
(44) Ibid.
(45) Garland-Thomson, *Staring*, 83.
(46) マジスは「the regard」という言葉を、le regardからのこの言いかえが現代英語の中においてはうまく機能しないにもかかわらず、選択している。しかし、このle regardの翻訳が「目を向けること」にも「まなざし」にも関わり合いになることを避けさせてくれる限りにおいて、私たちは彼の決断を理解することができる（le regardを「目を向けること〔the look〕」あるいは「まなざし〔the gaze〕」と翻訳することに関する議論については注17を参照せよ）。Glen A. Mazis, "Touch and Vision: Rethinking with Merleau-Ponty Sartre on the Caress" in Stewart (ed.), *The Debate between Sartre and Merleau-Ponty*, 144.
(47) Ibid., 150.
(48) Ibid., 151.
(49) Elizabeth Grosz, *Volatile Bodies: Toward a Corporeal Feminism* (Bloomington: Indiana University Press, 1944), 105-106.
(50) グロスは（イリガライにしたがって）、例えば、視覚的領域が、男根中心的な「欠如」が最も効果的に主題化されうる領域であるとして次のように主張している。「視覚は欠如が配置されるべき領域である。それは充実という体制《オーダー》であり、ゲシュタルト、そして不在の秩序である。その体制は、女性の生殖器を失われたものとして描くのであり、充実、つまり触覚的なものと触覚可能なもののたたみ込まれた無限の複雑さとは両立しない」。Ibid., 106. しかし、私は視覚的領域が「欠如」の秩序《エコノミー》に支配されているということには反対である。人種化された身体の場合、主題化されるのは「欠如」ではなく「超過」である。人種化された身体は、着色の、意味の超過を持っているものである。ここで特筆すべきなのは、白人の身体は「欠如」としてではなく、中立として、あるいは何も欠けていないものとして考えられていることである。
(51) W・E・B・デュボイス『黒人のたましい』木島始・鮫島重俊・黄寅秀訳、岩波書店、一九九二年、一五一一六頁。
(52) Dermot Moran, "Revisiting Sartre's Ontology of Embodiement in *Being and Nothingness*" in Vesselin Petrov (ed.), *Ontological Landscapes*: Recent Thought on Conceptual Interfaces between Science and Philosophy (Frankfurt: Ontos- Verlag, 2011), 273.

（53）Dillon, "Sartre on the Phenomenal Body and Merleau-Ponty's Critique," 126.

（54）サルトル『存在と無』、II‐三三九頁。

（55）同上、一〇一頁。

（56）J‐P・サルトル「黒いオルフェ」鈴木道彦・海老坂武訳、『シチュアシオンIII』佐藤朔他訳、サルトル全集第十巻、人文書院、一九六五年、一五九‐二〇七頁、一五九頁。

（57）ファノン『黒い皮膚・白い仮面』、一三〇頁。

（58）サルトル『存在と無』、II‐三四〇頁。

（59）Moran, "Revisiting Sartre's Ontology of Embodiment in *Being and Nothingness*," 274.

（60）サルトル『存在と無』、II‐三四〇頁および三四四頁。

（61）同上、二二五頁。

（62）同上、一〇六頁。

（63）ファノン『黒い皮膚・白い仮面』、一三二頁。

（64）私がこの論点を提起するのは、サルトルが前反省的レベルと反省的レベルの区別を、例えば次のように記述することによって行ったからである。「他者にとっての私の身体の対象存在は、私にとっての対象ではなく、私の身体を対象として構成することができないであろう。それゆえ、他者の認識が働き始めるのは、反省的な意識の水準においてである」（『存在と無』、II‐三四七頁）。しかしながら、自己自身の対象としてのこのような把握は、反省的枠組みと前反省的枠組みを横断して起きうる、と私は主張する。

（65）Dillon, "Sartre on the Phenomenal Body and Merleau-Ponty's Critique," 133.

（66）Dermot Moran, "Sartre's Treatment of the Body in *Being and Nothingness*: The 'Double Sensation' in Jean-Pierre Boulé and Benedict O'Donohoe (eds.), *Jean-Paul Sartre: Mind and Body, Word and Deed* (Newcastle: Cambridge Scholars Publishing, 2001), 9-26, 20.

（67）Dillon, "Sartre on the Phenomenal Body and Merleau-Ponty's Critique," 134.

（68）Ibid., 137-138. ディロンの「幻滅させられた期待」という言葉は、私が第二章で行ったパリで「買い物すること」についての反省と強力に共鳴する。そこにおいて、人種的に対象化する叫び声は私の中に（怒りと屈辱感に加えて）決定的な幻滅の感情を刻み込んだ。ディロンの分析はここで、挫かれることになる基礎的な人間性と連帯への期待に注目することで、どうしてこのようなことになるのかについての豊かな分析をもたらす。

（69）ファノン『黒い皮膚・白い仮面』、一三六頁。

（70）ワイスはまた、もう一つの鍵となる差異は、ファノンにとっての過剰規定がもっぱら外部からのものであるのに対して、サルトルが内部から過剰規定について語っているということであると主張している。Gail Weiss, "Pride and Prejudice: Ambiguous Racial, Religious, and Ethic Identities of Jewish Bodies," in Lee (ed.), *Living Alterities*, 221.

（71）もちろん、ワイスが特筆しているように、黒人のユダヤ人や有色人種のユダヤ人がいる。Ibid., 220.

（72）つまり、ワイスが主張しているのは、ユダヤ人と黒人の間のファノンによるはっきりとした区別が示唆しているように思われるのは、ユダヤ性が視覚的領域において主に現れの「意志的」様態（服、髪、スタイル）を通じて可視的となるということである。私は、彼女が表皮的な層への人種的アイデンティティの関係（すなわち、特に人種的「パッシング」の現象）について、よりニュアンスに富んだ取り扱いを要求しているのは正しいと思う一方で、彼女がここであまりにファノンに対して批判的すぎるのではないかと思う。一つには、彼は身体的な形象がユダヤ人を可視性のレベルに「晒す」一つの突出した側面であるような仕方を認めている。そして二つ目には、私は彼の主張が肉の直接性に関わり、そして知覚の人種差別的構造が、他者たちの前における身体的現れの特定の側面を人種の主要な指標として標的にするその仕方に関わっていると考えている（そしてこのことは、そうなるはずだと言うこととは異なる）。Ibid., 227.

（73）Ibid., 216.

（74）サルトル『ユダヤ人』、七五－七六頁。

（75）Moran, "Sartre's Treatment of the Body in *Being and Nothingness*," 18.

（76）メルロ＝ポンティ『見えるものと見えないもの』、一八五－一八六頁。

（77）同上、一九七頁。

（78）同上、一八六頁。

（79）同上、一九三頁。

（80）同上、一九三頁。

（81）Alia Al-Saji, "Bodies and Sensings: On the Uses of Husserlian Phenomenology for Feminist Theory," *Continental Philosophy Review* 43 (2010): 13-37, 20-22.

（82）Dillon, "Sartre on the Phenomenal Body and Merleau-Ponty's Critique," 134."

（83）メルロ＝ポンティ『見えるものと見えないもの』、一九八頁。

（84）Gail Weiss, "Ambiguity, Absurdity, and Reversibility: Indeterminacy in de Beauvoir, Camus, and Merleau-Ponty," *Journal of French and Francophone Philosophy*, 5 (2010): 81.

（85）そしてモランが強調しているように、サルトルにとってのこの身体的偶然性は私たちの吐き気の原因である。

（86）知覚は「物質的な主体がその物質的世界に所属《ビロンギングネス》していることに基づく一つの可逆性を伴う」。Grosz, *Volatile Bodies*, 102. これは、先の私たちの家と所属性に関する議論を想起させもする点で、良い観点である。

（87）メルロ＝ポンティ『見えるものと見えないもの』、一八七頁。

（88）Grosz, *Volatile Bodies*, 101. これを原理上のみにおけるものとして描くのは、誤解を招くかもしれないことではある。というのも、この原理上であるということは、実際上は生じなくても、可逆性が常にあらかじめ与えられたものであるということを意味するためである。

（89）メルロ＝ポンティ『見えるものと見えないもの』、一八四頁。

（90）イリガライによるメルロ＝ポンティ批判についての論文において、グロスは次のように問うことで議論を開始する。「メルロ＝ポンティの肉――「折り返し、陥入、あるいは詰め物」――という考え方は、存在論、認識論、あるいは理論体系という基盤に対する女性的な換喩を単純に男性的に流用しただけなのか。それは単に、性的な中立性（つまり暗黙の男性性）を主張するための、あるいは理論的パラダイムと体系を主張するための他のやり方に過ぎないのか。それらはイリガライが非常に鋭く見てとったように、誕生以来西洋哲学を特徴づけてきたものである。［…］彼は数百年来の回復と女性性への承認されていない依存、そして男根中心的な思想を規定し特徴づけている女性性についての概念的で言語的な表象に与しているのだろうか」。Elisabeth Grosz "Merleau-Ponty and Irigaray in the Flesh," *Thesis Eleven* 36 (1993): 37.

（91）メルロ＝ポンティ『見えるものと見えないもの』、一九一頁。

（92）Weiss, "Ambiguity, Absurdity, and Reversibility," 72-74.

（93）メルロ＝ポンティ『見えるものと見えないもの』、一八七頁。

（94）Sullivan, *Living Across and Through Skins: Transactional Bodies, Pragmatism, and Feminism* (Bloomington: Indiana University Press, 2001), 83.

（95）Cornel West, "Afterword: Philosophy and the Funk of Life" in George Yancy(ed.), *Cornel West: A Critical Reader* (Malden: Wiley Blackwell, 2001), 346. 生の混乱状態や「恐れ」に関するウェストの議論は、自らの生の日常的諸側面――それがどれほど平凡なものであろうとも――が持つ有意義さをメルロ＝ポンティその人が強調したことを思い起こさせる。「なんだ、この人は、自分の時間をこんなことに使っているのか？ こんなみにくい家に住んでいるのか？ これが彼の友人たちでこれが生活を共にしている女性なのか？ こんなつまらぬ心配をしているのか？ 〔…〕超人などいはしないし、人間としての生をおくる必要のないような人間もいはしないこと、愛する女や作家や画家の秘密はその経験的な生活を超えた何かのなかにはなく、その平凡な経験とすっかりまじり合っており、世界に関するその知覚ときわめてつつましいかたちで溶け合っているから、これを他から引き離して直面するようなことは問題にもなりえないということ、こういうことを理解したのちに、はじめて人は、適切なる場所に立って感嘆に身を委せることができるのだ」。メルロ＝ポンティ「間接的言語と沈黙の声」粟津則雄訳、『シーニュ』第一巻、竹内芳郎監訳、みすず書房、一九六九年、八七－八八頁。ここに共通の響きがあるのは私によれば偶然ではない。というのもウェストのプラグマティズムとメルロ＝ポンティの身体性に関する関心は、両者を生の物質性に取り組ませているからである。

(96) 私はこの用語を、ファノンと彼の追随者が探求した黒人の身体性の神経症を辿るために、ゆるい仕方で用いている。彼の追随者とは、例えばウィリアム・マイルズである。William Miles, "Schizophrenic Island, fifty years after Fanon: Martinique, the pent-up 'paradise,'" *International Journal of Francophone Studies* 15 (2012). しかしファノン自身の著作が精神分析的領域で書かれているのに対して、私の「分裂病的」存在への言及は、本書を通じて探求されるより一般的で慢性的な混乱、退去《ディスプレイスメント》、そして断片化を指そうとしており、この語の精神病理的、医学的な意味において用いているのではない。

(97) バーナスコーニは次のように述べている。「〔サルトルの〕望みは、詩華集の白人の読者たちが彼の体験した「見られているショック」を体験することだった。白人たちはそれまで、黒人たちにとって、『存在と無』のなかでサルトルが主体－われわれと呼んだものであったにもかかわらず、「私たちのまなざしが私たち自身の目にはね返ってくる」ことを発見する。サルトルの言い方で言えば、ヨーロッパ人たちとヨーロッパ系アメリカ人たちは大変長らく、全くもって武装解除してしまうようなまなざしの反転を経験することができなかったために、彼ら自身の優位性についての感覚は手つかずのままであったのだ」。Bernasconi, "Sartre's Gaze Returned," 207.

(98) メルロ＝ポンティ『見えるものと見えないもの』、二〇四－二〇五頁。

(99) Weiss, "Ambiguity, Absurdity and Reversibility," 81.

(100) マジスが論じたように、たとえサルトルが、触れることについての分析、そして特に愛撫についての分析において、触覚がこのまなざしの構造を強制することを考慮していたにしてもこのことに変わりはない。マジスは、サルトルがそうすることで触覚を根本的に誤って特徴づけただけでなく、その独特な特徴を見過ごしてしまい、さらにそのようにして、相互作用や共存在についての別の可能な様態を考える機会を逸してしまったと述べる。マジスによれば、サルトルが見失ってしまったのは、どれほど「触覚において、触れる主体と触れられる対象の間の区別がおぼろげであるか、別の言い方をすれば、能動性と受動性の間の区別が溶解するかである。直面と我有化よりもむしろ、境界線の浸透性が存在しており、相互浸透、合一への開けがあるのである」(Mazis, "Touch and Vision," 148)。

(101) 例えばナンシー『共同-体《コルプス》』(大西雅一郎訳、松籟社、一九九六年)およびデリダ『触覚、――ジャン=リュック・ナンシーに触れる』〔新装版〕(松葉祥一・榊原達也・加國尚志訳、青土社、二〇二一年)参照。

(102) これはつまり、前世紀、特に第二次世界大戦期周辺で容易にはパスできなかったであろう多くのユダヤ人たちが、今日においては非常に容易にパスできるであろうということを意味している。このことは、どれほど「パッシング」(と実際のところ「明らかに人種化された身体」の視覚的識別)が社会的・文化的・歴史的文脈に徹頭徹尾埋め込まれているのかを示している。

(103) サルトル『ユダヤ人』、七二頁。

(104) Alcoff, *Visible Identities*, 266

(105) Allyson Hobbs, *A Chosen Exile: A History of Racial Passing in American Life* (Cambridge: Harvard University Press, 2014), 4.

(106) *Bringing Them Home: Report of the National Inquiry into the Separation of Aboriginal and Torres Strait Islander Children from Their Families* (Sydney: Human Rights and Equal Opportunity Commission, 1997).

(107) Ibid., 21.

(108) 言いかえれば、これは黒人が大多数の社会において白人が標的にされるようなたんなる逆転の事例ではない。

(109) ファノン『黒い皮膚・白い仮面』、四三頁。

(110) George Yancy, "Forms of Spatial and Textual Alienation: The Lived Experience of Philosophy as Occlusion," *Graduate Faculty Philosophy Journal* 35 (2014): 2.

(111) Gunther, *Solitary Confinement*, 156.

結論

アメリカで人種について語られる際の希望、進歩、失望の語り方を論題とした二〇一四年の公開討論会の中で、招待討論者でありラティーノ研究およびラティーノ政治理論の研究者であるクリスティナ・ベルトランは次のようにコメントした。「多くのアフリカ系アメリカ人の知識人たちとより一般に人種に関する研究者たちが人々に求めてきたのは、白人の人種差別の悲劇に寄り添う〔sit with〕こと、あるいは人種差別による暴力の悲劇に寄り添うこと、しかもこうした悲劇に真に寄り添うこと、つまりそのことを考え、それに関与し、お決まりのハッピーエンドや罪のない語り方に向かわないようにするということです」[1]。ベルトランはここで批判的人種研究、特に有色の人々によって着手された批判的人種研究が頻繁に遭遇する緊張を見てとっている。それはつまり、長きにわたり、かつ広範囲にわたる白人による抑圧のシステムについて分析し批判する際に、人種的公平さに向かう「進歩」の要求によって——その進歩が現実的であり測定可能なものである場合にさえ——それらのシステムを過去のものとして水に流してしまうのではなく、そうした分析と批判をどのようにして提示するかということだ。あるいは逆に、この進歩の足跡を描く際に、人種差別の残忍さ、痛み、暴力が明るみに出されるとともに、聞かれるようになる場をどのようにして開いたままにするかということである。

スーザン・ブライソンは、トラウマ的なレイプとその余波についての彼女の経験に関する著作の中で、レイプとトラウマのサバイバーにとって重要な二つの活動を探っている。それは、記憶することと聴くことである。しかしそれらの重要さにもかかわらず、彼女は私たちの文化がいずれについても慢性的に失敗してきたと主張する。前者について彼女は次のように述べている。

トラウマを負った人々に忘れるよう圧力をかけ、運命によって記憶するよう強いられた人々の証言を拒絶するような社会の中で、私たちは耐え難いものを耐え忍んでいる。個人としても文化としても、私たちは記憶とトラウマからの回復に、恣意的な期限を課している。例えば、奴隷制にはおよそ一世紀、ホロコーストにはおそらく五〇年、ベトナムには一〇年か二〇年、集団でのレイプと次々に起こる殺人には数ヶ月といったように。公的な追悼式典でさえ忘却の機会となってしまうことはありうるし、サバイバーに対し、私が性暴力についての最初の論文を発表した後に言われた「これであなたは忘れることができるね」という言葉を言うための手段ともなりうる。[2]

ブライソンは続けて、レイプとトラウマのサバイバーの回復における「共感的に聴くこと」の重要性について探求する。それはトラウマ的な経験の深刻さを覆い隠そうとすることでも、急いでそこから離れようとすることでもないような、聴くことである。ブライソンによれば、このような「証人となる」やり方は、トラウマの後で「自己を作り直す」[3]うえで不可欠である。人種差別の場合や人種差別に関するトラウマの場合ともいくつかの重要な点で異なるものの、ブライソンの考察は、苦しんでいる人々の経験を傾聴することの倫理的重要性を強調するのに役立つ。

しかし、記憶することと聴くことが間違いなく重要であるとしても、ベルトランが言う「寄り添うこと」には、こうした行為以上の何かが存在する。人種差別の場合、白人の権力と特権のシステムが人種化された身体の苦しみに基づいており、その苦しみによって能動的に維持されているのだとすれば、この「寄り添うこと」はさらなる何かを含んでいなくてはならないように思われる。ジョージ・ヤンシーの言葉で言えば、それは白人たちが「立ち止まること」に従事する必要性を含んでいる。ヤンシーはゲスト講演をした後の聴衆たちとの経験を物語る中で、「あなたは私たちに何の希望も与えない」[4]と腹立たしげに言った年配の白人男性の教授とのやり取りを記述する。こうした発言は、白人のまなざしに直面すると自分が一つの「本質」になってしまうという現象学的経験についてのヤンシーの議論に対する反応として珍しいものではないようだが、それは批判的人種研究の地位とそれに対する期待について何か別のものを明らかにする。ヤンシーは次のように主張している。

[希望がないという批判は、] 黒人の痛みと苦しみの切迫性のゆゆしさを、そして今日において白人による人種差別がこれほど頻繁に致命的な形で機能し続けていることを無視させるべく機能した。私の分析によれば、いずれの人々も、人種差別の現実と有色人種の人々が人種差別を耐えねばならない深刻な仕方に立ち止まることができないのだ。[5]

この「立ち止まる」(遅れる、手間取る) ことができないこと、そしてそれと相関して、かすかな希望と進歩を模索することは、性急に「ハッピーエンドに向かうこと」に関してベルトランが述べていたことを思い起こさせる。そうした性急さは人種差別の危害を被ることがない人々や白人たちに、人種差別の現実に直面しそれに巻き込まれることに伴う不快さと気まずさを味わうことを免れさせる。

ヤンシーは次のように述べている。「この未完成の現在こそが、私が白人たちに立ち止まる（いつまでも立ち止まるというわけではないにせよ）ことを望んでいる地点である。私が望むのは、白人たちがそこに立ち止まり、耳を傾け、現に存在している白人の人種差別の複雑さと重大さを認識し、自分たちが人種差別を永続化させているのはどのようにしてかを理解しようとし、そして人種差別をなくすことの途方もない困難さについて考え始めることなのだ」[6]。

本書は、人種差別の悲劇に「寄り添い」、人種差別に関する数多くの多様な経験を人種差別の及ぶ範囲の広さとその負担の深刻さのもとで明るみにだそうとする努力であり続けた。この企てのもとで私が関心を注ぎ続けたのは、ありふれた苛立ちから深刻な分断に至るまで人種差別の様々な表現と次元を正確に叙述し、人種差別の生きられた身体経験を記録することだった。こうした関心に導かれて本書は、人種差別的知覚と身体的方向づけの捉え難くも習慣的な様態の数々、人種化された身体図式の断片化、人種差別と共に生きるという経験に伴う感情的作業とストレス、自分自身の身体と生きられた環境に自分が居心地の悪さを感じるという、方向づけの慢性的な喪失を探求してきた。これらの探求の途上で私たちは、以上の経験と対比される白人性の経験のいくつかを、居心地が良いこと、くつろいでいること、不可視であることとして印づけてきた。そうすることで、人種化された身体性についての私たちの探求との対比を描き出そうとし、またいくつかの場合において、白人の身体性の持つこれらの側面がどれほど人種化された身体を奪い取ることに依拠しているのかを示そうとした。

しかしその中で、私は本書を通じて一貫して、人種差別の生きられた経験から重要な哲学的洞察を引き出そうともしてきた。例えば私は、現象学と実存主義哲学の枠組みが、人種化された身体の場合には不自然になってしまう経験の滑らかさとまとまりを前提として行う議論の進め方を強調しつつ、現象学における生きられた身体および実存主義哲学における主体といった伝統的な考え方では、人種化された身体性の経験を適切に論じられないと主張してきた。また、この経験の複雑さが主体と対象（見る者と見られるもの）を切り分ける区別――その区別を使用することが対象化され身体を奪い取られる感覚を描写する上で人種理論家たちにとっておそらく魅力的であり便利である場合でも――を捨て、より関係的な哲学的モデルへと私たちを向かわせるのはどのようにしてかを検討してきた。この研究の大部分を通してメルロ＝ポンティの思想が拠り所であり続けたが、そのことは彼の思想の様々な面に対する私自身の立場があるときには建設的であったり、別のときには批判的であったりしたとしても変わりはない。ハイデガー、ファノン、サルトルとその他多くの現代の思想家たちの思想と共に、メルロ＝ポンティの思想と関わるなかで、私は現象学と批判的人種哲学の交差点に一つの場を――私たちが人種差別と身体性についての重要かつ喫緊の問いに取り組むとともに、そうした問いに寄り添い、立ち止まることへと他の人々を誘《いざな》うような場を――切り拓いたと信じたい。

原注

（1）この議論は、人種に関するコメンテーターであるジョナサン・チャイトとタナハシ・コーツによる二〇一四年の『アトランティック』誌と『ニューヨーク・タイムズ』紙上での公開討論に触発された。MSNBC〔アメリカ国内向けのニュース専門放送局〕の番組「メリッサ・ハリス＝ペリー」がこの討論の様々な側面について論じるために登壇者を招いた討論会を二〇一四年四月六日に開催した。http://www.msnbc.com/melissa-harris-perry/watch/ breaking-down-narratives-of-racial-discourse-218234435944.（二〇一四年四月八日閲覧）。

（2）Brison, *Aftermath*, 57-58.

（3）Ibid., 59.

（4）George Yancy, *Look, A White! Philosophical Essays on Whiteness* (Philadelphia: Temple University Press, 2012), 154.
（5）Ibid.
（6）Ibid., 158.

訳者あとがき・解説

本書は、ヘレン・ンゴ（呉莉莉、一九八一年〜）によって批判的現象学の手法を用いて行われた、オーストラリアも含めた欧米圏の人種差別についての哲学研究である。ンゴはオーストラリア在住の中国系ベトナム人にルーツを持つ女性であり、ニューヨークのストーニーブルック大学に提出した博士論文をもとにした本書において、白人中心的な社会において人種的マイノリティとして遭遇したり、見聞きしたりした様々な人種差別を、それを生きる人々の経験という観点から分析している。

本書の内容に入る前に、批判的現象学という比較的新たな研究の動向について簡単に補足しておきたい。哲学の歴史を振り返れば、健常な白人のシスジェンダー男性のようなマジョリティによって書かれてきたものが哲学書として扱われてきたと言うことができ、フッサール（一八五九〜一九三八年）を祖とする現象学もまた同様の傾向を有してきた。特に、現象学は一人称的な経験の記述を通して、自己、身体、他者、対象、時間といった多様な事象についての人間の意識と経験の様態を明らかにしようとする思想潮流である。その際、本来ならば、ある事柄がどのように経験されるかということを、経験する主体がどのような立場に置かれているかを考慮することなく論じることはできない。しかし、従来の現象学においては、このことがほとんど看過され、例えばエスニシティ、ディスアビリティ、セクシュアリティなどの枠組みから見て、至って特殊な立場に置かれた現象学者たちが記述する経験が、誤って人間一般の経験として標準化されてしまってきた。批判的現象学は、このことへの反省から、現象学の手法に基づきつつも、女性や有色人種などのジェンダー・マイノリティ、人種的マイノリティの経験記述を行い、これまで見過ごされ、あるいは存在しないものとされてきた経験とその様態を分析し、従来の現象学が孕んでいた一面性や偏りを是正することを目指している。

本書もまた、この批判的現象学の流れに棹さすものである。ンゴは、特にメルロ゠ポンティの身体性の現象学に基づき、人種差別を身体的な習慣として捉えることで、人種差別がそれを被る人々にとって、そしてそれを行う人々によってどのように経験されているかを考察している。人種差別の習慣といっても、ンゴが主たる検討対象としているのは、アジア人差別に用いられる目をつり上げる仕草やナチス式敬礼のような象徴的な行為ではなく、むしろ多くの人が、しばしば無自覚に行っている振る舞いや態度、そして知覚の習慣である。ンゴによれば、メルロ゠ポンティの現象学の枠組みは、歴史的・文化的な文脈をもちながら仕草や態度のような個人の身体レベルで生じる人種差別を、その身体的な経験に即して考察することを可能にしてくれる。

本書のように人種差別を習慣として分析することの利点は、人種差別というものを、当人に意識可能な差別感情や差別意識の範囲を超えたもの、あるいは意識される以前のものとして捉えられるようになる点にある。「私は〇〇人を差別などしていない」と主張する人でも、日常生活のなかで（人種的マイノリティに「日本語お上手ですね」と言うといった）マイクロアグレッションのような形で意識せずに差別してしまっていることは実際にありえる。差別されている人にしか気づかれないこの種の差別は、「差別するつもりはなかった」「気にしすぎ」などという言葉とともに、しばしば受け手側の問題に還元されてしまうが、ンゴの「習慣としての人種差別」という着眼は、そのような差別について責任を問うことができる枠組みを提供するものである。

第一章「人種差別の習慣――身体的な仕草、知覚、方向づけ」では、初めに「習慣」という概念を新たに捉え直すことが試みられる。私たちが習慣という言葉で思い浮かべるのは、過去に獲得され、身体に惰性的な形で蓄積され、意識せず半ば自動的に一連の行為を行う傾向かもしれない。もし習慣がそのようなものでしかなかったとすると、習慣的な行為とは過去の蓄積が現在の行動において自動的に再現されたものということになり、反射運動の善悪を問うことが無意味なように、習慣的な人種差別について責任を問うたり、善悪を云々したりすることはできなくなってしまうであろう。

しかし、ンゴはメルロ゠ポンティ、ブルデュー、ヤングの議論を用いて、習慣が単に癖や日課のような個人に閉じたものではなく、社会的・文化的環境によって形作られるものであるということ、そして習慣が自然に沈殿し固定化する惰性的で自動的なものではなく、その都度主体によって活性化され、引き受け直されるものであるということを明らかにする。

習慣をこのように捉え直すことによって、人種差別の習慣を保持することの責任を問うことが可能となる。そしてそれは、「自分の人種差別的な習慣や身体的方向づけを問い直したり、批判を向けたりしないままにいる人々に対して、いくばくかの責任を割り当てる」(一〇二頁)ことにほかならない。白人が、人種差別的な習慣を疑うことなく、修正することもない、つまり「何もしない」(一〇三頁)こともまた人種差別であるということをンゴは指摘している。

ところで本書の見どころの一つは、英語圏の人種差別の具体的な事例が取り上げられながら議論が展開されていく点にある。第一章で扱われる事例の一つに、ジョージ・ヤンシーが言う「エレベーター効果」がある。これは、白人女性が一人でエレベーターに乗っているときに、黒人男性であるヤンシーがエレベーターに乗り込むやいなや彼女がハンドバックを自分の体に引き寄せる仕草をする、という現象である。ンゴによると、この女性の仕草は、メルロ＝ポンティが「仕草は私に怒りを考えさせるのではなくて、怒りそのものなのだ」（五五頁）と述べるときと同じ意味で、人種差別的である。このときヤンシーに投げかけられる、差別を訴えた際にありがちな「気にしすぎなのではないか」といった反応に対しての応答も詳細に試みられており大変興味深い（五八頁以下）。

習慣には行為の習慣だけでなく、知覚の習慣も含まれる。そして、知覚とは「あるがままの自然」をたんに受け取るというようなものではなく、歴史的・文化的な文脈に規定されているものである。先の「エレベーター効果」の例であれば、黒人男性を「暴力的な者、危害を加える者」として知覚する習慣が白人女性にあるということになる。そしてそのような暴力性の知覚が生じるのは、黒人男性の肉体に暴力性が備わっているからではなく、黒人男性に対して歴史的に刻まれ続けたステレオタイプが白人女性に継承されているからである。この人種差別的な知覚習慣はしばしば、警官による「暴力的な」黒人の殺害のような悲惨な事件も引き起こしてきた。また、同じ章ではヴェールを纏ったムスリム女性をどんなときも「抑圧された女性」とみなす知覚もまた、人種差別の一つとして考察されている。この箇所でンゴがムスリム女性に対する人種差別を論じたアリア・アル＝サジとともに、これを交差性《インターセクショナリティ》の問題とみなす見解を斥けている点も興味深い（八七頁参照）。

第二章「人種差別と人種化された身体性の生きられた経験」は、ンゴ自身がフランスで遭遇した人種差別の一人称的記述から始まる。彼女は自らの経験とともに他の論者たちの経験記述を取り上げることで、人種差別される人々の身体経験がどのようなものかを分析し、後半部では白人性の考察に進み、両者の身体性の差異を明らかにする。

例えば、夜道を歩いているだけですれ違う人々からあからさまに避けられたり怯えられたりするある黒人男性は、白人のハイカルチャーを象徴するヴィヴァルディの『四季』を口笛で吹くことで、周囲の恐怖を取り除こうと努めた。このような差別される側が人種差別に遭わないために先回りして行う習慣を、ンゴは人種差別的な社会をくぐり抜けるために日常的になされる「作業」（一二二頁）と名づけている。「他人たちの人種化された不安や期待に対処する作業」（一二六頁）を常に背負わされる有色の人々は、いつ起こるわからない日常的な人種差別に備えねばならず、疲労、消耗、ストレスなどを感じることになると指摘される。

被差別者の身体は、他人のまなざしに晒されるだけでなく、「標準《ノーマライズ》を定める白人のまなざし」（一三四頁）を内面化させられることによって、自らのまなざしの前にも晒け出され、その都度の行為は他者からも自己からも人種差別的なチェックを受けることになる。このとき、人種差別される人々の身体図式は、断片化されてしまい、滑らかで調和の取れた形では経験されない。例えばンゴが取り上げた、オーストラリアのアボリジニの女性がショッピングセンターのベンチで知り合いと会話していたときに、警官に追い出されたという事例を見てみよう。この女性は、「酔っ払いで怠惰で厄介」（一五五頁）というアボリジニに対する差別的なまなざしに出会い、そのまなざしのもとで自らを眺めることを余儀なくされている。彼女はそれ以降、外出もあまりせず、ショッピングセンターにも足が向かなくなり、彼女の身体が滑らかに世界の中を動き回る可能性は制限されてしまうことになったのだ。この例に見られるように、公共の場で人種差別に晒される人々の身体は萎縮させられてしまう。

身体のこのような萎縮と対比して、ンゴはシャノン・サリヴァンが明らかにした白人の「存在論的な膨張性」（一五八頁）についても分析を加える。公共の場で白人たちが時には社会規範を逸脱するほど過度に「くつろいでいること」は、有色の人々が公共の場で感じる「居心地の悪さ」と対照的である。この膨張性は、人種差別に反対する白人が「居心地の悪い」状況にあえて自らを置いてみる反人種差別的試みにおいてすら発揮されてしまいうる。その場合、この試みは白人が自らの居心地の良さを相対化することにはつながらず、白人が立ち入れなかった領域――有色の人々にとっては安全地帯や抵抗の拠点だったかもしれない領域――を侵犯してしまうことになりかねない。ンゴはここで、サリヴァンの「白人の存在論的な膨張性と闘うためには、白人たちは自分たちが帰属しない空間があるということを受け入れる必要がある」（一七一頁）という指摘を引いているのだが、これはマイノリティの「立場に立とう」とする様々なマジョリティに共通して投げかけられうる警告であると思われる。

第三章「不気味さ――人種化された居心地悪い身体」では、ハイデガーが「家にいないこと」という観点から解釈した「不気味なもの」の概念を手がかりに、人種差別を被る人々が経験する「居心地の悪さ《ノット・アット・ホーム》」が考察される。ハイデガーの『存在と時間』の枠組みでは、名もない「世人」に没入した状態に居心地の良さが感じられ、逆に個人が死に向かう存在としての自己にただ一人向かい合ったときに居心地の悪さが感じられるとされる。ンゴはハイデガーによるヘルダーリンについての講義に着目することで、居心地の良さ《アット・ホーム》についての再評価を独自に導き出している。

ンゴによれば、人種差別を被る人々は、ある種の「家」（居場所）である自らの身体において、居心地の悪さ（自分の家にいないこと）を経験している。ンゴは身体の居心地の良さ／悪さを考察する際に、家についての分析を経由する。そこで明らかにされた、行為の出発地点であること、休息のための場所であること、慣れ親しんだ場所であること、避難所であることといった家の特徴は、多くの点で身体にも共通するものである。しかし人種差別を被る者の身体は、他者のまなざしによってバラバラにされ麻痺させられるがゆえに、そのような特徴を奪われてしまっている。
ンゴは、家と身体のアナロジーを敷衍して、家に窓やドアがあるのと同様に、身体には他者のまなざしを通す多孔性があるということを指摘する。この多孔性は、必ずしも常に主体にとって有害であるわけではないものの、人種的マイノリティが多孔性に敏感にならざるをえない反面、人種的マジョリティはそれに鈍感で、あまりに「くつろいで」いるという非対称性が存在する。ンゴは、白人性が、人種差別を被る人々の身体を周縁に押しやることによって自らを中心に位置づけていること、そして白人の身体の居心地の良さが人種差別される身体の居心地の悪さに基礎を置いていることを指摘する。しかしまた、マジョリティの特権である、この「居心地の良さ」は、当人たちにとってはあまりに当然のものであるために意識しづらいものである。

家の比喩との関連で、人種的マイノリティは自らが生きる世界に居場所（「家」）を持つことができず、半ば強制的にいくつもの世界を渡り歩く「「世界」を巡る旅」（二〇六頁）を強いられるとされる。この「旅」はレジャーとしての旅行とは異なって楽しげなものではなく、悲惨なものでありうるが、悪いことばかりでもない。逆に白人たちがあまりに「居心地良く」あり、「「世界」を巡る旅」をしないことは、他の人々の視点から自分自身を見つめ直す機会がないということを意味しており、彼らが「より一層貧しい倫理的な存在様式」（二一三頁）に陥りかねないということでもある。

第四章「人種差別のまなざし――サルトルの対象存在とメルロ＝ポンティの絡み合いとの間で」では、冒頭で、「見て、ニグロだ」というフレーズから始まるフランツ・ファノン『黒い皮膚・白い仮面』の有名な記述が取り上げられる。ファノンはサルトルの、人間は主体であるか、他者によって凝固させられる対象であるかという二者択一の状態にあるという、主体－対象の区別に依拠しており、そこでは他者による人種差別的なまなざしは、主体をまさに対象化・物化してしまうものとして位置づけられる。サルトルであれば、自己と他者のいずれが主体になりいずれが対象になるかは、部屋を覗いていた主体が他者のまなざしによって対象になってしまうこともあるように、時と場合によって反転すると考えるはずである。しかしンゴによれば、人種差別の場合、自己と他者のまなざしのこの反転可能性について述べるだけでは十分な説明にはならない。というのも、白人のまなざしがもつ覇権的な権力のために、白人のまなざしが黒人を規定し、裁くまなざしとして作動するのに対して、黒人のまなざしは白人の身体に同様の形で働くことはないからである。そのような権力の不均衡によって、黒人が白人にまなざしを向けることがある種の「暴力」とみなされ、ときに黒人へのリンチのような苛烈な反応を引き起こしてきたことも指摘されている。

ンゴが第二章で明らかにしたように、被差別者は単に見られている対象になっているだけではなく、見られている自分自身を見て行動しており、それゆえに、例えば人種差別をやり過ごすための「作業」を日常的に行っている。この「自己を他者の目によって見る」（二八一頁）ことは、サルトルの図式では説明しがたい。そこでンゴは、メルロ＝ポンティの後期思想に出てくる「絡み合い」の発想を用いる。メルロ＝ポンティによれば、主体が右手と左手を相互に握るとき、触る右手は、左手によって触られることで、すぐさま触られる右手に変わる。この「触る－触られる」の関係はいつでも反転可能であるが、同じことは自己と他者が握手する場面でも生じるし、見る／見られる場面においても生じる。ここで重要なのは、そもそも人が他人を見ることができるのは、見る者と見られる者との間に、この反転可能性（可逆性）がある場合のみであり、それはつまり、互いが同じ「肉」でできている、という存在論的な前提があることによってである。

ここで、先に触れた、白人と黒人のまなざしが権力関係のせいで単純には反転可能でないという点を思い出してほしい。サルトルの存在論では、ある人が見ていると同時に見られているという事態が考えられないのに対し、メルロ゠ポンティにおいては「見ていること」と「見られていること」は、「私の身体が見えるものに与《あずか》っている」ということの二つの側面である。このような後期メルロ゠ポンティの存在論的枠組みは、上述した「見られている自分を見る」という被差別者の身体性の複雑さを捉える上で、主体‐対象の二元論よりも適したものであり、また、人種に関する批判哲学が行なってきた権力関係と社会的・歴史的状況性についての分析をさらに展開することを可能にするものだと考えられる。

最終的には、ンゴは人種差別を存在論的な暴力とみなす。彼女によれば、人種差別の存在論的暴力とは、私たちの主体性に対する暴力ではなく、むしろ私たちの間主体性に対する暴力である。人間は主体でありかつ対象であって、その両極を行き来する流動的で両義的な本性を持っているにもかかわらず、人種差別はこの流動性を消し去り、白人の主体と有色人種の対象という入れ替わることのない二元論的世界を作り出してしまうという点で暴力性を持っているのだ。

最後に、本書の意義を確認しておきたい。本書は、現象学の古典を丁寧に読解しつつ、人種差別という極めてアクチュアルな問題に現象学の観点から迫ろうとする野心的な試みである。著者のンゴ自身が「日本語版への序文」で述べているように、抽象的な議論に終始しがちな哲学が、現実世界の不正に抵抗するために寄与しうる――しかも法制度の批判や政策提言ではなく、経験の記述と分析を通して寄与しうる――ことを示した目覚ましい一例である。また、主として英語圏で蓄積されてきた数多くの先行研究を整理し、議論の展開に活用している本書は、とりわけ日本の読者には、批判的人種哲学や人種の現象学の最良の手引きともなっている。本書で言及されるリンダ・マーティン・アルコフ、ルイス・ゴードン、ジョージ・ヤンシー、シャノン・サリヴァン、アリア・アル＝サジ、マリアナ・オルテガといった批判的人種研究の分野では名高い著者たちの成果は、残念ながら日本ではまったくと言っていいほど紹介されていない。これは日本の哲学者たちが人種差別の問題だけでなく、人種的マジョリティという自分たちの立場性に無関心であり続けてきたことを示しているように思われる。本邦訳の出版が一つのきっかけとなって人種に関する問題に関心をもち、人種として扱われうる自らの身体性と向き合う研究者や読者が増えたなら、それは著者であるンゴの何よりの望みであるだろうし、翻訳者としてこれに勝る喜びはない。

ちなみに本書ではジェンダー中立的な名詞を男性形の he/his という代名詞で受ける慣例にあえて抵抗して、she/her という代名詞を用いている箇所が散見されたが、訳文の読みやすさを重視したために、それを反映することができなかった。

本書の中では様々な事例や概念が紹介されていることから、哲学に限らず人種差別の問題に関心のある読者全般にとっても興味深いものであろう。さらに、主題的ではないにせよ本書で扱われた、性暴力、障害者差別、トラウマや被害を語ることとそれを聴くことなどについての記述は、この研究が、人種差別という現象にとどまらない射程を持ちうることを示している。

この著作は哲学という文脈を超えて、何より私たちの生活に深く関わる研究である。人種差別は遠い海の向こうの話ではなく、日本においてもさまざまなレベルでの人種差別が起きてきたし、現在もそれに苦しむ人々がいる。歴史修正主義などに伴う「あけっぴろげ」な人種差別が、行政から日常生活に至るまでの広いレベルで行われている今日においては、一層深刻かもしれない。日本における人種的・民族的マジョリティが、おのれの「居心地の良さ」に無自覚なまま、人種差別的習慣を保持することで、他者の痛みから目を背け続けることは許されないだろう。人種差別の問題は、日本に住む私たちにとっても日常的かつ喫緊の課題である。

＊＊＊

本書の翻訳は、小手川が序論・第二章を、酒井が日本語版への序文・第四章・結論を、野々村が第一章・第三章をそれぞれ担当して翻訳し、訳者間でのチェックを経た後で完成した。

著者のヘレン・ンゴさんは二〇一八年に、本書でも度々言及されるアリア・アル゠サジさんとともに来日し、一連のワークショップにご登壇頂いた。今回の翻訳にあたっても、国際メルロ゠ポンティサークルのオーガナイズで大変忙しいなか、訳者たちからの質問に答えて下さったばかりか、日本語版への序文も寄せて下さった。深く感謝申し上げたい。

田村正資さん、佐野泰之さん、池田喬さん、赤阪辰太郎さんには専門的見地から訳文にご意見を頂戴し、細かい点もご指摘頂いた。この場を借りてお礼を申し上げる。

本書の刊行にあたっては、装丁家の松田行正さんと、編集者の永井愛さんにそれぞれ大変お世話になった。とりわけ永井さんには、本書を日本の読者に紹介する意義を汲み取り、本書の完成に向けて伴走して下さったことに感謝の意を表したい。

二〇二三年九月

酒井麻依子、小手川正二郎

索　引

注については「注頁n注番号」のように記す

事項

さ行

人名（ABC順）

参考文献

Ahmed, Sara, *Queer Phenomenology: Orientations, Objects, Others* (Durham: Duke University Press, 2006).

Aho, Kevin A, *Heidegger's Neglect of the Body* (Albany: SUNY Press, 2009).

Alcoff, Linda Martín, *Visible Identities: Race, Gender, and the Self* (New York: Oxford University Press, 2006).

Al-Saji, Alia, "A Phenomenology of Hesitation: Interrupting Racializing Habits of Seeing." In *Living Alterities: Phenomenology, Embodiment, and Race,* edited by Emily S. Lee, 133-172 (Albany: SUNY Press, 2014).

———. "Too Late: Racialized Time and the Closure of the Past." *Insights* 6(5) (2013): 1-13.

———. "The Racialization of Muslim Veils: A Philosophical Analysis." *Philosophy and Social Criticism* 36(8) (2010): 875-902.

———. "White Normality, or Racism against the Abnormal: Comments on Ladelle McWhorter's Racism and Sexual Oppression in Anglo-America." *Symposia on Gender, Race and Philosophy* 6 (2010).

———. "Bodies and Sensings: On the Uses of Husserlian Phenomenology for Feminist Theory." *Continental Philosophy Review* 43 (2010): 13-37.

———. "A Phenomenology of Critical-Ethical Vision: Merleau-Ponty, Bergson, and the Question of Seeing Differently." *Chiasmi International* 11 (2009): 375-398.

Anderson, Kathryn Freeman, "Diagnosing Discrimination: Stress from Perceived Racism and the Mental and Physical Health Effects." *Sociological Inquiry* 83 (2013): 55-81.

Bachelard, Gaston, *The Poetics of Space* (Boston: Beacon Press, 1994).(ガストン・バシュラール『空間の詩学』岩村行雄訳、筑摩書房、二〇〇二年)

Beauvoir, Simone de, *The Second Sex*, trans. Constance Borde and Sheila Malovany-Chevallier (New York: Vintage Books, 2011). (シモーヌ・ド・ボーヴォワール『第二の性』第I巻「事実と神話」、第II巻「体験」上下巻、ボーヴォワール『第二の性』を原文で読み直す会訳、河出書房新社、二〇二三年)

Bernascoi, Robert, "Sartre's Gaze Returned: The Transformation of the Phenomenology of Racism." *Graduate Faculty Philosophy Journal* 18(2) (1995): 201-221.

Bourdieu, Pierre, *Outline of a Theory of Practice* (Cambridge: Cambridge University Press, 1977).

Brison, Susan J. H., *Aftermath: Violence and the Remaking of a Self* (Princeton: Princeton University Press, 2002).

Butler, Judith, "Endangered/Endangering: Schematic Racism and White Paranoia." In *Reading Rodney King/Reading Urban Uprising*, edited by Robert Gooding- Williams, 15-22 (New York:

Routledge, 1993).（ジュディス・バトラー「危険にさらされている／危険にさらす――図式的人種差別と白人のパラノイア」（池田成一訳）『現代思想』二五（一一）（特集＝ブラック・カルチャー）、青土社、一九九七年）
Casey, Edward S., "Walling Racialized Bodies Out: Border versus Boundary at La Fontera." In *Living Alterities*, edited by Emily Lee, 189-212.
———. "Habitual Body and Memory in Merleau-Ponty." In *A History of Habit: From Aristotle to Bourdieu*, edited by Tom Sparrow and Adam Hutchinson, 209-226 (Lanham: Lexington Books, 2013).
———. *Getting Back into Place: Toward a Renewed Understanding of the Place-World* (2nd ed.) (Bloomington: Indiana University Press, 2009).
———. *The World at a Glance* (Bloomington: Indiana University Press, 2007).
Crossley, Nick, "Habit and Habitus." *Body & Society* 19 (2013): 136-161.
———. "The Phenomenological Habitus and its Construction." *Theory and Society* 30 (2001): 81-120.
Dillon, Martin C., "Sartre on the Phenomenal Body and Merleau-Ponty's Critique." In *The Debate between Sartre and Merleau-Ponty,* edited by Jon Stewart, 121-143 (Evanston: Northwestern University Press, 1998).
Dreyfus, Hubert, *What Computers (Still) Can't Do: A Critique of Artificial Reason* (Cambridge: MIT Press, 1993).（ヒューバート・ドレイファス『コンピューターには何ができないか――哲学的人工知能批判』黒崎政男・村若修訳、産業図書、一九九二年）
Du Bois, W. E. B., *The Souls of Black Folk* (Chicago: Dover, 1994).（W・E・B・デュボイス『黒人のたましい』木島始・鮫島重俊・黄寅秀訳、岩波書店、一九九二年）
———*Strivings of the Negro People* (Boston, MA: Atlantic Monthly Co., 1897).
Ellison, Ralph, *Invisible Man* (New York: Vintage, 1980).
Fanon, Frantz, *Black Skin, White Masks*, trans. Charles L. Markmann (New York: Grove Press, 1967).（フランツ・ファノン『黒い皮膚・白い仮面』海老坂武・加藤晴彦訳、みすず書房、一九九八年）
———. *Peau Noire, Masques Blancs* (Paris: Éditions Points, 1952).
Foucault, Michel, *Discipline and Punish: The Birth of the Prison* (New York: Vintage, 1976).（ミシェル・フーコー『監獄の誕生――監視と処罰』田村俶訳、新潮社、二〇二一年）
Gallagher, Shaun and Dan Zahavi, *The Phenomenological Mind: An Introduction to Philosophy of Mind and Cognitive Science* (New York: Routledge, 2008).（ショーン・ギャラガー、ダン・ザハヴィ『現象学的な心――心の哲学と認知科学入門』石原孝二・宮原克典・池田喬・朴嵩哲訳、勁草書房、二〇一一年）
Gallagher, Shaun and Jonathan Cole, "Body Image and Body Schema in a Deaf-ferented Subject." In *Body and Flesh: A Philosophical Reader,* edited by Donn Welton, 131-148 (Oxford: Blackwell Publishers, 1998).

Garland-Thomson, Rosemarie, *Staring: How We Look* (New York: Oxford University Press, 2009).

Goffman, Erving, *The Presentation of Self in Everyday Life* (New York: Anchor Books, 1959).（アーヴィング・ゴフマン『日常生活における自己呈示』中河伸俊・小島奈名子訳、筑摩書房、二〇二三年）

Gordon, Lewis R., *Bad Faith and Antiblack Racism* (Amherst, NY: Humanity Books, 1999).

Grosz, Elizabeth, *Volatile Bodies: Toward a Corporeal Feminism* (Bloomington: Indiana University Press, 1994).

———. "Merleau-Ponty and Irigaray in the Flesh." *Thesis Eleven* 36 (1993): 37-59.

Guenther, Lisa, *Solitary Confinement: Social Death and its Afterlives* (Minneapolis: University of Minnesota Press, 2013).

Hawley, John C., *Encyclopaedia of Postcolonial Studies* (Westport: Greenwood, 2001).

Heidegger, Martin, *Being and Time*, trans. John Macquarie and Edward Robinson (New York: Harper & Row, 1962).（マルティン・ハイデガー『存在と時間』I ～ IV、熊野純彦訳、岩波書店、二〇一三年）

———. *Hölderlin's Hymn "Der Ister,"* trans. William McNeill and Julia Davis (Bloomington: Indiana University Press, 1996).（マルティン・ハイデッガー『ヘルダーリンの讃歌『イスター』第二部門　講義（一九一九 － 四四）』ハイデッガー全集第五三巻、三木正之・エルマー・ヴァインマイアー訳、創文社、一九八七年）

———. "Building, Dwelling, Thinking." In *Martin Heidegger Basic Writings,* edited by David Krell, 343-364 (New York: Harper Perennial, 2008).（マルティン・ハイデガー「建てること、住むこと、考えること」『技術とは何だろうか——三つの講演』森一郎編訳、講談社、二〇一九年）

Hobbs, Allyson, *A Chosen Exile: A History of Racial Passing in American Life* (Cambridge: Harvard University Press, 2014).

hooks, bell, *Yearning: Race, Gender, and Cultural Politics* (Boston: South End Press, 1991).

Human Rights and Equal Opportunity Commission, *Bringing Them Home: Report of the National Inquiry into the Separation of Aboriginal and Torres Strait Islander Children from Their Families* (Sydney: HREOC, 1997).

Irwin, Brian, "Architecture and Embodiment: Place and Time in the New York Skyline." *Architext V* (2014): 23-35.

Jacobson, Kirsten, "A Developed Nature: A Phenomenological Account of the Experience of Home." *Continental Philosophy Review* 42 (2009): 355-373.

Kittay, Eva, *Love's Labor: Essays on Women, Equality and Dependency* (New York: Routledge, 1999).（エヴァ・フェダー・キテイ『愛の労働あるいは依存とケアの正義論』〔新装版〕岡野八代、牟田 和恵監訳、現代書館、二〇二三年）

Leder, Drew, *The Absent Body* (Chicago: University of Chicago, 1990).

Lee, Emily S., "Body Movement and Responsibility for a Situation." In *Living Alterities*, edited by

Emily Lee, 233-254.
Lipsitz, George, *How Racism Takes Place* (Philadelphia: Temple University Press, 2011).
Lugones, María, "Playfulness, 'World'-Travelling, and Loving Perception." *Hypatia* 2 (1987).
Lymer, Jane, "Alterity and the Maternal in Adoptee Phenomenology." *Parrhesia* 24 (2015): 189-216.
Malpas, Jeff, *Heidegger's Topology: Being, Place, World* (Cambridge: MIT Press, 2006).
Mazis, Glen A., "Touch and Vision: Rethinking with Merleau-Ponty Sartre on the Caress." In *The Debate between Sartre and Merleau-Ponty*, edited by Jon Bartley Stewart, 144-153.
McMillan Cottom, Tressie, "Jonathan Ferrell Is Dead. Whistling Vivaldi Wouldn't Have Saved Him." *Slate Magazine*, September 20, 2013.
McWhorter, Ladelle, *Racism and Sexual Oppression in Anglo-America: A Genealogy* (Bloomington: Indiana University Press, 2009).
Mendieta, Eduardo, "The Somatology of Xenophobia: Towards a Biopolitical Analysis of Disgust and Hate" (publication forthcoming).
———. "The Sound of Race: The Prosody of Affect." *Radical Philosophy Review* 17(1) (2014): 109-131.
Merleau-Ponty, Maurice, *Phenomenology of Perception*, trans. Donald A. Landes (New York: Routledge, 2012).
———. *Phénoménologie de la Perception* (Paris: Gallimard, 1945).（モーリス・メルロ＝ポンティ『知覚の現象学』I、竹内芳郎・小木貞孝訳、みすず書房、一九六七年、『知覚の現象学』II、竹内芳郎・木田元・宮本忠雄訳、みすず書房、一九七四年）
———. "Eye and Mind." In *The Merleau-Ponty Aesthetics Reader: Philosophy and Painting,* edited by Galen A. Johnson, 121-150 (Evanston: Northwestern University Press, 1993).（モーリス・メルロ＝ポンティ『眼と精神』滝浦静雄・木田元訳、みすず書房、一九六六年）
———. "Indirect Language and the Voices of Silence." In *The Merleau-Ponty Aesthetics Reader*, edited by Johnson, 76-120.（メルロ＝ポンティ「間接的言語と沈黙の声」粟津則雄訳、『シーニュ１』竹内芳郎監訳、みすず書房、一九六九年）
———. *Institution and Passivity: Course Notes from the Collège de France (1954-1955)*, trans. Lawlor and Massey (Evanston: Northwestern University Press, 2010).
———. *The Visible and Invisible*, trans. Alphonso Lingis (Evanston: Northwestern University Press, 1969), 133-134.（モーリス・メルロ＝ポンティ『見えるものと見えないもの』滝浦静雄・木田元訳、みすず書房、一九八九年）
Miles, William, "Schizophrenic Island, fifty years after Fanon: Martinique, the pent- up 'paradise.'" *International Journal of Francophone Studies* 15 (2012): 9-33.
Moran, Dermot, "Revisiting Sartre's Ontology of Embodiment in *Being and Nothingness.*" In *Ontological Landscapes: Recent Thought on Conceptual Interfaces Between Science and Philosophy*, edited by Vesselin Petrov (Frankfurt: Ontos- Verlag, 2011).

———. "Sartre's Treatment of the Body in *Being and Nothingness*: The 'Double Sensation.'" In *Jean-Paul Sartre: Mind and Body, Word and Deed,* edited by Jean- Pierre Boulé and Benedict O'Donohoe, 9-26 (Newcastle: Cambridge Scholars Publishing, 2001).

Nancy, Jean-Luc, *Corpus* (Paris: Éditions Métailié, 2006).（ジャン＝リュック・ナンシー『共同－体《コルプス》』大西雅一郎訳、松籟社、一九九六年）

O'Byrne, Anne, *Natality and Finitude* (Bloomington: Indiana University Press, 2010).

Ortega, Mariana, "'New Mestizas,' 'World-Travelers,' and *Dasein*: Phenomenology and the Multi-Voiced, Multi-Cultural Self." *Hypatia* 16 (2001): 1-29.

———. "Hometactics: Self-Mapping, Belonging, and the Home Question." In *Living Alterities,* edited by Emily Lee, 173-188 (Albany: SUNY Press, 2014).

Rawlinson, Mary C., "Beyond Antigone: Ismene, Gender, and the Right to Life." In *The Returns of Antigone,* edited by Tina Chanter and Sean Kirkland, 101-122 (Albany: SUNY Press, 2014).

Reynolds, Joel Michael, "Merleau-Ponty's Aveugle and the Phenomenology of Non-Normate Embodiment," *Chiasmi International* 18 (2017).

Richards, David A. J., *Italian American: The Racializing of an Ethnic Identity* (New York: NYU Press, 1999).

Ruddick, Sara, *Maternal Thinking: Toward a Politics of Peace* (Boston: Beacon Press, 1989).

Rykwert, Joseph, "'House and Home." *Social Research* 58 (1991): 51-62.

Said, Edward, *Orientalism* (New York: Pantheon Books, 1978).（エドワード・W・サイード『オリエンタリズム』（上下）、板垣雄三・杉田英明監修、今沢紀子訳、平凡社、一九九三年）

Sartre, Jean-Paul, *Being and Nothingness*, trans. Hazel E. Barnes (New York: Washington Square Press, 1992).（ジャン＝ポール・サルトル『存在と無――現象学的存在論の試み』Ⅰ～Ⅲ、松浪信三郎訳、筑摩書房、二〇〇七‐八年）

———. "Black Orpheus." *The Massachusetts Review* 6(1) (1964): 13-52.（ジャン＝ポール・サルトル「黒いオルフェ」鈴木道彦・海老坂武訳、『シチュアシオンⅢ』佐藤朔他訳、サルトル全集第十巻、人文書院、一九六五年）

———. *Anti-Semite and Jew: An Exploration of the Etiology of Hate*, trans. George J. Becker (New York: Schocken Books, 1948).（ジャン＝ポール・サルトル『ユダヤ人』安藤信也訳、岩波書店、一九五六年）

Sawyer, Pamela J. et al., "Discrimination and the Stress Response: Psychological and Physiological Consequences of Anticipating Prejudice in Interethnic Interactions." *American Journal of Public Health* 102 (2012): 1020-1026.

Steele, Claude, *Whistling Vivaldi (and Other Clues to How Stereotypes Affect Us)* (New York: W.W. Norton, 2010).（クロード・スティール『ステレオタイプの科学――「社会の刷り込み」は成果にどう影響し、わたしたちは何ができるのか』藤原朝子訳、英治出版、二〇二〇年）

Sullivan, Shannon and Nancy Tuana, *Race and Epistemologies of Ignorance* (Albany: SUNY Press, 2007).
Sullivan, Shannon, *Revealing Whiteness: The Unconscious Habits of Racial Privilege* (Bloomington: Indiana University Press, 2006).
———. "White World-Traveling." *Journal of Speculative Philosophy* 18 (2004): 300-304.
———. *Living Across and Through Skins: Transactional Bodies, Pragmatism, and Feminism* (Bloomington: Indiana University Press, 2001), 83.
———. *Good White People: The Problem with Middle-Class White Anti-Racism* (Albany: SUNY Press, 2014),
Waldenfels, Bernhard, *The Question of the Other* (Albany: SUNY Press, 2007).
Weiss, Gail, *Body Images: Embodiment as Intercorporeality* (New York: Routledge, 1999).
———. "Pride and Prejudice: Ambiguous Racial, Religious, and Ethnic Identities of Jewish Bodies." In *Living Alterities*, edited by Emily Lee, 213-232.
———. "Ambiguity, Absurdity, and Reversibility: Indeterminacy in de Beauvoir, Camus, and Merleau-Ponty." *Journal of French and Francophone Philosophy* 5 (2010): 71-83.
West, Cornel, "Afterword: Philosophy and the Funk of Life." In *Cornel West: A Critical Reader*, edited by George Yancy, 346-362 (Malden: Wiley Blackwell, 2001).
Yancy, George, *Black Bodies, White Gazes: The Continuing Significance of Race* (Lanham: Rowman & Littlefield, 2008).
———. "Forms of Spatial and Textual Alienation: The Lived Experience of Philosophy as Occlusion." *Graduate Faculty Philosophy Journal* 35 (2014): 1-16.
———. "Walking While Black in the 'White Gaze.'" *The New York Times*, September 1, 2013.
———. "Trayvon Martin: When Effortless Grace is Sacrificed on the Altar of the Image." In *Pursuing Trayvon Martin: Historical Contexts and Contemporary Manifestations of Racial Dynamics*, edited by George Yancy and Janine Jones, 237-250 (Lanham: Lexington Books, 2013).
———.*Look, A White! Philosophical Essays on Whiteness* (Philadelphia: Temple University Press, 2012).
Young, Iris Marion, *On Female Body Experience: 'Throwing Like a Girl' and Other Essays* (New York: Oxford University Press, 2005).
———. "Throwing Like a Girl: Twenty Years Later." In *Body and Flesh*, edited by Welton, 286-290.

[著者] ヘレン・ンゴ　Helen Ngo（吳莉莉）

中国系ベトナム人難民の娘としてオーストラリアで育ち、ニューヨークのストーニーブルック大学にて哲学博士号を取得。現在、三人の子どもを育てながら、ディーキン大学（メルボルン／ナーム）で特別研究員をしながら哲学を教えている。専門は、現象学、批判的人種哲学、フェミニスト哲学。共編著に、*Philosophies of difference: nature, racism, and sexuate difference*（Routledge, 2019）がある。

[訳者] 小手川正二郎（こてがわ・しょうじろう）

現在、國學院大學文学部准教授。専攻はフランス近現代哲学、現象学。現象学の観点から、性差、人種、家族、責任などの問題に取り組んでいる。著書に『現実を解きほぐすための哲学』（トランスビュー）、『甦るレヴィナス』（水声社）など。

[訳者] 酒井麻依子（さかい・まいこ）

現在、立命館大学衣笠総合研究機構専門研究員。専攻は哲学、倫理学。著者に『メルロ＝ポンティ 現れる他者／消える他者』（晃洋書房）、『フェミニスト現象学』（共著、ナカニシヤ出版）、『メルロ＝ポンティ読本』（共著、法政大学出版局）など。

[訳者] 野々村伊純（ののむら・いずみ）

現在、東京大学大学院人文社会系研究科基礎文化研究専攻倫理学研究室博士課程。特別研究員（DC2）。専攻は哲学、倫理学。論文に「世界に対する関係としての言語について」（『メルロ＝ポンティ研究』）、「自然としての文化的世界と歴史」（『哲学の門』）など。

人種差別の習慣
——人種化された身体の現象学

2023年11月20日　第1刷発行
2024年 6 月 8 日　第2刷発行

著　者　ヘレン・ンゴ
訳　者　小手川正二郎、酒井麻依子、野々村伊純
発行者　清水一人
発行所　青土社
101-0051　東京都千代田区神田神保町1-29　市瀬ビル
電話　03-3291-9831（編集部）　03-3294-7829（営業部）
振替　00190-7-192955

装　幀　松田行正
印刷・製本　シナノ印刷
組　版　フレックスアート

ISBN978-4-7917-7595-8 Printed in Japan